U0894975

中国畜牧业现代化内核：
基于经济效率的考量

马晓萍　王明利　李鹏程◎著

中国财经出版传媒集团
经济科学出版社
Economic Science Press

图书在版编目（CIP）数据

中国畜牧业现代化内核：基于经济效率的考量/马晓萍，王明利，李鹏程著 .—北京：经济科学出版社，2022. 11

ISBN 978 - 7 - 5218 - 4303 - 3

Ⅰ. ①中…　Ⅱ. ①马…②王…③李…　Ⅲ. ①畜牧业经济 - 现代化 - 研究 - 中国　Ⅳ. ①F326. 33

中国版本图书馆 CIP 数据核字（2022）第 218097 号

责任编辑：汪武静
责任校对：易　超
责任印制：王世伟

中国畜牧业现代化内核：基于经济效率的考量
马晓萍　王明利　李鹏程　著
经济科学出版社出版、发行　新华书店经销
社址：北京市海淀区阜成路甲 28 号　邮编：100142
总编部电话：010 - 88191217　发行部电话：010 - 88191522
网址：www. esp. com. cn
电子邮箱：esp@ esp. com. cn
天猫网店：经济科学出版社旗舰店
网址：http：//jjkxcbs. tmall. com
北京季蜂印刷有限公司印装
710 × 1000　16 开　16. 25 印张　230000 字
2022 年 11 月第 1 版　2022 年 11 月第 1 次印刷
ISBN 978 - 7 - 5218 - 4303 - 3　定价：68. 00 元
（图书出现印装问题，本社负责调换。电话：010 - 88191510）

本书得到国家自然科学基金重点项目“基于可持续发展的畜牧业现代化路径与政策支持体系研究（72033009）”和中国农业科学院创新工程项目（10 - IAED - 01 - 2021）的资助，同时得到农业农村部畜牧兽医局和全国畜牧总站等行业主管部门在调研和数据收集等方面提供的帮助，在此一并表示感谢！

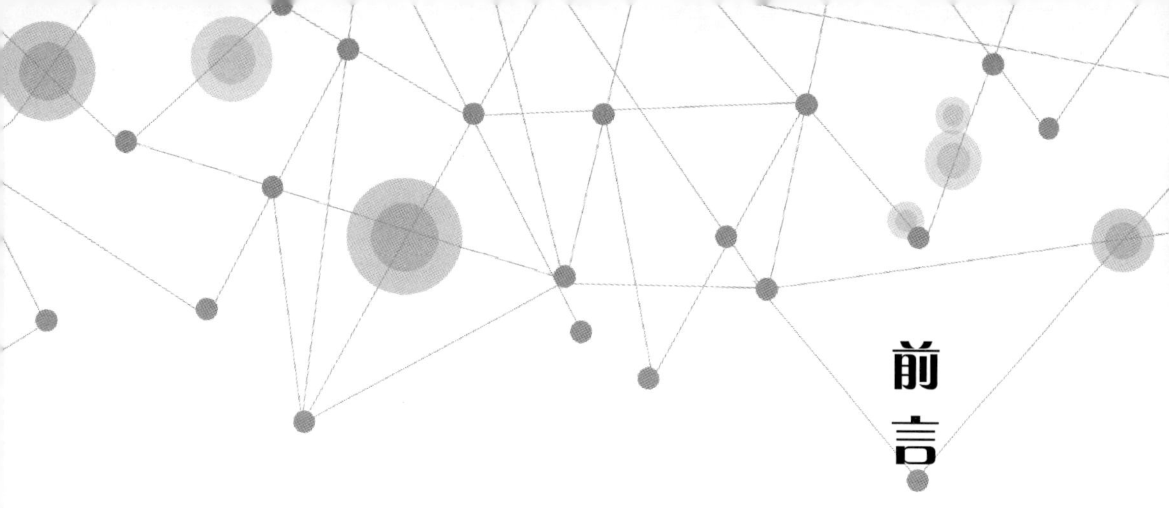

前言

改革开放40多年来，中国畜牧业一直向着现代化的方向迈进。但不同时期畜牧业现代化进程中的阶段性任务和突出主题有很大的不同。过去的现代化更多是改变传统落后的生产方式，更多注重生产过程、生产手段的现代化，如新品种和新技术的推广应用、基础设施的现代化、生产工具的现代化等。这些都是从过程、手段等方面审视现代化，导致中国的畜牧业生产出现不合理的规模化、集约化，进而引起粪污治理难度加大，疫病防控压力凸显；盲目引进国外的品种和技术，圈舍建设贪大求洋，而实用技术的使用不到位又导致技术效率很低；牧区牛羊养殖盲目扩规模，而由稀缺的草原资源所生产的畜产品不能获得相应高额的回报，导致生产效率不高、草原超载的问题一直没有得到根本解决等等。经过40多年的发展，尽管中国畜牧业总的体量达到世界第一，但仍然存在不同畜产品阶段性短缺的问题，且越来越面临着水土资源短缺、生产效率不高、产品质量安全性较差、环境压力加大等一系列突出制约。特别是与欧美等发达国家相比，中国畜牧业的质量效益和竞争力仍有很大差距。

当前中国畜牧业发展面临着保供和助力“双碳”目标的实现两大核心任务。这两大任务都与提升畜牧业生产经济效率有直接关系。与发达国家相比，中国畜牧业主要生产经济效率指标大都偏低，有很大提升潜力。如德国杜能研究所欧盟农业基准（Agri benchmark）数据库显示，中国每头能繁母猪年提供的育肥猪数（MSY）只有发达国家的60%左右，泌乳牛年产奶量只有发达国家的70%左右，蛋鸡年产蛋量只有美国的59.7%。全国能繁母牛的繁殖成活率不到70%，牧区更是不到60%，而发达国家都在80%以上。本书将在保障生态和环境友好的前提下，通过研究生产效率提升的机理和路径，探寻在保障生态环境友好的前提下，不断提升国内的可持续供给能力，进而主要依靠国内持续供应居民充足、优质畜产品，并将其作为新时代实现畜牧业现代化的关键内核。

中国畜牧业生产的经济效率如何？与代表性国家的差距有多大？各区域存在怎样的差异？影响畜牧业生产经济效率的因素有哪些？如何提升中国畜牧业生产经济效率，以实现资源环境约束条件下的保供和高质量发展？本书基于生产理论、经济效率理论、规模经济理论和农户行为理论，采用全国主要畜禽生产长期定点监测数据、德国杜能研究所欧盟农业基准（Agri benchmark）数据库数据、定点监测范围内典型区域的实地调研数据，以及历年《全国农产品成本收益资料汇编》，全面分析生猪、肉牛等主要畜种近年的生产形势、投入产出时变特征等情况，并重点以肉牛为例运用超越对数随机前沿函数模型、收敛性模型、似不相关回归（SURE）模型、倾向得分匹配（PSM）模型、条件混合过程估计法（CMP）以及Bitobit模型等方法，对国际上代表性国家肉牛生产经济效率以及国内不同生产模式、不同区域和不同养殖规模下的经济效率进行测度和分析，并分别从宏观和微观层面对其影响因素进行探究，最后基于组态视角结合具体案例得到实现生产经济效率提升的可行路径。

作为国家自然科学基金重点项目“基于可持续发展的畜牧业现代化路径与政策支持体系研究（72033009）”和中国农业科学院科技创新工程项目（10－IAED－01－2021）的阶段性研究成果，本书试图首先从决定畜牧业现代化的基本内核及其发展机理、作用机制等方面展开研究，以便为推进“优质、高效、安全、环保和合作”这一目标导向的畜牧业现代化提供路径选择。作为尝试性研究，研究内容难免有局限性，研究方法可能存在片面性，望读者给予宝贵意见和建议，以便我们在日后相关研究中不断改进和提高。

笔者

2022 年 11 月于北京

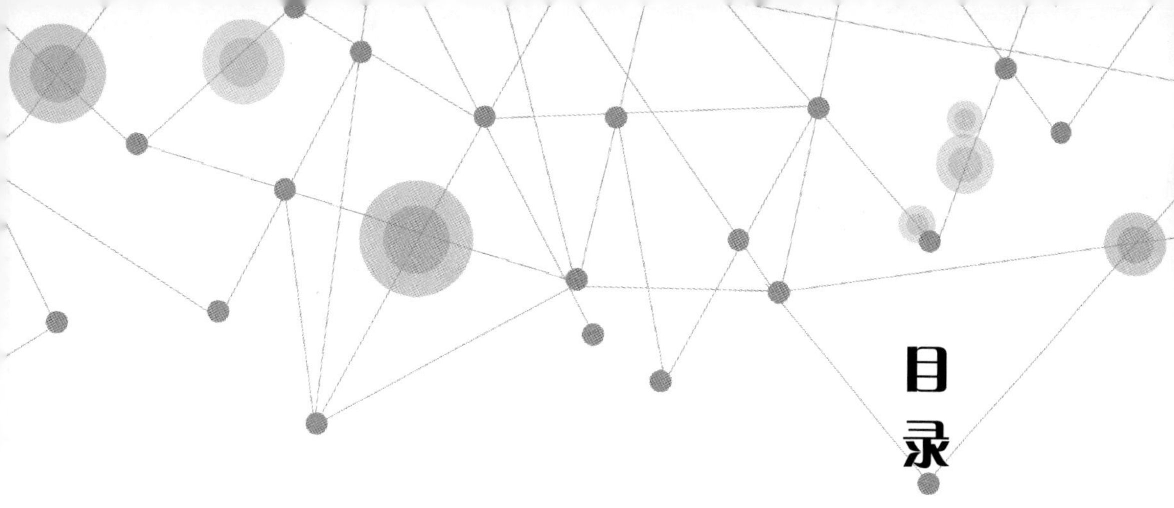

目录

第 1 章 绪论 /1

1.1 研究背景与意义/1

1.2 文献综述/6

1.3 研究目标、内容与技术路线/23

1.4 研究方法与数据来源/26

1.5 本书创新点/29

第 2 章 理论基础与研究框架 /31

2.1 概念界定/31

2.2 相关理论梳理/35

2.3 研究框架/45

第 3 章 国内外畜牧业发展形势与特征分析 /55

3.1 世界畜牧业生产形势及发展特征/56

3.2 中国畜牧业发展现状及面临的现实约束/66

3.3 本章小结/72

第 4 章　中国畜牧业生产投入产出特征分析 /73

4. 1　生猪投入产出特征分析 /73
4. 2　肉牛投入产出特征分析 /76
4. 3　肉羊投入产出特征分析 /79
4. 4　奶牛投入产出特征分析 /82
4. 5　本章小结 /85

第 5 章　世界代表性国家畜牧业生产经济效率分析 /87

5. 1　反映畜牧业生产效率的主要指标及与代表性国家的对比分析 /88
5. 2　代表性国家畜牧业经济效率的实证分析——以肉牛为例 /92
5. 3　基于典型农场层面肉牛生产经济效率影响因素分析 /121
5. 4　本章小结 /136

第 6 章　中国畜牧业生产经济效率测度与实证分析 /138
——以肉牛为例

6. 1　研究方法与模型设定 /139
6. 2　中国畜牧业生产技术效率的实证分析 /147
6. 3　中国畜牧业生产配置效率分析 /150
6. 4　中国畜牧业全要素生产率分析 /153
6. 5　本章小结 /161

第 7 章　中国畜牧业生产经济效率影响因素分析 /163
——以肉牛为例

7. 1　理论基础与分析框架 /164

7.2 研究设计／169

7.3 实证结果分析／175

7.4 稳健性检验／184

7.5 异质性分析／187

7.6 本章小结／191

第 8 章 中国畜牧业生产经济效率的提升路径分析／193

8.1 理论分析与策略选择／193

8.2 研究设计／196

8.3 实证检验与路径分析／200

8.4 稳健性检验／210

8.5 本章小结／210

第 9 章 研究结论、政策启示及展望／212

9.1 主要研究结论／213

9.2 政策启示／216

9.3 研究不足与未来展望／220

参考文献／222

第1章
绪　　论

1.1　研究背景与意义

1.1.1　研究背景

随着经济发展和人们生活水平的不断提升，对优质安全肉蛋奶的需求快速增长，中国畜牧业实现了蓬勃发展。然而，近年来国内猪肉、牛肉等畜产品供应紧平衡态势日益突显，供需缺口持续增大；同时，国内资源约束趋紧，环保压力不断加大。在此背景下，要保障畜产品可持续稳定供应，必须摒弃主要依靠消耗资源粗放扩张的传统发展模式，探索以提升生产经济效率，进而转向提升畜牧业产业质量效益和竞争力的道路。

中国畜牧业发展迅速，但国内供需矛盾突出。改革开放四十多年来，中国肉牛产业产能明显提高、畜产品产量和产值大幅提升，为满足人民日益增长的美好生活需要、保障优质安全肉蛋奶的持续供给作出重要贡献。据国家统计局数据，1979～2020年，中国肉类总产量从1 062.4万吨增长到7 748.4万吨，增长了6.3倍；人均肉类占有量由10.9千克增长到54.9千克，增长近4倍；人均肉类表观消费量由10.9千克增长到61.7千克，年均增长率达到4.3%。“菜篮子”工程等一系列宏观支持政策的出台促使畜牧业在40多年间体量大增。然而，随着近年居民生活水平改善，对优质蛋白需求的日益重视，再加上餐饮服务环境的改善以及消费者偏好增长，牛肉、羊肉在中国居民饮食结构中的占比不断提高，国内市场供给明显乏力，尤其是牛肉供应紧平衡态势日益突显，国内供需矛盾导致牛肉进口急速增长（高海秀等，2019）。据中华人民共和国海关总署数据，2020年，中国肉类进口991万吨，同比增长60.4%，是2018年的421.7万吨的2.4倍，再创新高，贸易逆差进一步扩大，国内生产的“温和”增长支持了进口，巴西、阿根廷、美国等国家的肉类快速涌入国内市场以弥补日渐扩大的供需缺口，国内供需矛盾日益突出。

中国畜牧业在国际上缺乏竞争力，与代表性国家差距明显。据德国杜能研究所欧盟农业基准（Agri benchmark）数据库显示，中国每头母猪每年出栏肥猪数（market pigs/sow/year，简称“MSY”，下同）不高，每头能繁母猪长期以来每年只能提供13～15头育肥猪，直到最近两年MSY才提高至17～19头，仅为欧美发达国家出栏肥猪的60%；与发达国家相比，中国肉牛和肉羊的生产效率存在着较大差距。尽管不同国家因资源禀赋、养殖模式等的不同，肉牛和肉羊养殖中一些指标的可比性不强，但日增重、饲料转化率、胴体产肉率和单位产肉量所需总成本等指标具有很强的可比性。据德国杜能研究所欧盟农业基准（Agri benchmark）数据库数据，中国肉牛育肥日增重平均为1 188.8克，而美国、法国和西班牙的这一指标分别为1 692克、1 402.33克和1 437.5克，比中国高42.3%、18.0%和20.9%；相对于其他国家单位产肉量所需总成本也是中国最高。中国肉羊日增重平均为173.5克，而德国和澳大利亚的这一指标分别为338克和 253.5 克，分别比中国高出 94.8% 和 46.1%。

资源约束趋紧和养殖成本上涨并存，农牧民增收不稳定。以全球变暖为主要特征的气候变化给草原生态环境带来了巨大压力，再加上旱灾、雪灾等气象灾害频发，草原生态环境不断恶化，草场退化、沙漠化问题突出。近年中国禁牧、休牧等一系列草原保护政策的实施，为遏制农牧民赖以生存的草原生态环境进一步恶化和保障草原系统的良性循环起到重要作用，但同时也在一定程度上限制了牧区肉牛、肉羊养殖规模的扩大，资源约束日渐趋紧。与此同时，国内养殖成本不断走高，仔畜、劳动力和饲草料费用均不断上涨，环保成本也在不断攀升，畜牧业发展面临的压力进一步增大。如任继周等（2019）研究显示，近年肉牛主产区养殖总成本年均增长率达到 15.2%。据农业农村部肉牛监测预警数据显示，2020 年，肉牛养殖成本同比上涨 9.5%，较 2016 年上涨 20.6%。资源约束的日渐趋紧再加上养殖成本的快速上涨，使以肉牛、肉羊生产为主的农牧民养殖效益不稳定、增收缓慢。

中国畜牧业生产仍以散户经营为主，专业化生产模式逐步形成。长久以来畜牧业作为家庭副业经营，自改革开放后才逐渐由副业向专业化养殖转变。现阶段，中国畜牧业规模化养殖水平仍然不高，据《中国畜牧兽医年鉴》数据，2020 年全国畜禽养殖规模化率达到 67.5%。尤其是肉牛生产主要依靠散户家庭经营，2020 年年出栏 50 头以下的散养户出栏肉牛数占全部出栏数的比重为 70.4%。但近年专业化生产模式得到一定发展，繁育户、育肥户等分工专业化生产主体逐步壮大，对于提升生产效率起到一定积极作用。如中国中原、东北、西北和西南肉牛优势区基本形成，肉牛生产模式与地区资源禀赋和天然优势密切相连，肉牛养殖的专业化模式逐步显现。据笔者在多个地区的调研，专业育肥是随着肉牛产业化、规模化程度提高出现的养殖模式，养殖主体通过外购 300 千克左右的犊牛或架子牛进行 6～10 个月的短期育肥出栏，出栏活重在 500～600 千克。该生产模式饲养周期较短，牛群结构单一，进入和退出门槛较低，资金周转较快，饲料报酬率较高，便于标准化管理和集约化生产，但该模式流动资金需求较大，养殖效益易受到架子牛市场价格波动的影响。专业繁育指饲养母牛出售犊牛或架子牛的生产模式，犊牛出生后饲养至12～18月龄，出售体重在300～400千克。该模式生产周期较长且对养殖技术要求较高，资金周转较慢，进入和退出门槛高，难以形成规模，但养殖主体具有一定的草场资源，能够降低一部分饲草料费用。

从上述研究背景可以看出，中国畜牧业生产水平还比较落后，生产发展与世界代表性国家相比还存在较大差距。在日渐趋紧的资源约束和可持续发展的环境压力下，与以增加投入要素实现产出增长相比，提高畜牧业生产经济效率是与现有资源相适应的长期可持续增产和保供的关键，也是在稳定产能基础上实现产业素质、效益和竞争力提升的突破性手段。因此，本书从生产经济效率角度出发，在全面梳理国内外畜牧业生产形势及中国畜牧业发展现状的基础上，分析了中国生猪、肉牛、肉羊等主要畜产品成本收益的时空特征，并以肉牛为例着重对生产经济效率及其影响因素以及提升路径进行探究，以期为提升畜牧业生产水平、合理配置要素资源、推动区域间科学发展、降低生产成本和促进农牧民增收提供一定的理论依据，为不断提升国内畜产品可持续供给能力以及保障产业持续健康发展提供一定的经验参考。

1.1.2 研究意义

在理论意义方面，经济效率是国内外经济研究重点关注的领域，众多学者对此进行广泛和深入的研究，但国内对畜牧业生产配置效率的分析尚不多见，缺少与生产进程相对应的投入要素配置程度的掌握。本书基于生产理论、经济效率理论、规模经济理论和农户行为理论等构建了畜牧业生产经济效率的理论分析框架，以肉牛为例对包括配置效率在内的生产经济效率从不同生产模式、不同区域和不同养殖规模进行系统测度和趋势分析，鲜有学者在研究中涉及此方面内容。同时，本书在肉牛生产经济效率影响因素的分析部分分别分析了产业和政策支持、生产管理、养殖主体的个人及家庭特征与肉牛生产经济效率之间的理论机理，揭示了肉牛生产经济效率决定因素的特殊性。因此，本书在丰富畜牧产业经济研究的理论框架体系、充实相关研究内容和拓展研究视角方面做出边际学术贡献，具有重要的理论意义。

在现实意义方面，第一，经济效率水平的提高是在资源约束趋紧和要素供给乏力下提高畜牧业产出的必要手段，是增强产业竞争力的关键。中国的国情决定了畜牧业必须以保障国内强劲需求为第一要务，在当前各种不确定性风险频发背景下，对中国肉牛生产经济效率及其影响因素进行研究，对于做大做强中国畜牧产业，从而保障人们不断增长的美好生活需要中对优质安全肉蛋奶的持续强劲需求具有重要的现实意义。第二，在考虑不同专业化养殖模式的基础上从不同区域探究生产经济效率水平及其变动趋势，有助于深入了解各区域现阶段对应的生产水平和发展潜力，对于运用政策计划引导和扶持、增强补弱、合理调整畜牧产业布局以及协调优化区域发展方面具有重要的实践意义。第三，联合国粮食及农业组织报告显示，在生产端通过可行措施提高效率和畜禽养殖水平，温室气体的减排潜力可以达到基准排放量的38%①，因此探究如何提高畜牧业生产经济效率有助于减少温室气体的排放强度和排放量，对助推“双碳”目标的实现具有重要意义。第四，基于养殖场户生产投入的微观数据对畜牧业生产的经济效率进行深入研究和路径探寻，在指导生产实践、提高农牧户的收入水平，加强小农户与现代畜牧业的有机衔接方面具有重要的现实意义，这也是推进畜牧业现代化、实现畜牧业高质量发展的必然选择。

---

① 资料来源：联合国粮食及农业组织（FAO）. 以畜牧养殖应对气候变化——全球温室气体排放评估与减排［M］. 朱聪，译. 北京：中国农业出版社，2018.

1.2 文献综述

1.2.1 国内外现有研究进展

（1）关于经济效率概念及测度方法的研究

追溯经济学史，经济效率的概念最早由古典政治经济学奠基人弗朗斯瓦·魁奈于1766年提出，在之后的经济社会发展中，不同学派和学者根据不同阶段的经济社会发展和研究问题对经济效率的概念进行不断的完善和深入。

①新古典经济学对经济效率的核心解释是“帕累托效率”，即以帕累托有效与帕累托无效来评判是否具有经济效率。如果一项经济活动从一种资源配置状态转换到另一种配置状态，不使其他任何人状况变坏的情况下，又可以使至少一个人的状况变得更好，就认为这项经济活动是具有效率的。新古典经济学派的这种帕累托效率是一种“理想王国”，是在“完全理性人”和“市场完全竞争”的假设前提下进行，其通常用于福利经济学的分析，而主观效用在准确量化方面存在一定局限性，因此用帕累托效率来描述经济效率的这一方法通常用于理论研究。

②内生经济增长理论对经济效率的继续发展是通过对生产率的研究而深入的，即考量生产过程中产出与投入之间的比率，主要包括单要素生产率、多要素生产率和全要素生产率。最为代表性的观点是“Solow residual”即“索洛余值”，该观点认为生产率的增长率就是产出增长中扣除各投入要素增长率的余值，因此，生产率也通常被表征为技术进步变动的速率，即生产率的提高表征为技术进步。

③马克思主义生产理论的观点把经济效率归为劳动生产率，认为农业生产进步和现代化的本质与核心就是农业劳动生产率的提高，而劳动生产率是生产力的必要条件，即生产力提高的本质是提高劳动生产率。他认为“真正的财富在于用尽量少的价值创造出尽量多的使用价值，劳动生产率的增长意味着活劳动和物化劳动的节约，归根结底劳动生产率增长的实质是劳动时间的节约”。

④西方经济效率理论主要以英国经济学家法雷尔（Farrel）对经济效率的观点为代表。法雷尔（Farrel，1957）提出经济效率由技术效率（technical efficiency）和配置效率（allocative efficiency）两个最为核心的部分组成。其中，技术效率反映决策单元在给定的投入集中实际产出与可获得最大产出的差距，配置效率反映在一定的技术水平下，已知要素的既定价格，决策单元能否以最优比例将各项投入要素进行较好安排的能力。

较早对效率测量方法的讨论是从法雷尔（Farrel，1957）前沿面方法的原创观念开始的，他在德布鲁等（Debreu et al.，1951）和库普曼斯（Koopmans，1951）的研究基础之上，用图形初次描述了前沿面，探究多投入效率的测量方法。至今已形成系统的测度方法，其中主要以随机前沿为主的参数法和数据包络分析为主的非参数法较为被学界所应用。参数法预先设定经济函数，通过估计出带有经济含义的参数求出实际产出与潜在产出比值的经济效率。非参数法基于样本数据利用数学规划来建立前沿面，可测量多投入多产出的情况，根据参比方式的不同，又可分为全局参比、相邻参比等。除此之外，效率的测度还包括指数法，如帕氏指数（Paasehe，1874）、费希尔指数（Fisher，1923）和拉氏指数（Laspeyres，2016）等。

（2）关于农业经济效率的应用与实证研究

自经济效率的测算方法被引用到农业经济领域以来，诸多学者运用多种测度方法进行了广泛的研究。学者认为农业经济效率是某一时间（年）

某一国（地区）农业生产水平的具体体现，其变动情况最能真实反映出既定时期内该区域农业生产水平的变化（华德亚等，2019），故基于全国、区域或单个省份维度对农业经济效率进行分析。但由于运用的方法、所跨样本时期和基于的视角不同，当前学术界对经济效率的测度研究得出的结论不尽相同，甚至各执一端。如部分学者的研究结果显示中国农业TFP变动趋势为东、中、西部依次递减（匡远凤，2012；高帆，2015），然而，李谷成等（2011）和韩海彬等（2013）的研究则得出中国农业TFP增长东、西、中部依次递减。此外，方福前等（2010）和王留鑫等（2018）的研究则表明中国西部地区农业TFP增长高于东部和中部地区；白林等（2012）则认为中国东、中、西部区域间农业TFP呈现出长期的收敛即趋于一致方向的效应。以省（区、市）为基本研究单元来研究中国农业经济效率问题，发现中国各省（区、市）农业生产效率变动趋势呈现异质性，四川省和江苏省效率最高，基本接近效率前沿面，而上海市的农业生产效率值表现出明显下降趋势（崔海洋等，2021），区域间存在显著差异，且存在由高向低的溢出效应（刘莉等，2017）。受技术进步推动，江苏省农业全要素生产率在2001～2014年间增长明显，但技术效率下降，经济发展水平与TFP高低存在正向关系（曹明霞，2017）。长江经济带地区农业生产效率总体偏低，上海市、武汉市和重庆市周边处于高值区，各市效率值存在显著差异，整体呈现空间不均衡势态（陈坤等，2022）。带动中国农业全要素生产率增长的主要是技术进步，技术效率损失起抑制作用，不同区域TFP变动的不均衡主要与科研投入有关（尹朝静等，2016）。各省（区、市）工业水平和城市化发展是农业全要素生产率的推动力，各区域存在局部空间相关性（石慧等，2011）。

基于细分产业视角，考虑到不同作物品种之间、不同畜种之间的技术异质性，部分学者对不同农产品、不同畜种的经济效率进行了研究，在研究对象上不限于粮食、棉花、大豆等农作物产业和生猪、肉鸡和肉羊等畜牧产业。如近年受技术进步带动，中国棉花全要素生产率整体呈增长趋势，但技术效率损失仍然存在，从区域间比较来看，新疆棉花最具发展潜力（王力等，2016）；张利国等（2016）对中国主产区粮食全要素生产率和司伟等（2011）对中国大豆近25年的全要素生产率的研究均显示，技术进步在全要素生产率的增长中贡献主要作用，技术效率的下降起抑制作用。此外，学者基于21种作物的投入产出数据分析发现，不同农作物产业全要素生产率增长模式不同，并非由技术进步和效率改善同时驱动，而多以其中一种来源为主要驱动（李谷成等，2010）。学者利用中国不同区域生猪养殖户调研数据对生猪养殖效率进行测算，发现生猪养殖规模效率、技术效率相对较高，配置效率、利润效率整体水平低下（李杰等，2019）。研究发现中国肉羊生产存在明显的技术效率损失，在不同品种和不同养殖模式下呈现差异（王雪娇，2018）。基于实地考察数据采用投入角度的距离函数对美国东南部地区69个肉羊养殖场的经济效率进行测算，发现肉羊生产的平均技术效率在0.800以上，肉牛存栏高于60只或能繁母羊规模高于40只的养殖场存在规模经济（Berdikul et al.，2016）。学者使用1993~1997年的面板数据估计的随机前沿生产函数来衡量英格兰东部小麦农场的技术效率发现DMU的技术效率指数在62%~98%（Wilson et al.，2001）。尼日利亚蛋鸡养殖场的技术效率和配置效率均较高，农民在生产的合理区域内经营，80%左右的技术效率和85%左右的配置效率在0.7以上（Adepoju，2008）。学者运用随机前沿法估计巴基斯坦移栽水稻生产（TRP）和水稻直播系统（DRS）两种不同生产方式的经济效率，得到稻农的TRP经济效率为57%，DRS的经济效率为83%，即与移栽稻农相比，直播稻农表现出更高的效率（Fatima et al.，2020）。

农业经济效率的规模异质性也是国内外学者探讨的重点之一。现有研究显示，农业生产经营规模与效率之间主要存在三种关系。第一种为正向关系，表现为大规模更有效率，欧美国家农业学者的研究多认为增强农场竞争力的重要途径是实现规模经济和范围经济（Paul，2004），即农业规模与效率之间存在正向关系。例如，学者采用数据包络分析方法估计巴基斯坦不同规模小麦生产的技术效率，结果为大规模的效率高于中规模，小规模的效率最低（Gill，2015）；威尔逊等（Wilson et al.，2001）在对英格兰东部小麦农场的技术效率的影响因素探讨时发现，多年的管理经验和饲养规模扩大促进技术效率向更高水平提升；里奥斯等（Rios et al.，2005）的研究同样显示越南大规模咖啡种植户的技术效率高于小规模。第二种为反向关系（即 IR 关系），表现为小规模更有效率。学者对巴基斯坦（Heltberg，2004）、东非的马拉维、坦桑尼亚和乌干达（Julien et al.，2020）、孟加拉国（Gautam et al.，2019）以及中国（程申，2019）农业生产的研究结果均显示，从亚非地区发展中国家农场规模与效率之间关系的角度来看，两者之间多存在着 IR 关系。西亚尔等（Sial et al.，2012）的研究结果显示巴基斯坦曼迪巴赫丁地区农业生产规模与技术效率呈现出“IR”关系，即规模越大技术效率越低；塔德塞等（Tadesse et al.，1997）的研究也显示印度泰米尔纳德邦（Tamil Nadu）地区的中小规模稻农具有更高的技术效率，同时显现出生态技术优势和规模优势。第三种为非线性关系。例如，福斯特等（Foster et al.，2022）的研究得到印度家庭农场规模与效率之间存在显著的倒“U”型关系；闫振宇等（2012）的研究指出中国生猪养殖规模中，中规模养殖户的经济效率最优；刘颖等（2016）对江汉平原 347 户稻农的生产技术效率进行测度并探究规模异质性，发现技术效率与经营规模呈现倒“U”型的非线性关系，上升下降的临界点技术效率最优。此外，还有学者指出不同规模的生猪养殖效率整体呈“W”型（王德鑫等，2016），农户的生产技术效率并非呈常态分布，而呈偏态分布，技术效率在不同经营规模农户间呈现不同分布（刘天军等，2013）。拉达等（Rada et al.，2019）指出，农业家庭经营对不同规模的适应性选择是农业经营规模与效率之间关系存在差异性的关键，农业家庭经营通过调整经营规模以获取最高生产力。因此，并不存在唯一的农业最优规模论，随着不同阶段社会经济发展水平的变动，农业最优经营规模随之变化。

经济效率不但衡量实际产出达到最优产出程度的技术效率，还考虑在投入要素价格已知下能否合理安排各投入要素比例的配置效率，配置效率反映在给定投入产出下生产过程控制成本最小化的能力，体现了一个产业生产的核心竞争力（刘春明等，2018）。在典型的西方经济学观点中，萨缪尔森等（Samuelson et al.，2008）界定经济效率的本质是指以最有效的方式来利用现有生产资源以达到满足人类各种生产生活需求的目的。如果决策单元在一定的技术水平下，能够合理安排各项经济要素，以最少投入获得最大可能的产出，则认为这一生产安排实现了有效配置状态，否则实际生产所用的经济要素之间的配置状态是非有效的（杨朔，2011）。此处所指的投入是在实际生产过程中消耗的投入要素成本或投入要素数量，所指的产出是利用这些数量的经济资源要素生产获得的收益或产量（杨朔，2011）。即通过最有效的投入要素组合生产出最有效的产出组合，不存在资源要素滥用和浪费现象。可见，在一定的制度、技术、经济和社会环境下，这些西方经济学家的观点认为经济效率更倾向于配置效率，要素有效投入与利用是提升农业经济效率的重要途径（方鸿，2010）。学者对中国粮食主产省的生产要素配置效率进行了比较分析，发现样本期内粮食生产投入和产出的结构不合理，呈现出地域上的显著差别特征（魏丹等，2011）。运用随机前沿生产函数对1999～2011年中国四大林区的林业生产要素配置效率进行测度，得到平均配置效率水平与效率前沿存在39.7%的距离，整体存在较大提升空间（田杰，2014）。恩瓦楚库等（Nwachukwu et al.，2009）估计尼日利亚伊莫州法达玛南瓜种植的配置效率，结果显示平均配置效率为0.626，南瓜种植者需要节省37.37%的成本，才能成为配置效率最高的生产者。

（3）关于农业经济效率的影响因素研究

学界在探索影响效率的因素方面也不乏广泛和深入的分析。对影响农业经济效率的因素大体可以总结为三类，一是生产经营与管理特征，二是包括社会经济条件、设施条件和政策环境在内的影响因素，三是生产决策者的个人和家庭等其他特征。

生产经营和管理特征。如何通过优化生产经营与管理方式得到利益最大化，是生产者选择和调控决策行为的动机。

①技术采纳。对于农户而言，采纳生产技术是为获取利益最大化所做出的理性决策之一。农户是否采纳先进技术是以能否实现自身利益最大化为前提的，因此，技术采纳带来的产出增加和成本降低，是农户采纳技术的主要动力。具体而言，农户会通过采纳后的成本收益对比来决定是否采纳这一技术行为（Penson et al.，1981），即衡量学习新技术所耗费的成本和使用新技术可以产生的预期收益之间的高低。如果衡量发现采纳新技术得到的收益是大于成本的，那么采纳新技术就是一项经济上可行的行为决策（林毅夫等，1990；Lin，1991）。刘庆华等（Liu et al.，2006）进一步指出农户在生产过程中是处于理性的，对要素市场上价格的变化也存在敏感性，会在利益最大化目标的诱导下，从要素市场上寻找价格相对低廉但边际产出率较高的生产要素，去替换价格相对昂贵的且边际产出率较低的生产要素。如农业劳动力由农业部门向工业部门的转移，导致的农业劳动力变得相对稀缺，使得劳动力要素价格高于其他要素如机械投入价格等（Jasny，1935），生产决策者寻求机械投入代替劳动力投入，在降低劳动强度和大幅降低生产总成本的同时，又由于农业机械的作业效率和质量高于人力而提高总体生产的技术效率，从而有利于产出的增加。生产主体对于生产环节技术的采纳和应用通过降低生产成本和提升产出，达到增加生产回报率与利润率的利益最大化目标（Rijk，1999）。刘森挥（2019）的研究显示养殖主体参与技术培训对肉牛生产的全要素生产率具有正向促进作用。朱宁（2014）认为蛋鸡生产的经济效率与技术采纳呈正相关，养殖技术提升带来产出增加，如采用刮粪板这一技术的养殖场综合技术效率、纯技术效率和规模效率均高于采用人工方式清理蛋鸡

粪便的养殖场。

②兼业化。劳动力非农就业不仅改变农户家庭劳动主体在农业与非农业部门间的配置状态，还带动改变其他部门生产要素配置状态和结构。非农就业增加说明劳动力将更倾向于流向和配置在相对收入较高的非农部门，同时还呈现出农业生产要素配置结构的变化，例如，相较于机械等其他要素投入占比的增加，劳动力投入占比下降（盖庆恩等，2014）。农户非农就业的直接结果是农业劳动力逐渐紧缺，体现在数量和质量上的双重紧缺，兼业使劳动“过密化”问题逐渐被“空心化”问题取代（蔡文聪等，2022）。在这种情况下，较为理性的农户会转向投入机械技术等来代替原来的劳动力投入，但如果农户不能获得机械等技术投入，则将有可能以粗放的形式继续生产或者甚至退出农业生产（Takahashi et al.，2009）。一般小规模经营的农户资本实力不足以支撑购买大量农业技术要素投入，最终可能的结果是农户非农就业更倾向于促进购买农机等要素投入。实际上，非农收入比重越大，农业就相对变得不重要，农户最终很大可能会选择退出农业生产，那么就无法刺激农机等机械的进一步投入（Su et al.，2015）。对于非农就业的兼业行为与农业生产效率的关系，国内外学者进行实证研究得到两种相反的观点，其一是非农就业促进农业生产效率的提高，在新劳动力迁移经济学理论下，兼业带来非农收入的增加可以明显通过收入效应改善农户资本结构，使其能够及时购进机械设备或雇佣劳动力等促进农业生产效率提高（Gartaula et al.，2012）。如黄祖辉等（2014）的研究发现，兼业显著促进江西稻农生产的技术效率。其二是兼业通过替代效应导致农业生产效率的下降（李谷成等，2010），非农劳动转移的主体为青壮年，导致农业劳动力结构中以老人和妇女为主，相较于青壮年，老人和妇女的农业生产呈现弱质性，会抑制农业技术的扩散和采纳，从而不利于农业生产效率的提高（郝海广等，2017；周宏等，2014；林本喜等，2012）。

③组织化。若将农户纳入组织框架，则农业产业组织模式的主体就包

括农户家庭经营组织、农民合作社组织、农业公司与企业组织（罗必良，2002；聂辉华，2013）。农户与产业组织的融合以及产业组织化水平的提高，是发挥产业协作效能的关键手段，是促进产业化进程的重要途径，有助于在现阶段改善产业浅层次发展现状、夯实中国农村经济深加工基础，实现乡村产业振兴（蔡晓琳等，2021）。国外学者在发达国家的农业发展及其特征的经验基础之上，将农业生产模式总体概括为家庭经营、合作经营和农业企业经营（Erik，1999），而国内学者结合中国自身国情及农业发展特征，将农户吸收到农业生产模式体系中，形成"市场+农户""协会（合作社）+农户""中介+农户""企业+农户"等多个组织模式（杜吟棠，2005）。对于组织化程度与经济效率的关系，学者认为根据中国农业产业化经营发展的实践，农业生产与产业化组织的较好融合，可以从优化家庭分散的传统生产模式层面来提升农户生产技术效率（周月书等，2018）。多数学者的研究表明，农户与合作组织间的横向合作在提高农产品产量和质量的同时能够进一步提升农户生产的技术效率（Boubacar et al.，2016；王太祥等，2012）。如学者研究发现合作社规模的扩大、人力要素资本投入和区域经济发展水平等因素能够显著促进农户生产技术效率的提高（黄祖辉，2013）。贵阳茶叶不同经营主体生产效率的比较也显示，农业企业的效率高于专业大户和合作社经营，而分散的家庭生产效率总体偏低，规模效率的差异是导致整体效率存在差异的主要原因（安海燕等，2014）。相较于农民合作社，农业龙头企业呈现的较高技术效率与人才和资本优势密不可分（吴晨，2016）。

④风险规避。自然灾害等的自然风险与价格波动等的市场风险是农业生产过程中同时面临的两大主要风险，也是农业生产主体面临的主要压力（胡冰川，2015）。自然灾害等的冲击会降低农户生产意愿，甚至导致农业生产主体做出退出农业生产的行为决策（陈哲等，2020），最终负向影响农业产出（Gu et al.，2020）。而健全的农业保险制度一方面通过针对性补偿等的措施有效减弱风险对农业生产的冲击，降低自然灾害等对农业

产出的负向影响（Zhong et al.，2010；丁宇刚等），另一方面在恢复农户灾后生产能力和信心方面也起到关键性作用（Kousky，2019）。由于农产品价格弹性较弱，供求均衡在农产品市场上难以实现，农业生产主体就会同时面临诸多不确定性市场风险（安毅等，2018），在这种情况下，以指数保险为代表的农业保险的实施和推广，不仅能通过稳定农产品市场价格预期等来保障农产品市场秩序，还能推动生产主体将资本进一步向农业生产倾斜（孙香玉等，2016；吴东立等，2018；刘亚洲等，2019），从而正向影响农业产出。购买农业保险通过改变农户的生产行为而正向影响农业经济效率（Fang et al.，2021）。如购买农业保险将推动农户扩大生产规模（刘兆军等，2019），追求规模效率，提高农户专业生产的意愿，督促他们主动学习和采用农业技术，积极更新生产方式，提高农业经营效率和技术效率（付小鹏等，2017）。此外，健全的农业保险体系有助于通过积极有效的生产保障推动农业生产领域的技术进步，进而促进农业经济增长（徐斌等，2016）。

⑤社会经济条件、设施条件和政策环境在内的影响因素。农业经济效率的提升并非完全依赖生产主体的自身努力来实现，经济和设施发展水平以及政府支持政策等对提升农业生产经济效率具有重要作用（刘森挥，2019）。农户管理能力的提升一定程度上可以改善技术效率损失程度，即可以凭农户自身努力来解决，而在生产实践中，配置效率损失可能部分来自农户管理水平不高，但要素市场本身的扭曲程度也会影响效率损失，而要素市场的不完善受到经济、社会制度、信息不对称等多方面因素影响。因此，提高配置效率在农户层面可以从其经营管理方式来改变，但从整个市场层面，制度环境的完善至关重要（杨浩然等，2016）。学者通过对尼日利亚蛋鸡养殖场的技术效率研究认为，只有禽蛋场的位置才能积极提高技术效率，建议鼓励农民将其家禽养殖场选址在靠近其投入来源和有利于家禽生产的环境的地方（Adepoju，2008）。1942～1946 年英国农业的机械池制度中，政府出资补贴近一半生产中使用的农业机械，帮助无法支付购

机成本的农户采纳农机技术，政策的实施推动了英国的农机化进程，明显提高农业生产的经济效率（Mellor，1954）。日本政府出台多项针对水稻种植的政府补贴与贷款政策，如购买农机的信贷支持政策和对水稻灌溉设施补贴政策，以极优惠的利率为农户提供贷款，增加了农户生产投资能力，通过机械技术的投入提高水稻生产的经济效率（Tsuchiya，1982）。中国从2004年起实施的农机购置补贴政策，辐射作用较强，不仅大大提升农户生产投资能力，还促进农户的生产效率水平的提高，收入效应明显（高玉强，2010）。库姆巴卡尔等（Kumbhakar et al.，2010）的研究发现挪威1991～2006年对谷物生产的相关补贴政策显著提升了生产技术效率。杨等（Young et al.，2002）认为在农民经济水平制约的情况下，补贴政策可以通过调整农民的资本结构从而提高其农业投资水平，很大程度上存在提高农业生产效率的可能。可见，农业政策性补贴一般通过影响农民的投资决策和生产行为来影响农业生产的经济效率（赵自芳等，2006）。然而，也有学者得出不同结论，如卡拉吉安尼斯等（Karagiannis et al.，2005）的研究显示对希腊烟草种植户的直接收入补贴不但没有提高其生产效率，还可能因为过度补贴而对生产效率产生负向影响；朱雪琴等（Zhu et al.，2012）对欧盟挂钩补贴政策分析也得到相似结论，认为补贴政策并未促进生产效率的提高；中国草原生态保护补奖政策下，专业育肥场户肉牛养殖全要素生产率增长明显，但专业繁育场户全要素生产率增长不稳定，在多数年份变化为负（杨春等，2019）；拉特鲁夫等（Latruffe et al.，2016）基于欧盟各国的样本数据分析农业政策改革（CAP）对农业效率的影响，发现农业补贴对生产效率的影响在不同国家分别表现为正向、负向或无显著影响。

⑥农户个人和家庭特征。其中，决策者或户主的个人特征主要包括决策者年龄、性别、受教育年限、政治背景等；家庭特征主要包括家庭规模、家庭收入水平和自有资源禀赋特征等（翁贞林等，2018）。恩瓦楚库等（Nwachukwu et al.，2009）研究发现农户受教育程度、农业经验、扩

展联系、信贷获取和家庭规模影响农户南瓜种植的配置效率。巴基斯坦费萨拉巴德地区小麦生产的技术效率的影响因素中家庭规模和受教育程度是显著性变量（Gill，2015）。农民的受教育程度、年龄、耕作经验、推广服务设施和土地租赁等对巴基斯坦水稻生产者的利润效率有显著影响（Fatima et al.，2020）。

（4）关于农业经济效率的提升路径研究

学者分别从定性、定量以及定性和定量相结合的层面对农业经济效率的提升路径予以探讨，获得针对性较强或各有侧重的差异化实现路径。提升经济效率是一项系统工程，涉及宏观、中观、微观等不同层面的体制作用，离不开各类主体的密切推动。加快科技创新、推动企业提质增效以及促进产业结构转换是提升经济效率的有效路径（李平，2016）。季凯文等（2014）研究结果显示，考虑效率的高低配合情况，规模扩张的程度和改进方向各有侧重，管理水平的提升和生产规模的扩大并非需要同时提升，实行差异化的发展策略是可行路径。魏巍等（2012）在离析出影响农业劳动生产率的因素基础上，结合新疆生产建设兵团的经验，认为规模化经营、技术水平提高和推进组织化程度是促进农业劳动生产率提升的可行路径。从国际化趋势下探究农业经济效率的提升路径，发现农业科技力度的进一步投入、配置效率的提高以及农业国际化水平的提升成为助力中国农业经济效率提升的关键（金鑫，2014）。考虑农场经营规模、生产经济效率以及农地配置状态之间的关系，在必要的激励性、诱导性措施的基础上，结合一定程度的强制性调控政策，共同配合形成中国农业发展路径（黄延廷，2010）。中国不同区域农业经济效率差异显著，考虑区域差异下的经济效率的提升，需要对不同的区域采取不同的针对性措施，东部、中部和西部应该分别在高素质人才向农业流动、改善农业生产条件和加快经济发展速度等方面实现农业经济效率的发展路径选择（渠鲲飞，2021）。因地制宜引进与各区域农业特点相适应的农业技术，提高农业技术的普适度和应用性，规模化经营和劳动力质量同样是优化效率水平的重要推动（黄国瑞等，2021）。学者基于农业发展的区域差异、产业关联和效率性，发现推进人工智能这一新兴技术科学在农业领域的应用是成为有效提高农业效率的关键路径（王淑荣，2021）。以粮食生产为例，进一步考虑网络外部性对农业生产经济效率的影响，发现空间网络的溢出效应显著促进粮食生产经济效率的提高，交通基础设施的有效联通以及人口流动是发挥区域辐射带动作用的主要路径（张启楠等，2022）。

农业经济效率的提升是农业竞争力提升的关键。在农业竞争力提升视域下，基于路径优化的基本思路，考虑现有约束和背景，同时重点强调路径的可行性，从制度环境、技术、规模、服务、组织和人力六个方面得到优化路径，契合农业发展的系统性（刘虔，2021）。从不同发展路径进行再考察，联结农户、农业和经济发展水平三个层面，农业生产积聚通过规模效应、专业化效应和技术溢出效应构成中国粮食生产效率提升的可行路径（赵丹丹等，2020）。以山东省为例，在确定农业经济效率缺口基础上，采用定性分析，从提升投入产出管理水平、改善技术利用效率以及推动实现营销环节与生产方面的有效对接等三个层面探讨农业经济效率提升路径（郑浩然，2019）。基于生产主体视角，在对小农、家庭农场和工商企业的农业生产效率比较分析后，发现其生产效率呈现差异特征，且高低顺序依次递减，结合经营主体类型，可能的路径选择包括给予小农生产主体地位充分的尊重、通过多种形式发展适度规模经营来减少雇工以及对工商企业经营大田作用给予适当限制（孙新华，2013）。

农业经济效率的提升是产业高质量发展的必要途径之一，经济效率增长是经济质量增长的重要衡量指标（余永泽等，2019），高质量发展已成为农业经济发展的必然要求。学者对农业高质量发展的路径探寻不乏广泛和深入的探讨，而该路径探寻也为农业经济效率的提升提供丰富借鉴。高质量发展以满足人民日益增长的美好生活需要为目标，体现经济增长方式和路径的本质变化。高效完备的生产经营体系是农业高质量发展重要内容之一（钟钰，2018），实现农业高质量发展需要从多维度综合发力，是一个复杂的系统工程（柯炳生，2018），供给提质增效、生产规模化等均是农业高质量发展的重要特征（辛岭等，2019；王明利等，2022）。保产、高效是中国农业高质量发展需要遵循的本质规定中的重要内容（张露等，2020）。中国农业高质量发展仍然面临要素市场亟待完善和资源配置效率亟待提高的困境（张军扩等，2019）。生产成本攀升与农民增收不稳定、农民对现代农业生产技术吸纳不足而缺乏高素质农民队伍等均是阻碍实现农业高质量发展的重要制约（叶兴庆，2017；丁志刚等，2019）。要素资源合理配置以及转变过去以增加投入实现产出相比的观念是实现农业绿色发展的关键途径（李国祥，2017）。科技创新是实现农业效率变革的重要推动力（王永昌等，2019），在这其中，农业经营主体对技术的应用以及创新能力是实现经济、技术和制度间良性互动的关键（程士国等，2020）。

（5）关于畜牧业生产、经济效率及其影响因素研究——以肉牛为例

①肉牛生产的相关研究。近年各种动物源性产品的消费量在全球范围内增长，人口增长、城市化、经济进步和不断变化的消费者偏好正在推动发展中国家对畜牧产品的需求。学者预测发展中国家对包括牛肉在内的动物源食品的需求至2050年将翻一番，且预计这种增长的趋势在未来也将持续下去（Agus et al.，2018）。目前消费扩展下，国际上对牛肉的需求仍然未得到满足，美国等国家在肉牛总数下降的情况下，依赖于较高的生产力，所生产的牛肉量并未出现下滑（Arelovich，2011）。在20世纪，牛肉养殖系统生产力的提高明显减少了单位资源使用和温室气体排放，牛肉生产的可持续性在世界各个地理和社会经济区域具有不同的含

义，自然资源，包括土地面积和用途、降水和牲畜饲料的获取以及经济的稳健性，是牛肉可持续性发展的主要决定因素（Smith et al.，2018）。与肉牛生产相关的土地使用既被认为是一种资源利用，也被认为是与生产相关的一种好处，肉牛生产对牧场的生物多样性保护非常重要，食草动物对健康草原的影响已经得到明确证明（Oltjen et al.，1996）。多数情况下，改善肉牛生产对土地的利用可以通过优化放牧系统的放养密度来实现，其中，一个关键要求是提高饲草利用效率，这可以通过采用特定的放牧系统来实现，如轮牧或间牧可以实现超过 80% 的饲草料使用效率（Stewart et al.，2012）。同时考虑到资本、劳动力、气候和其他因素等的制约，找到最佳的饲养管理方式或饲料优化策略是重要途径。中国肉牛在大规模生产和消费方面的潜力均较大，且肉牛生产已成为中国畜牧业和肉类生产的重要组成部分（Li et al.，2018）。然而，中国肉牛生产面临许多技术问题，包括传统饲养方式的转变、饲养和管理系统以及肉牛品种的遗传改良。中国肉牛产业的长期可持续发展是中国面临的一个重要问题（Smith et al.，2018）。

②关于肉牛生产经济效率及其影响因素研究。肉牛生产经济效率提升是肉牛竞争力提升的内核，纵观国内外肉牛生产现状，中国肉牛单产水平较低、饲养管理方式落后以及种养结合不紧密的现状没有得到根本改变，促进肉牛生产经济效率的提升仍然是肉牛产业实现质量效益提升的关键。学者通过测度不同国家和区域的肉牛生产经济效率来评估肉牛养殖水平，如结合数据包络分析与 Malmquist 指数法测算中国 5 省份的肉牛养殖全要素生产率，结果显示 1998～2011 年肉牛养殖全要素生产率呈波动下降趋势，平均增长率为 -0.096%（杨春等，2013）。伊朗农场肉牛生产的技术效率测度结果显示，样本养殖场平均纯技术效率为 0.790，大多数规模效率低下的养殖场在规模报酬递减的情况下运营，亚兹德省和胡齐斯坦省分别是伊朗养牛效率最高和最低的地区（Banaeian，2011）。坦桑尼亚湖区肉牛生产平均经济效率达到 0.910，技术效率是推动其处于高位水平的主

要因素（Mlote，2013）。对匈牙利 2014 ~ 2015 年肉牛场和奶牛场的经济效率的分析结果显示，肉牛场生产技术效率低于奶牛场 9. 3 个百分点，但不同规模养殖技术效率存在差异，小规模奶牛场的效率高于小规模肉牛场，而中规模肉牛场的效率高于中规模奶牛场（Kovacs et al.，2017）。还有学者运用随机前沿法基于养殖场层面的数据分析发现，巴西肉牛全要素生产率年均增长 1. 73%，主要受规模效率增长 1. 39% 的驱动，但技术效率以每年 0. 03% 的速度下降（Maristela et al.，2021）。李俊茹等（2019）的研究发现，中国 15 个省（区、市）肉牛产业全要素生产率在 2013 ~ 2017 年间均值为 1. 015，年均增长 1. 50%。以中国河南、黑龙江、宁夏、陕西和新疆五省区为例，发现 1998 ~ 2014 年肉牛养殖技术效率逐年上升，均值为 0. 8137（石自忠等，2017）。

进一步地，学者在测定肉牛生产经济效率的基础上分析其影响因素。虽然遗传和种质是影响肉牛生产经济效率的因素，但其更受到饮食、环境和管理实践等的影响（Terry et al.，2020）。李俊茹等（2019）的研究发现，农业机械化程度、政策扶持水平、交通条件、牧草生产等对肉牛产业全要素生产率的增长产生显著影响。基于中国河南、黑龙江、宁夏、陕西和新疆五省（区）宏观统计数据，发现饲料结构、机械化程度、资本投入和疫病风险等均是影响肉牛养殖技术效率的因素（石自忠等，2017）。坦桑尼亚湖区肉牛生产平均技术效率达到 0. 910，推动其处于高位水平的主要原因是肉牛育肥阶段操作员技术水平较高（Mlote，2013）。学者分别对爱尔兰地区和澳大利亚昆士兰地区一定时间段内的肉牛养殖效率进行测算，发现技术进步是影响生产效率增长和下降最核心的因素（Martinez，2018；Gregg et al.，2011）。非洲地区肉牛养殖生产率呈下降趋势的关键是仅重视提高技术效率而忽视技术变革的重要影响（Abed et al.，2018），若改善南非肉牛生产系统内的营养、管理和健康水平，使其保持与世界其他地方的高水平生产系统更加一致，将有助于农场生产力和效率的进一步提高（Visser et al.，2020；Oduniyi et al.，2020）。通过技术、健康、遗传和营养等方面的改进可以实现阿根廷肉牛产业生产率的提高（Joseph，2018；MLA，2018）。

1.2.2 对国内外已有文献的述评

经济效率一直是经济学重点关注的问题，农业经济研究领域从未停止对农业经济效率的探讨。国内外学者对农业经济效率的研究积累了扎实的基础，不同学派和学者根据不同阶段的经济、社会发展水平和研究问题对经济效率的概念进行不断的完善和深入。众多学者结合具体问题，采用科学的研究方法对农业经济效率进行探究，不限于农业、各细分农业产业以及各国、各区域和各省（区、市）农业层面、产业层面的测度与差异比较等。对于影响经济效率的因素，已有研究主要考虑生产经营与管理特征、社会经济设施和政策环境以及农户个人和家庭等其他特征。国内虽然对农业经济效率的研究起步较晚，但发展迅速，研究方法从纯粹测算、指数分解到逐步引入实证分析方法的改进，不仅使经济效率的测算结果趋于准确，其他外生变量对经济效率的影响机理逐渐明晰，分析角度也日益全面。这些既有文献不仅为本书提供了丰富的理论借鉴，而且为本书的深入探析指明了更具拓展性的方向。

学者对肉牛生产经济效率及其影响因素进行了一定程度的研究，但仍有拓展空间。首先，以往对肉牛生产经济效率的研究多关注肉牛生产技术效率和全要素生产率的变动及效率值的比较，缺少对肉牛生产经济效率及其影响因素的系统研究，鲜有学者考虑加入投入要素价格的配置效率，缺少与生产进程相对应的投入要素配置程度的掌握，而对肉牛生产的配置效率以及影响因素的分析，对于资源要素配置的优化升级和提高肉牛养殖业的生产水平以及提升肉牛业竞争力意义更大。其次，已有研究忽略了从不同专业化生产模式以及结合具体区域进行肉牛生产经济效率的判断和探究这一重要研究视角，而不同专业化生产模式下的肉牛生产过程存在显著差异，规模化程度也不同，从生产模式方面的细致分析有助于针对性的政策调控和优化。再次，结合肉牛养殖的生产实际发现，养殖主体生产经营管理特征是影响肉牛生产经济效率的关键因素，之前的研究多集中于效率值的测算、比较以及基于宏观层面的影响因素探究，较少基于微观层面对肉牛生产经济效率的影响因素进行讨论，尤其缺少结合具体案例对肉牛生产经济效率提升的可行路径的探究。最后，全球农业的动态性、关联性和复杂性意味着世界各地的生产者必须不断地决定生产什么以及如何生产，食物生产系统在全球范围内连接，并长期作为国际讨论的焦点，因此国际比较分析对于正确的政策支持和计划部署至关重要。鲜有研究基于翔实的微观调查数据识别中国肉牛生产经济效率在国际上的相对水平，缺少对肉牛生产经济效率的国际比较研究。

1.3 研究目标、内容与技术路线

1.3.1 研究目标

本书总目标：在全面掌握国内外畜牧业的基本情况和生产投入产出特征基础上，以肉牛为例，具体探究如何提高中国畜牧业生产的经济效率以完成高质量发展下的稳产保供目标。研究目标主要包括：第一，系统梳理国内外畜牧业生产形势及特征；第二，探究中国肉牛生产经济效率在国际上的相对水平、与发达国家是否存在差距以及产生差距的原因；第三，科学把握中国不同区域不同生产模式下肉牛生产的经济效率现状及变动趋势；第四，探究影响中国肉牛生产经济效率的主要因素并有针对性地提出对策建议和优化路径，为政府制定相关政策提供现实参考和科学依据。

1.3.2 研究内容

本书的主要内容包括以下两个方面。

一是基于宏微观统计数据对国内外畜牧业发展现状进行总体把握。首先，分畜种对近年全球畜牧业生产形势进行分析。从产量、区域分布等生产概况，以及代表性国家肉牛生产特征入手，详细梳理近年来全球畜牧业生产形势。其次，系统梳理改革开放以来中国畜牧业发展历程。科学划分发展阶段及其特征，总结发展成就及主要经验，分析新时代畜牧业发展面临的挑战，并对未来趋势进行判断。最后，定量分析中国畜牧业生产时空特征。对中国生猪、肉牛、肉羊等畜种生产投入产出时空演变特征分析，深入了解各区域现阶段对应的生产水平和发展潜力。

二是以肉牛为例，基于德国杜能研究所欧盟农业基准（Agri benchmark）数据库数据和微观调研数据，计量分析中国畜牧业生产的经济效率现状、变动趋势、影响因素以及提升路径。首先，基于典型养殖场层面对肉牛生产的经济效率进行国际比较，并探究生产环境和其他管理特征在推动经济效率增长方面的作用。运用研究团队长期参与并共享的德国杜能研究所欧盟农业基准（Agri benchmark）数据库中 12 个代表性国家典型养殖场肉牛生产投入产出的面板数据，借助超越对数随机前沿函数模型对不同国家肉牛生产的技术效率和配置效率进行测度、分析和对比，通过全要素生产率指数对不同国家肉牛全要素生产率变动及来源进行探究，剖析其增长的内在机制，估量中国肉牛生产经济效率在世界中的真实水平；通过分析对比肉牛生产在养殖者素质、饲料粮自给率、政府扶持力度与生物安全防控方面的水平，找寻与优势国家经济效率存在差距的原因；探究外生环境和其他管理特征对各国肉牛生产经济效率的影响。其次，对肉牛生产的经济效率水平进行科学判断和变动趋势分析。主要运用超越对数随机前沿函数模型，基于前面对肉牛生产投入产出特征的分析进行变量指标的选取，构建经济模型。在对不同生产模式经济效率的测度基础上，进一步对不同区域以及不同养殖规模肉牛生产经济效率进行测度和趋势分析，同时构建 SFA - Malmquist 指数对肉牛全要素生产率变动进行识别，通过分解得出技术效率变动与技术进步在其中的贡献，捕获全要素生产率增长的来源，探究各项投入要素的经济弹性。采用收敛性模型检验各区域生产率的收敛性，旨对中国肉牛生产的经济效率做出一个科学和全面的判断。再次，基于实地调研数据从微观视角分析影响肉牛生产经济效率的因素。通过理论分析，理清技术培训、补贴政策和合作组织与经济效率的关系，提出待检验假说；基于调研地区养殖场户肉牛生产的投入产出数据，运用随机前沿函数模型对肉牛生产经济效率进行测度；在进行严格的 Breusch - Pagan 检验后，采用 Bitobit 模型对影响因素进行估计，并对基准回归结果进行分析；进一步使用倾向得分匹配（PSM）法估计处理组和对照组的平均处理效应，来纠正样本自选择偏误，并采用 CMP + IV - Tobit 模型对回归结果进行内生性讨论；对不同经营类型肉牛生产经济效率的影响因素进行异质性分析。最后，从组态视角出发基于前文离析出的影响肉牛生产经济效率的关键因素，引入定性比较分析方法，结合具体案例，揭示肉牛生产经济效率各影响因素之间的复杂关系，进而探讨提高肉牛生产经济效率的可行路径。立足于组态视角建立研究框架，选择分析策略；基于前述研究内容离析出的影响肉牛生产经济效率的显著因素，进行本章的条件变量选取和校准锚点，并对条件变量各自按照选定的代理指标赋值；采用模糊集定性比较分析分别对高技术效率和高配置效率目标集合进行单项前因条件的必要性和充分性检验；结合具体案例得到肉牛生产经济效率提升的实现路径。

1.4 研究方法与数据来源

1.4.1 研究方法

(1) 计量分析方法

基于宏观统计数据和微观实地调研数据，选择契合研究需要的计量经济模型进行实证分析。具体包括：

随机前沿分析法（stochastic frontier analysis，SFA）。考虑到农业生产比大多数工业具有更多的变量性质，对于肉牛产业等畜牧业生产过程，更需要考虑不确定性以及外部扰动，随机前沿方法引入表示统计噪声的随机变量，具有解释噪声、可以进行假设检验的优势，因此，结合肉牛生产实际和方法自身的优势，本书在对随机前沿生产函数进行严格检验后，采用构建 SFA 函数的参数法来测度肉牛生产的经济效率。

收敛性模型。本书探究不同区域间的肉牛生产经济效率的动态变化趋势时采用收敛模型进行估计。

似不相关回归（seemingly unrelated regression estimation，SURE）模型。由于本书在对肉牛生产经济效率的影响因素分析时，需要分别对技术效率和配置效率构建研究模型，可能存在各方程扰动项之间存在相关性的情况，若采用传统的 OLS 回归会得到有偏估计，而似不相关回归能够有效解决联立性偏误，控制方程扰动项之间的相关性，故对肉牛生产技术效率和配置效率进行回归时，在进行严格的 Breusch - Pagan 检验后，采用似不相关回归进行估计。

Tobit 与 Bitobit 模型。肉牛生产技术效率和配置效率属于两端受限被解释变量，本书采用 Tobit 模型来避免估计偏误，并采用 Bitobit 模型提高估计效率。

倾向得分匹配（propensity score matching，PSM）方法。本书基于 PSM 方法，通过估计处理组与控制组的平均处理效应，来纠正样本自选择偏误。

条件混合过程估计法（conditional mixed process，CMP）。本书在验证和处理内生性问题时使用了 CMP 条件混合估计方法。

（2）文献研究法

通过借助中国知网、百度学术、谷歌学术（Google Scholar）、科学引文索引（Web of Science）、约翰威立国际出版公司（Wiley Online Library）等文献搜索工具，以“技术效率”“配置效率”“经济效率”“technical efficiency”“allocative efficiency”“economic efficiency”等关键词搜索国内外相关文献，对相关文献进行整理分析，由此建立了对经济效率相关研究问题的认识。

（3）实地调查法

由于对肉牛生产经济效率的分析要结合养殖主体个人和家庭特征、生产经营和管理特征以及社会经济条件、设施条件和政策环境等方面的数据，因此，研究团队对典型代表省份开展实地调研，采用与养殖主体访谈和一对一填写调研问卷的方式获取所需相关数据和信息。

（4）统计分析法和比较分析法

在本书中，统计分析法与比较分析法贯穿全文，基于宏观数据和实地调查数据，采用统计分析方法中的描述统计法，对不同维度的肉牛生产投入产出数据进行统计与描述性分析，同时对国内外和不同维度的肉牛生产经济效率进行比较分析。

1.4.2 数据来源

本书使用的数据主体来源为三个。

一是课题组承担的肉牛生产长期定点监测数据和监测范围内典型区域实地调研的微观数据。本书在对中国肉牛生产的经济效率测度和趋势分析时使用课题组承担的肉牛生产长期定点监测的面板数据，时间跨度为2013~2020年，主要包括安徽省、甘肃省、广西壮族自治区等共计22个省（区、市）的肉牛养殖场户生产成本收益和产量数据信息。该监测数据从区域、生产模式和养殖规模三个方面弥补了《全国农产品成本收益资料汇编》中对于肉牛生产成本收益统计内容的不足。微观调研数据来源于课题组于2021年9~11月对内蒙古自治区、宁夏回族自治区、四川省、重庆市和山西省5个省（区、市）10个县（市）的肉牛养殖场户进行实地调查与问卷填写，是对前述定点监测范围内典型地区代表性样本的补充调研。内容调查涉及养殖场户的家庭基本特征、生产经营管理特征、社会经济条件、设施条件以及政策环境等，用于实证分析肉牛生产经济效率的影响因素。

二是德国杜能研究所欧盟农业基准（Agri benchmark）数据库。联合国粮农组织数据库（FAO）、联合国商品贸易数据库（UN Comtrade）以及美国农业部数据库（USDA）国际数据平台中有关肉牛的国际数据信息局限于存栏量、出栏量、牛肉产量、进出口量以及价格等，对于各国肉牛生产实际的成本收益统计的分项数据几乎空白。而课题组参与构建并完善的德国杜能研究所欧盟农业基准（Agri benchmark）数据库按照标准操作规范长期致力于收录全球典型农场的第一手数据，是较为难得的宝贵数据资料。本书在肉牛生产经济效率的分析比较研究中使用该数据库中12个肉牛代表性国家典型养殖场肉牛生产成本收益等一手调查数据。

三是宏观统计数据。官方数据来源于联合国粮农组织数据库（FAO）、联合国商品贸易数据库（UN Comtrade）、美国农业部数据库（USDA）、《中国统计年鉴》、《中国畜牧业年鉴》、《中国草业统计》、《中国农村统计年鉴》、《中国城镇居民生活与价格年鉴》、《中国农村住户调查年鉴》、《全国农产品成本收益资料汇编》和布瑞克农业数据库等官方数据平台。

1.5 本书创新点

第一，拓展了畜牧业生产经济效率的分析框架。本书以肉牛为例将投入要素配置效率引入畜牧业生产领域的研究中，弥补了以往对生产经济效率研究的不足。以往研究多以生产技术效率和全要素生产率为研究重点，鲜有学者对生产投入要素配置效率进行研究，进而不能掌握与养殖规模化进程和区域分布相对应的要素配置效率程度，而考虑投入要素配置效率可充分考虑要素市场的价格和生产成本约束，与现实联系更加密切。本书在当前养殖成本不断攀升的现实背景下，对生产的配置效率以及影响因素进行定量分析，对于资源要素配置的优化升级、提高畜牧业生产水平以及提升肉牛业竞争力具有重要意义。

第二，基于拥有的国内长期肉牛生产的定点监测数据，探究了不同专业化生产模式下的肉牛生产经济效率及其变动趋势，弥补了以往研究中对这一重要视角的忽略。以往对肉牛生产经济效率的研究较少考虑生产模式的差异，缺少结合肉牛养殖特征（中国肉牛养殖的专业化程度逐步明显，主要为育肥出栏肉牛、繁育出售架子牛）区分专业育肥户、专业繁育户的实证分析。本书根据课题组承担的肉牛生产定点监测数据中对于肉牛生产模式的具体区分，探究不同生产模式下的肉牛生产经济效率，对于针对性的政策优化更有现实意义。

第三，基于代表性国家微观经营主体的第一手数据来识别中国肉牛生产经济效率在国际上的相对水平，运用典型养殖场数据对代表性国家肉牛生产经济效率进行测算及影响因素分析，补充以往研究鲜有涉及的肉牛生产经济效率研究的国际比较内容。国外微观生产者的一手调查数据获取难度极大，本书依托研究团队长期作为成员参与和共享应用的记录各国地区典型农场相关数据的德国杜能研究所欧盟农业基准（Agri benchmark）数据库，获取了12个代表性国家典型养殖场详尽的一手调查数据，对饲养成本和投入产出结构等的肉牛生产情况进行国内外对比分析，并基于养殖场层面对肉牛生产的经济效率进行测度和国际比较，估量中国肉牛生产经济效率在世界肉牛生产中的相对水平，丰富畜牧产业国内外研究的比较视角。

第2章
理论基础与研究框架

本章在对经济效率等概念界定的基础上，基于对生产理论、经济效率理论、规模经济理论和农户行为理论的梳理，从农业生产特性出发，结合文献综述构建本书的分析框架，为后面研究提供理论支撑。

2.1 概念界定

2.1.1 畜牧业

畜牧业是利用畜禽等已经被人类驯化的动物，或者鹿、麝、狐、貂、水獭、鹌鹑等野生动物的生理机能，通过人工饲养、繁殖，使其将牧草和饲料等植物能转变为动物能，以取得肉、蛋、奶、羊毛、山羊绒、皮张、蚕丝和药材等畜产品的生产部门。区别于自给自足家畜饲养，畜牧业的主要特点是集中化、规模化并以营利为生产目的。本书综合国内市场供需等方面因素，聚焦于生猪、肉牛、肉羊等重要畜种展开分析。

2.1.2 经济效率

国内外已有研究主要遵循西方经济学、马克思主义经济学或结合两种观点来定义经济效率。普遍被学界接受和采用的是法雷尔（Farrell，1957）将经济效率定义为技术效率和配置效率的概念。在之后的研究中，学者将全要素生产率纳入经济效率的分析框架，如美国匹兹堡大学经济系教授托马斯·G·罗斯基（1993）将经济效率分为技术效率、配置效率和革新率。国内学者的研究多认同这种分析框架。本书以这种观点为研究视角切入经济效率的研究，在上述概念和分析框架基础上，认为经济效率包括三个部分，即技术效率、配置效率和全要素生产率。第一，技术效率指生产者从给定的一组投入获取最大产出的能力，技术效率提高意味着生产者能成功地从一个给定的投入生产集中尽可能得到较大的产出；第二，配置效率指当给定各投入要素价格后，生产者使各项投入达到最优比例的能力，反映生产主体在各投入要素价格已知下通过对各项投入的合理安排，保证一定产出来缩小成本的能力；第三，全要素生产率反映要素投入增长无法解释的产出增长部分。需要说明的是，在从微观养殖主体层面对肉牛生产的经济效率分析过程中，受制于横截面数据的局限，本书按照法雷尔提出的经济效率的测度思路来分析肉牛生产的经济效率，即重点关注肉牛生产的技术效率和配置效率水平，并探究肉牛生产的技术效率、配置效率及其影响因素。

2.1.3 畜牧业生产模式

畜牧业生产模式主要有专业繁育与专业育肥两大类。以国内专业化程度较高的肉牛养殖为例，主要有专业繁育出售架子牛和专业育肥出栏肉牛两种生产模式。第一种模式为专业繁育。繁育指饲养能繁母畜，并从其妊娠并产下仔畜至出售的饲养过程，专业繁育指饲养母牛出售犊牛架子牛的饲养模式，犊牛出生后饲养至12～18月龄，出售体重在300～400千克。该模式生产周期较长且对养殖技术要求较高，资金周转较慢，进入和退出门槛高，难以形成规模，但养殖主体具有一定草场资源，能够降低一部分饲草料费用。第二种模式为专业育肥。育肥指为肉牛提供的饲料和营养高于其日常生长所需的量，使多余的营养以脂肪的形式堆积于肉牛体内。专业育肥是随着肉牛产业化、规模化程度提高出现的养殖模式，养殖主体通过外购300千克左右的犊牛或架子牛进行6～10个月的短期育肥出栏，出栏活重在500～600千克。该生产模式饲养周期较短，牛群结构单一，进入和退出门槛较低，资金周转较快，饲料报酬率较高，便于标准化管理和集约化生产，但该模式流动资金需求较大，养殖效益易受到架子牛市场价格波动的影响。

2.1.4　典型农场

本书在国际比较中使用了典型农场的概念，典型农场方法是对农业活动及其影响进行深入分析的方法之一。20世纪20年代末，埃利奥特（1928）首次将该方法理论应用于农业研究，随后学者对该方法进一步检验、应用和发展（Gilson，1963；Nuthall，2011；Isermeyer，2012）。典型农场方法在数据深度、一致性和准确性之间进行折中，其优点是消除了个别农场数据的特殊性和缺乏概括性的问题，为政策和计划设计的决策过程提供关于农场最真实的重要信息，提供详细的、最新的、一致的数据集。同时，通过当地专家组对数据的审查、复核和修订，可以定期根据当地政策、法规变动来调整数据集的变化。奇班达等（2020）详细阐述了如何应用典型的农场方法分析和了解全球农业、生产系统和适应战略的网络应用，以及深入解释了典型农场数据的建立和量化的国际标准操作（SOP）关键的分步方法（见图2－1）。

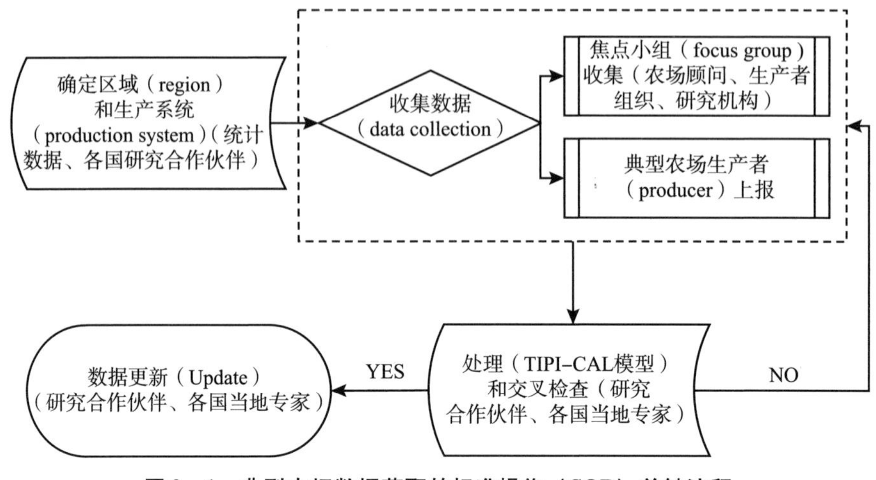

图 2－1 典型农场数据获取的标准操作（SOP）关键流程

资料来源：奇班达等．典型农场方法及其在农业基准网络中的应用［J］．农业，2020（10）：646.

SOP 的具体操作流程为：第一，各参与国家根据当地农业经济学家（产业专家、顾问、生产者和农业、产业价值链关键部门专家）的建议并结合官方统计数据确定典型代表区域（region）和典型农场；第二，进行系统的数据收集工作。收集数据采用两种方式：一种方式是由农场顾问、生产者组织和研究机构组成的焦点小组（focus group）进行调查、收集和整理数据并上报系统；另一种方式是由典型农场的生产者直接上报至系统；第三，数据处理和检查。由各国当地专家和研究合作伙伴共同参与，若数据检查无异议，则可以直接通过和使用，若未通过，则需要返回至上一步进行数据的重新收集、核实整理与上报，直到通过为止；第四，数据更新。各国当地专家和研究合作伙伴根据本年情况进行定期的数据更新和及时调整。

2.2 相关理论梳理

2.2.1 生产理论

(1) 生产要素理论

任何生产过程都离不开生产要素的支撑，要素投入是生产得以发生的基础，更是生产过程得以持续的前提。随着社会经济的不断发展，生产要素理论的框架和体系得到进一步拓展和深入，由二元论、三元论发展至多元论，生产的实际性和特殊性使生产要素的投入更具复杂性和灵活性。奥地利经济学家欧根·V. 庞巴维克（1964）在威廉·配第（1662）的土地和劳动二元要素论的基础上完善要素二元理论，认为生产要素仅包括土地和劳动，否认资本是独立于劳动和自然的第三种生产要素。而19世纪初，萨伊在其著作《政治经济学概论》中明确了生产要素三元论的构成，即“事实已经证明，价值是在劳动、资本和自然力的协力即共同作用下生产出来的”，因此，这三者构成了萨伊观点中的三元论要素。英国经济学家约翰·S. 穆勒与萨伊的观点相一致，同样认为土地、劳动和资本是生产要素的全部组成，并在此基础上详细讨论各生产要素存在的条件、方式和环境等更具一般现实性的特征。19世纪末20世纪初，要素理论得到进一步发展，英国“剑桥学派”创始人阿尔弗里德·马歇尔在三元论的基础上增加了“企业家才能”形成要素四元论，进一步认为资本由知识和组织构成，且考虑到公私有的区别，认为组织应独立于其他要素作为第四种生产要素更易被接受，而组织的实质性概念就是指“企业家才能”，体现企业家的经营和管理能力。国内学者对生产要素理论也具有实质性的发展，如徐寿波在 20 世纪 80 年代首次提出的“生产要素六元论”，也被称为“生产要素六力说”，认为生产必须具备包括劳动人员、资料、对象、环境、空间和时间的六个条件，同时具备人力、财力、物力、自然力、运力和时力共计六个力。本书基于生产要素理论，结合肉牛实际生产过程，明确肉牛生产的主要投入要素，为生产函数的构建奠定基础。

（2）生产函数

在经济学中通过生产函数描述既定的生产（技术）关系，结合本书，此处对柯布—道格拉斯生产函数和超越对数函数这两个经典函数形式进行阐述。

①柯布—道格拉斯生产函数（Cobb - Douglas production function，C - D）作为在经济学中被广泛使用的生产函数形式，于 1928 年基于美国制造业部门相关基础数据构造所得。技术经济水平既定，产出与投入要素（主要为劳动力和资本）之间存在这样一种函数关系，表示为：$Y = AK^{\alpha}L^{\beta}$，其中，Y 表示产出；K、L 分别表示资本和劳动的投入量；A 表示技术水平；α、β 分别表示 K 和 L 的产出弹性。其中，α 表示资本弹性，表示当劳动量投入不变时，产出相对于单位资本增加投入时的增长；β 是劳动力的弹性，说明当资本投入不变时，产出相对于单位劳动力投入增加时的增长；A 是常数，通常被称为效率参数（efficiency parameter），表示那些无法单独归属于资本或单独归属于劳动但却影响产出的因素。

②超越对数函数（transcendental logarithmic，translog）。超越对数函数经克曼塔（Kmenta，1967）利用二阶泰勒展开式将 CES 函数对数线性化后，又经卡森等（Casson et al.，1971）的进一步构造和完善得以最终成形。超越对数以其易估计和包容性的优势被广泛应用。其中，易估计是指相对于非线性的 CES 函数而言更易处理，在基本的投入产出数量（或价格）数据要求基础上即可采用一般的线性模型方法进行估计，而且不需要在函数形式上做任何改变就可应用于要素数量在 2 以上的多要素情形。包

容性是其可视为对任意函数的二阶泰勒展开式近似，兼顾 C – D 函数和 CES 函数的特例，在对产出弹性和替代弹性等的估计时不需要任何的事先预设，估计过程与模型检验可完全基于实际数据。一般地，在要素数量大于 2 的情形下，以超越对数生产函数为例，具体函数形式为：

$$Y = f(X_1, X_2, \cdots, X_n) = A\prod_i X_i^{\alpha_i}\prod_i X_i^{\frac{1}{2}(\sum_j \alpha_{ij}\ln X_j)} \tag{2-1}$$

其中，Y 为产出，A 表示一般技术水平的效率参数，X 为各投入的生产要素（$i=1, 2, \cdots, n$）。通常情况下，超越对数生产函数形式习惯采用对数表达：

$$\ln Y = \alpha_0 + \sum_i \alpha_i \ln X_i + \frac{1}{2}\sum_i\sum_j \alpha_{ij}\ln X_i \ln X_j \tag{2-2}$$

其中，$\alpha_0 = \ln A$，α_i 与 α_{ij}为均为未知参数，根据可积函数杨（Young）定理，该函数对任意两个自变量二阶交叉偏导的取值与求导顺序无关，$\alpha_{ij} = \alpha_{ji}$（对称性）恒成立（Berndt et al.，1973）。

为进一步反映原生产函数的具体信息，根据对偶理论可构造对应的成本函数或价格函数。其中，成本函数可以间接描述生产者决策，反映最低总生产成本如何在给定产出下，由各类生产要素数量与价格决定，具体函数形式如下：

$$\ln C = \gamma_0 + \alpha_Y \ln Y + \sum_i \beta_i \ln P_i + \frac{1}{2}\sum_i\sum_j \beta_{ij}\ln P_i \ln P_j + \sum_i \gamma_{iY}\ln P_i \ln Y \tag{2-3}$$

生产理论是探究肉牛生产领域最为基础和核心的理论前提与支撑。本书采用适用的生产函数形式来描述肉牛生产过程中要素投入、技术等与肉牛产出之间存在的对应关系，并通过经济效率和弹性分析探究肉牛生产水平以及各要素投入对肉牛产出的贡献。

2.2.2 经济效率理论

（1）前沿面理论

生产前沿面（production frontier）的概念诞生于1957年经济学家法雷尔生产效率测度思想的开创性研究。前沿面的基本建模思想最早主要考虑多投入单产出的情形。假定存在 L 个决策单元，每个决策单元有 K 个投入变量，第 l 个决策单元的投入产出数据集合为（x_l，y_l），其中 x_l = （x_{l1}，…，x_{lK}），则法雷尔确定前沿面的线性规划模型表达为：

$$\begin{aligned} &\min_{\beta} gl = \sum_{k=1}^{L} x_{lk}\beta_k, \\ &\text{s.t.} \quad \sum_{n=1}^{N} x_{lk}\beta_k \geqslant y_l,\ l = 1,\cdots,L, \\ &\beta_0 \geqslant 0,\ k = 1,\cdots,K \end{aligned} \tag{2-4}$$

其中，目标函数使用的是第 l 个参考单元的投入，与对于任意一个 l 相对应的线性规划模型最优值为 $\beta^*(l)$，如果 $\sum_{k=1}^{K} x_{lk}\beta_k^*(l) = y_l$，则第 l 个生产单元处于有效生产状态，则第 l 个生产决策单元的前沿生产函数表示为：

$$y_l^* = \sum_{k=1}^{K} x_{lk}\beta_k^*(l) \tag{2-5}$$

通过方程求解，得到全部生产前沿面上的参数 $\{\beta^*(l), k = 1, \cdots, K\}$。由于每个生产单元的前沿生产函数都具有齐次线性的性质，最终构成多维空间平面。实际测算效率时，往往将前沿生产函数与平均生产函数相比较。前沿生产函数体现各项要素投入与最大产出获得间的相关关系，而平均生产函数作为西方经济学中最传统意义上的生产函数，其描述的是投入与产出平均值间的关系，通常由样本的要素投入与实际产出进行估计获得。如图2-2所示，单一要素投入和产出的情况下，两个生产函数位置存在显著差异。因为前沿生产函数曲线象征着最优的技术水平状态，实际生产中难以完全达到，因此样本投入产出点一般低于前沿生产函数线。正是由于前沿生产函数的特质可以使其成为测算效率的参考和评判标准，使前沿生产函数在测算效率上表现出重大的作用。本书基于前沿面理论，选择适用于肉牛生产实际和数据特征的前沿面模型，作为科学的理论参照系对肉牛生产经济效率水平做出判断。

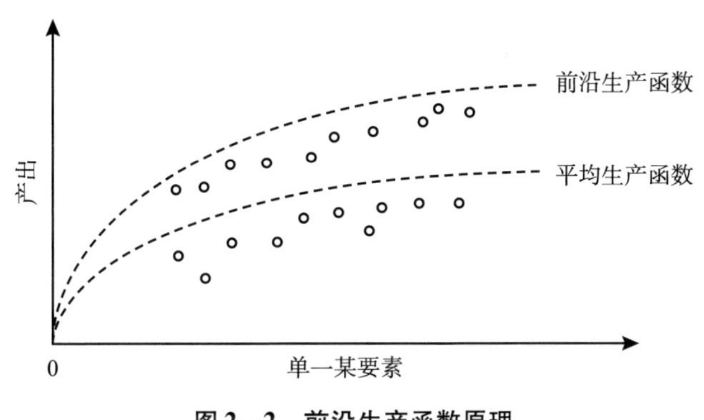

图2-2 前沿生产函数原理

资料来源：蒂莫西·J. 科埃利等著. 王忠玉译. 效率与生产率分析引论（第二版）[M]. 北京：中国人民大学出版社，2008.

（2）前沿面模型

生产前沿模型中最为被学界认可和应用的是参数模型和非参数模型。其中，参数模型最重要的前提和基础是事先构造具体的函数形式，然后通过适当的估计方法获得对应的函数参数，最终构建相应的前沿生产函数用于描述生产前沿面。而非参数模型与之相反，无须任何事先的假定与函数形式等的预设，也不考虑参数估计的有效性、经济学意义和合理性等诸多问题，而主要根据一定的生产有效性集合基于所具备的大量实际生产数据构造数据包络面，识别位于生产前沿包络面上的所有相对有效点，最终建立出有效前沿面。

①参数模型。基于参数模型，获得前沿面的最直接的途径是求解前沿

生产函数。参数模型在法雷尔生产前沿面原始模型基础上形成两大分支，分别为确定性参数生产函数模型和随机性参数前沿生产函数模型。确定性前沿生产函数的优势主要表现为参数求解的数学规划问题意义明确，简单易算，缺点为未考虑随机因素的影响，导致可能将某些不确定的随机因素考虑到对前沿面的确定性影响中。一般地，对于一组决策单元的投入产出观测数据 $(x_l, y_l)(l = 1, \cdots, L)$，$y_l$ 为决策单元的产出，x_l 是第 l 个决策单元的投入向量，假定前沿函数为 $y = f(x; \beta)$，其中待估计参数 β 由下面的数学规划确定：

$$\min \sum_{l=1}^{L} |y_l - f(x_l, \beta)|,$$
$$\text{s. t.} f(x_l, \beta) \geqslant y_l, l = 1, 2, \cdots, L \tag{2-6}$$

随机前沿面模型（stochastic frontier analysis，SFA）将随机因素考虑进来，认为决策单元生产形成的前沿面是由确定性因素和随机因素共同作用的结果，基本形式为：

$$\ln y_i = x_i'\beta + v_i - u_i, i = 1, 2, \cdots, n \tag{2-7}$$

其中，y_i 表示生产者 i 的产出，x_i 表示一个由投入组成的多维向量，β 为参数；v_i 为统计噪声（可正可负），u_i 为与技术无效有关的非负随机变量，两者共同组成随机扰动项。由于统计噪声被认为是随机的，故加入统计噪声的前沿被称为随机前沿，即随机前沿面的产出对于前沿面模型的确定部分是有偏差的。为更清晰地了解随机前沿模型的特征与原理，采用图形来阐述，以考虑单一投入与单一产出情况下的柯布—道格拉斯随机前沿模型为例，模型及相关示意解释如下：

$$\ln y_i = \beta_0 + \beta_1 \ln x_i + v_i - \mu_i$$
$$\text{或} \quad y_i = \exp(\beta_0 + \beta_1 \ln x_i + \nu_i - \mu_i) \tag{2-8}$$
$$\text{或} \quad y_i = \underbrace{\exp(\beta_0 + \beta_1 \ln x_i)}_{\text{确定部分}} \times \underbrace{\exp(v_i)}_{\text{噪声}} \times \underbrace{\exp(-\mu_i)}_{\text{无效率项}}$$

如图 2－3 所示，生产者 A 和生产者 B，生产投入分别为 x_a 和 x_b。生产者 A 利用投入 x_a 得到实际产出 y_a，生产者 B 利用投入 x_b 得到实际产出 y_b，即：

$$y_a = \exp(\beta_0 + \beta_1 \ln x_a + \nu_a - \mu_a) \quad (2-9)$$

$$y_b = \exp(\beta_0 + \beta_1 \ln x_b + \nu_b - \mu_b) \quad (2-10)$$

若不存在无效率性，即若 $\mu_a = \mu_b = 0$，那么生产者 A 和生产 B 分别对应的前沿产出为：

$$y_a^* = \exp(\beta_0 + \beta_1 \ln x_a + \nu_a) \quad (2-11)$$

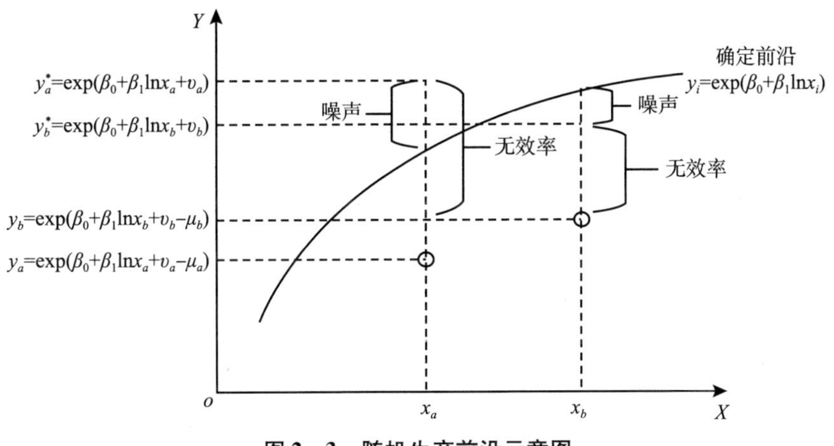

图 2－3 随机生产前沿示意图

资料来源：蒂莫西·J. 科埃利等著. 王忠玉译. 效率与生产率分析引论（第二版）[M]. 北京：中国人民大学出版社，2008.

$$y_b^* = \exp(\beta_0 + \beta_1 \ln x_b + \nu_b) \quad (2-12)$$

显然，生产者 A 的前沿产出位于确定前沿之上，主要是由于统计噪声为正向影响，即 $\nu_a > 0$；生产者 B 的前沿产出在确定性前沿之下，是受统计噪声的负向影响，即 $\nu_b < 0$。从生产者 A 的生产前沿还可以看出，若统计噪声与无效率之和为负，那么实际产出位于确定前沿之下。

因此，生产者 A、生产者 B 的技术效率等于可观测的实际产出 y_a 、y_b

与各自随机前沿产出 y_a^* 、y_b^* 的比值，即：

$$TE_a = \frac{y_a}{y_a^*} = \frac{\exp(\beta_0 + \beta_1 \ln x_a + \nu_a - \mu_a)}{\exp(\beta_0 + \beta_1 \ln x_a + v_a)} = \exp(-\mu_a) \tag{2-13}$$

$$TE_b = \frac{y_b}{y_b^*} = \frac{\exp(\beta_0 + \beta_1 \ln x_b + \nu_b - \mu_b)}{\exp(\beta_0 + \beta_1 \ln x_b + v_b)} = \exp(-\mu_b) \tag{2-14}$$

其中，μ_i 为负，即 $\mu_i \geqslant 0$，因此，技术效率 TE 取值范围为［0，1］。现实中的实际产出更多地趋向于分布在确定前沿之下，要想得到技术效率的预测，就需要估计随机前沿生产函数的参数 β。

②非参数模型。非参数模型以数据包络分析（data envelopment analysis，DEA）的出现而得以广泛应用。早期的 DEA 方法主要侧重于将对偶规划作为生产决策单元经济效率的直接表达模型，所涵盖的经济意义并不明显。随后经过学者不断发展，最终建立基于非参数模型的理论体系，主要以数据包络分析方法为基础来描述生产过程的多种经济意义。非参数模型的优势是避免在实际应用中因为构造具体函数形式的偏差而导致测度结果的偏差，同时能够普遍适应于多种经济问题、多产出以及兼顾大样本书的实用性，也因此得到广泛应用和较快发展。设有 n 个决策单元，在实际生产中涉及 m 种投入、s 种产出，即第 j 个决策单元输入输出向量为：

$$\begin{aligned} x_j &= (x_{1j}, x_{2j}, \cdots, x_{mj})^T > 0, j = 1, \cdots, n \\ y_j &= (y_{1j}, y_{2j}, \cdots, y_{sj})^T > 0, j = 1, \cdots, n \end{aligned} \tag{2-15}$$

根据查恩斯等（Charnes et al.，1978）提出的经典 C^2R 模型，具体模型形式为：

$$\max \frac{\sum_{r=1}^{s} u_r y_{rd}}{\sum_{i=1}^{m} v_i x_{id}}$$

$$\text{s.t.} \quad \frac{\sum_{r=1}^{s} u_r y_{rj}}{\sum_{i=1}^{m} v_i x_{ij}} \leqslant 1, j = 1, 2, \cdots, n \tag{2-16}$$

$$\mu_r > 0,\ r = 1,\ \cdots,\ s$$

$$\omega_i > 0,\ i = 1,\ \cdots,\ m$$

2.2.3　规模经济理论

规模经济理论旨在揭示生产规模与生产成本之间的关系，其最为核心的含义是：在既定技术条件下，获得某一产品所消耗的平均成本随产量的增加而下降，即存在规模经济（economies of scale）；相反，获得某一产品的平均成本随产量的增加而上升，即存在规模不经济（diseconomies of scale）（见图 2 - 4）。规模经济是由专业化分工带来的效率的增加、部分投入要素的不可分性等引起的，因此，规模经济对生产过程产生以下影响：第一，促进生产效率提升。生产规模的扩大有利于生产主体加大先进技术与专业设备和设施的投入，进而提高生产效率。而且，生产规模的扩大有助于实现专业化分工，而亚当·斯密认为分工是促进生产效率提升的重要途径。第二，降低生产投入要素的购买成本。马歇尔认为规模的扩大促使生产主体在要素市场上更具有"谈判能力"，通过议价减低要素投入成本促进生产总成本的降低，从而形成成本优势。第三，优化要素配置。部分投入要素的不可分性导致前期大批量的投入无法得到有效利用，但随着生产规模的扩大，可以有助于提高其利用的有效性，即有助于不可分性要素逐步实现配置优化，达到充分利用。规模经济又分为内部规模经济和外部规模经济，其中，内部规模经济旨在解释单个生产单元获得某一产品的平均成本随生产规模扩大而变化的情况，外部规模经济旨在解释某一地区生产某一产品的平均成本随规模扩张而变化。本书主要以肉牛养殖主体为决策单元和研究对象，着重分析内部规模经济，探究养殖规模与肉牛生产经济效率之间的相关关系。

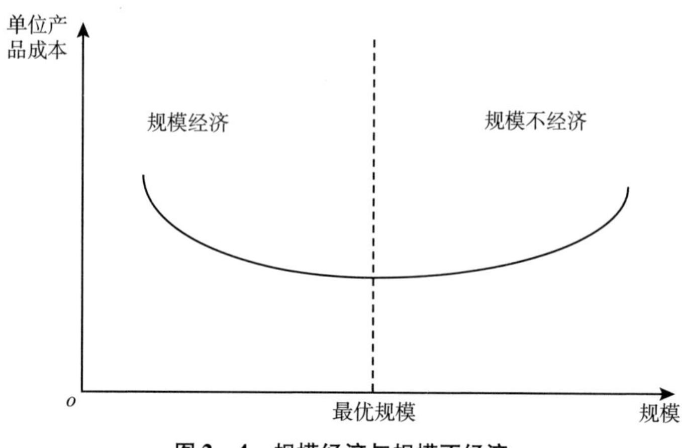

图 2－4　规模经济与规模不经济

资料来源：高鸿业．西方经济学（第六版）［M］．北京：中国人民大学出版社，2014.

2.2.4　农户行为理论

农户行为是相当复杂的经济现象，是农户以满足自身需求为目标所做出的一系列决策行为。舒尔茨为代表的“理性小农学派”，沿袭西方经济学中的理性经济人假设，认为小农是“经济人”，其理性行为使生产要素的配置遵循帕累托最优原则，即小农经济“有效而贫穷”。波普金（1979）在《理性的小农》中进一步强调农户的理性动机能够最大化他的期望效用的选择，即著名的“舒尔茨—波普金命题”。该学派认为只要具备一定的外部条件，农户就会完全理性地合理配置手中掌握的资源追求个人或家庭福利最大化。因此，传统农业增长的滞后与农户自身的非理性和落后并无关联，而是传统边际投入下的收益递减带来的结果，若投入现代技术要素可以获得更大利润，则农户就会对此积极响应，成为最大利润的追求者。而恰亚诺夫（1996）在《农民经济组织》的农户行为理论侧重于农业生产与闲暇之间的权衡而并非成本收益间的比较，认为小农生产以满足家庭消费为目标，在这一目标达成后会缺乏增加生产投入的动力。波拉尼和斯科特秉承恰亚诺夫的观点，强调小农坚守的是保守原则，并不会为追求利益最大化而冒险，属于风险厌恶型（刘书豪，2015）。

本书综合农户行为相关理论，认为养殖主体在肉牛生产过程中所做出的行为决策符合理性假说，即在最大化利益诱导下，肉牛养殖主体的理性动机促使其做出最优决策来追求最大利润，进而探究养殖主体生产管理等行为决策与肉牛生产经济效率之间的相关关系。

2.3 研究框架

2.3.1 经济效率的一般研究框架

帕累托效率（Pareto efficiency）是经济效率最为基础和核心的观点，即以完全竞争市场为假设前提，某一生产单元在生产可能性边界（production possibility frontier，PPF）上生产，达到无法减少一种产品生产去增加另一种产品生产的一种充分利用资源的状态，实质上指“无资源浪费”。理论上，若生产过程处于生产可能性边界内，则资源未被充分利用，即存在非效率（也称“效率损失”，下同），此非效率状态具有不稳定性，生产主体在利润最大化驱动下，会不断将非效率的生产点向外移动，直到移动到生产可能性边界上才稳定下来，最终由非效率状态转变为有效率的状态。

在实际生产中，不同生产单元间的效率差异往往更引发关注，而且生产的非效率状态也可能长期存在（Leibenstein，1992）。导致非效率的原因很多，X 非效率将生产单元内的效率损失归因于内部管理和生产主体成员低积极性等，与现实情况较为接近，从组织角度为提高经济效率提供了理论分析体系。探讨效率或不同生产单元效率差异的问题，必须要考虑约束条件，即追求经济效率要在一定的约束条件下。资源的有限性本身就是一种约束条件，如果资源是无限的，或者说生产过程不存在任何约束条件，那就不存在选择，也无须考虑效率问题。因此，在有限的资源约束下，能够获得最高利益，是有效率的状态，若应该获得但却未争取到最高利益，即存在非效率。

可量化的实证研究为理论探讨提供了支持，更有利于指导生产单元进行行为上的改进。经济效率本身作为一个相对概念，需要生产可能性边界这一理论参照系来获得精准或动态定位。对不同经济单元的经济效率水平进行科学判断，需要在经济效率理论的基础上对其相对效率进行实证检验，根据生产理论对各项投入要素进行识别，利用经济函数获得实际产出与潜在产出比值的经济效率。技术效率和配置效率构成经济效率的全面测量（Farrell，1957）。其中，就配置效率而言，广义的配置效率指产品（包括要素品）在消费主体和生产主体之间的有效配置，还包括投入要素（即要素品）在生产过程中的合理安排与分配，实证研究中的配置效率主要指投入要素的配置效率。就技术效率而言，同样生产一单位产品，若使用较少的要素投入能够获得同样的产出，则可用来衡量资源的浪费（或节约）程度。实证研究在理论分析框架下进行，是对经济效率理论的实践与应用。

在一定的生产环境下，经济各系统相互作用，经济效率变动是受到多种因素共同作用的结果，如何在已知经济效率水平的基础上，寻求科学的提升路径，才是对经济效率分析的应有之义。生产主体作为决策者，其个人禀赋和家庭特征与生产的经济效率密切相关，直接影响其对技术等投入要素配置和使用。理性农户会根据市场要素变动情况做出有利于追求利益最大化的最优决策，这些最优决策取决于行为主体个人意志或主观规范，而个人意志和主观规范受到决策者的认知水平、年龄以及家庭特征等因素的影响。在生产过程中，经营和管理方式的差异是不同生产单元经济效率存在差异的关键，生产主体选择一系列有助于获得科学经营管理方式的决策，实现减少资源浪费、缩小实际要素投入组合与最优要素投入组合之间距离的目标。实践经验证明，农户管理能力提升在改善效率损失程度中确实发挥重要作用，但经济效率的提升也并非完全依赖生产主体的自身努力来实现，经济、设施发展水平和政府支持政策等因素对经济效率提升同样具有重要效用。效率损失即非效率状态的存在可能是农户生产经营管理低水平的结果，但要素市场本身的扭曲程度也会影响效率损失，经济、社会制度和信息不对称会导致要素市场的不完善。因此，在农户层面，经济效率的提高可从改变其经营管理方式角度来实现，但从整个市场层面而言，制度环境的完善同样至关重要（杨浩然等，2016）。根据以上理论梳理，经济效率的一般逻辑分析框架如图2－5所示。

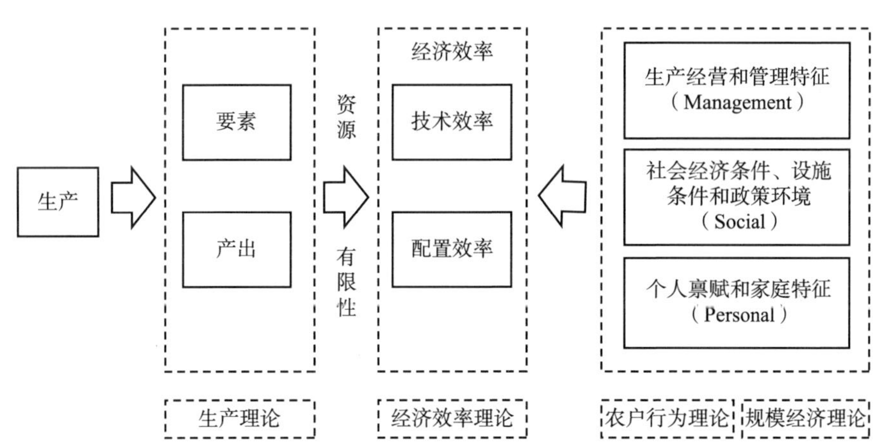

图2－5　生产经济效率的分析框架

资料来源：笔者结合已有文献及实地调研分析整理所得。

2.3.2　畜牧业生产经济效率的研究框架

从经济学角度，将效率概念引入畜牧业生产领域，需要考虑畜牧业生产对资源的有效利用程度。若畜牧业生产处在生产可能性边界内，与资源充分利用的生产边界存在距离，则畜牧业生产存在非效率。在不完全竞争市场下，经济效率水平是畜牧业生产竞争力的直接体现，是在资源约束趋紧和要素供给乏力下增加畜牧业产出的经济工具。

作为一个相对的动态概念，畜牧业生产经济效率在前沿面理论下存在差异并显现动态变化，评估畜牧业生产的经济效率需要找寻自身与前沿效率水平的差距，判断非效率程度。结合畜牧业生产特性，其生产过程会受到疫病冲击和自然灾害等的影响，将这些外部冲击因素考虑进估计过程，才能更为客观准确地评估畜牧业生产的经济效率水平，进而找寻与生产前沿的差距。从实践经验来看，畜牧业养殖主体基本上是要素市场价格的接受者，因此，在经济效率理论指导下，评估畜牧业生产经济效率既要考察仔畜、饲草料和劳动力等既定投入要素组合下的产出最大化，即生产前沿下的技术效率，还要考虑在投入要素价格既定下的要素配置水平，即成本前沿下的配置效率。

在经济全球化背景下，人们更加重视食物系统之间的相互链接，各国畜牧业生产水平的差距所呈现的区域性特征除资源禀赋差异外，与经济效率密切相关。随着人口增长和家庭收入增加，以及有利于肉类产品的消费模式不断变化，肉类生产所需的关键投入，如水资源、土地和能源等，将变得越来越稀缺（Godfray et al.，2010），同时，环境压力的增加也对肉类生产系统生产力和效率的提高提出更高的要求（Paul，2021）。在有限的资源和环境约束下，世界各国畜牧业生产的理性行为主体都在为追求利益最大化，不断将生产点向前沿水平靠近。与世界畜牧业生产前沿距离不断缩小的这一状态的实现，一方面体现了不同国家畜牧业养殖主体对先进养殖技术等应用能力的提升，另一方面也是土地、仔畜、饲料和劳动力等要素或非要素资源合理配置与组合水平提升的体现。此外，生产环节管理水平的提升同样有利于减少环境污染等负外部性来应对日趋严峻的环境约束。在充分了解国内外畜牧业概况、生产形势以及畜牧业生产本身所呈现的投入产出特征下，评估各生产单元（不限于国家、区域以及养殖主体）畜牧业生产的经济效率水平是对经济效率理论框架体系在畜牧业生产领域的实证应用与检验。各经济单元畜牧业生产经济效率与世界前沿效率水平之间存在的非效率程度可能长期存在，也可能随着各单元畜牧业生产环境和经营管理水平的改进（或倒退）而减轻（或增大）。在国际视角下识别各国畜牧业生产经济效率水平与世界生产前沿效率水平之间的差距，评估自身在国际畜牧业生产系统中的相对水平，同时，结合自身视角，基于前沿面理论，找寻畜牧业生产经济效率与自身前沿效率水平的差距和效率损失的高低，以发现经济效率提升的潜力。

不同时间维度和空间尺度的经济效率不尽相同，因此，提升经济效率的举措也越发显得复杂和多样化。通过科学手段离析出影响畜牧业生产经济效率的关键因素，厘清相互之间的单向关系，在组态视角下，获得综合效应即为畜牧业生产经济效率提升的可行路径，目标指向缩小该单元畜牧业生产经济效率与自身前沿以及世界前沿的差距。具体分析框架如图 2－6 所示。

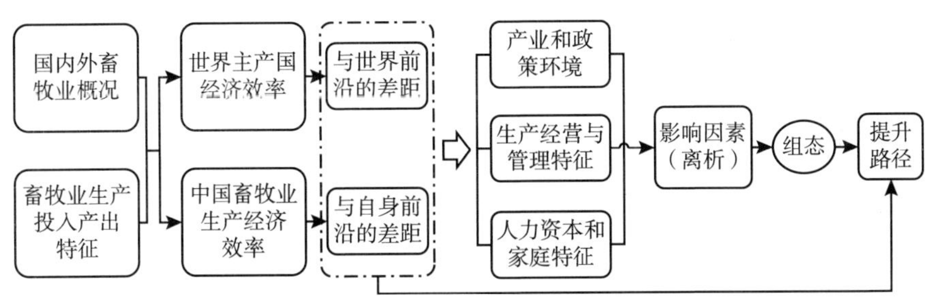

图 2－6　畜牧业生产经济效率的分析框架

资料来源：笔者结合已有文献及实地调研分析整理所得。

2.3.3　畜牧业生产经济效率影响因素的理论分析

畜牧业生产处在产业和政策环境、生产经营和管理特征以及人力资本和家庭特征的共同影响下（见图 2－7），需要政府决策干预以及养殖主体即行为经济人的参与和主导。理性养殖主体根据经济行为的相对重要性来安排经济活动以追求利益最大化目标，即关于畜牧业生产的经济活动由一系列经济行为复合而成。农户以家庭为单位来体现理性的行为决策与中国畜牧业以家庭散户养殖为主的现实相符合。因此，“经济人”假设是提高畜牧业生产经济效率的理论前提。

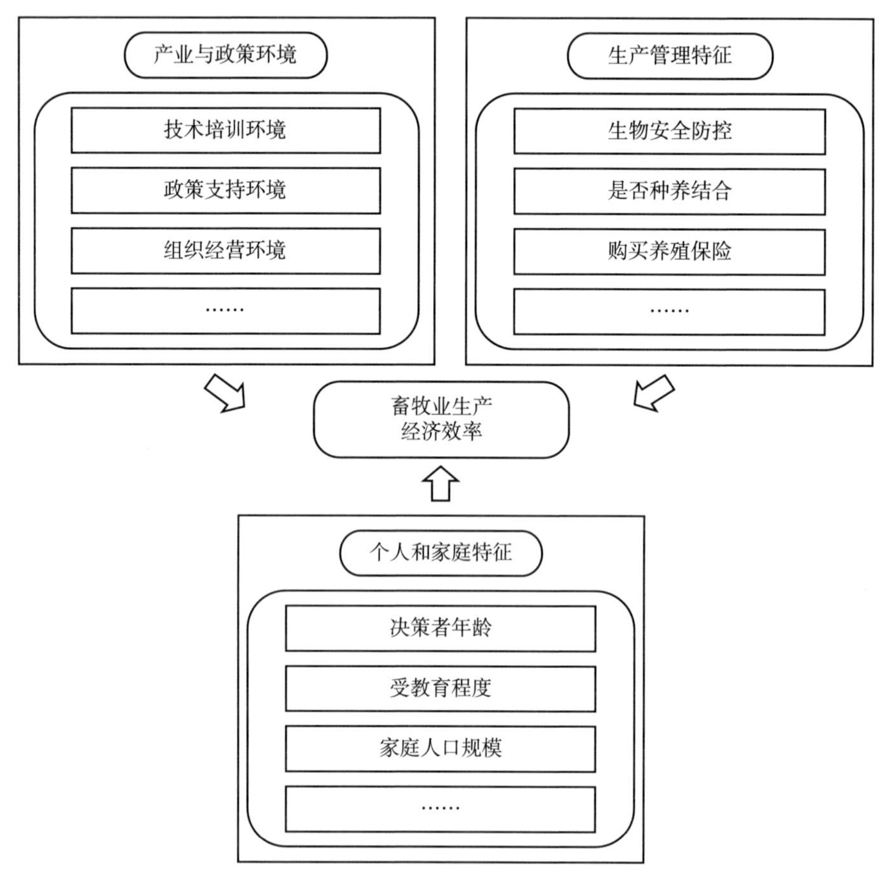

图 2－7　畜牧业生产经济效率影响因素分析框架

资料来源：笔者结合已有文献及实地调研分析整理所得。

产业与政策支持是畜牧业生产经济效率提升的重要支撑。改革开放以来畜牧业生产取得的长足进步与积极的产业政策支持密不可分，良好的技术培训环境、政策支持环境和组织经营环境对畜牧业生产经济效率的提升具有重要影响。技术培训是人力资本投资重要的非正规教育手段，对提升养殖主体的生产能力和获得经济价值的能力起到重要的工具性作用。养殖主体通过技术培训了解畜牧业养殖技术特点，获得技术掌握和应用能力的提升，将传统的、粗放的饲养方式迭代，通过现代化生产方式优化要素组合，降低投入成本，为将与时俱进的经营理念应用于畜牧业生产过程提供契机，以提升畜牧业生产经济效率。政府的积极干预为畜牧业生产提供良好的政策支持环境，补贴政策直接或间接调动养殖主体生产积极性，引导畜牧业生产向现代化的转型升级方向转变。同时，养殖主体接受相关政策扶持后，收入结构得到调节，使其可能有“精力”主动学习和采纳养殖新技术，进一步扩大养殖规模，增强专业化生产意愿。“公司 + 农户”等合作组织的出现为畜牧业生产现代化形式的转变提供组织化途径，畜牧业养殖主体与合作组织的融合有利于协作效能的充分发挥和生产各环节专业化分工的实现，健全的生产经营服务体系为养殖主体提供畜牧业生产方面的专业化指导和相应环节的生产性服务，通过优化家庭分散的传统生产模式降低风险，以组织化方式引导畜牧业科学生产，提高养殖主体对畜牧业生产要素资源的有效利用程度。

生产管理是影响畜牧业生产经济效率的关键过程。养殖主体通过理性选择有效的生产经营方式追求更多收益和产出。从经济学角度来看，养殖主体作为理性行为人，是对畜牧业生产投入要素有效利用进而追求实现经济效率提升的关键主体，因此，从养殖主体生产管理行为视角探究畜牧业生产经济效率的影响因素至关重要。生物安全防控是畜牧业生产的重要基础，畜牧业生产会受到疫病发生等的直接影响，只有保证一定的生物安全水平，才可能进一步提升畜牧业生产水平，否则效率的实现便无从谈起。养殖主体选择种养结合的生产方式，可以为畜禽提供优质饲草，优化调节精粗饲料饲喂结构，有助于提高畜禽对饲料的转化率、增加日增重从而增加产出水平，还能在节约饲草料成本的同时将粪污还田减少对环境的负外部性，这些都会影响畜牧业生产要素的合理安排和资源利用，从而对畜牧业生产经济效率产生影响。购买养殖保险是养殖主体选择的一种规避风险的措施，通过将风险有效转嫁，可能在某种程度上增强养殖主体生产意愿，“放心”将资源要素投入畜牧业生产过程，进一步扩大生产规模等。同时，风险发生后得到的保险补偿降低养殖主体经济损失程度，有助于恢复其生产能力，对经济效率的改善产生影响。

养殖主体的个人和家庭特征是影响畜牧业生产经济效率的重要因素。不同文化程度水平和不同年龄阶段的养殖主体对养殖技术的理解、吸纳和应用能力存在差异。长期以来，小农户家庭经营一直是中国畜牧业的主要经营方式，以肉牛为例，据《中国畜牧兽医年鉴》数据统计，2020 年，出栏 50 头以下的散养户出栏畜牧业数占全部出栏数的比重为 70.4%。中国畜牧业养殖主体尤其是散户经营主体受教育程度普遍偏低，人力资本匮乏，禀赋较弱，对生产技术吸纳和应用的能力较弱。同时，随着青壮年农村劳动人口向城市转移，畜牧业养殖主体的年龄结构发生改变。当前中国畜牧业养殖仍以家庭劳动投入为主，家庭人口规模影响对劳动力要素投入的安排，最终影响养殖主体对畜牧业生产技术的扩散和有效应用，对畜牧业生产经济效率产生影响。

2.3.4 本书总体理论分析框架

从实现高质量发展下的稳产保供目标来看，中国畜牧业要实现满足人民日益增长的美好生活中对优质安全食物的强劲需求，需要以强劲的生产力为前提，而经济效率是生产力的合理内核。纵观近年国内外畜牧业生产现状，中国畜牧业生产水平稳步提升，但其较粗放的生产方式导致单产水平仍然较低，与世界平均水平存在一定差距，与发达国家差距更为明显，生产滞后势必会阻碍畜牧业产业的持续健康发展。在全球资源和环境约束的大背景下，充分合理利用资源要素、努力提高单产水平是现阶段促进中国畜牧业生产发展的关键手段，经济效率的提升在其中的作用不言自明。

畜牧业生产经济效率的科学判断是本书的逻辑起点。结合前述经济效率的一般分析框架和畜牧业生产经济效率的分析框架，将经济效率理论应用于畜牧业这一具体产业，并将研究重点置于对畜牧业发展起到最为核心和关键影响的生产领域。结合生产理论综合评估畜牧业生产经济效率，分别置于世界范围和国内范围予以具体分析。技术效率体现畜牧业生产能否在一定量的要素投入下实现最大产出，配置效率体现畜牧业生产能否在既定要素价格下实现最优要素组合和分配。在传统经济效率的理论框架下，两者用以刻画畜牧业生产对要素资源的使用特征和规律。同时，将全要素生产率考虑进来，描述畜牧业生产要素投入增长无法解释的产出增长部分，是传统经济效率理论在畜牧业生产领域的扩展。

畜牧业生产经济效率影响因素的离析是本书的核心与关键。结合前述经济效率的一般分析以及畜牧业生产经济效率影响因素的理论分析，本书从产业与政策环境、生产与管理特征以及决策主体个人与家庭特征三个方面切入，探究各变量对畜牧业生产经济效率的影响。进一步结合已有研究和畜牧业生产特性，各影响因素作用于畜牧业生产经济效率有其对应的作用机理和逻辑路径。通过科学手段得到各因素对畜牧业生产经济效率产生的净效应，深入分析各变量与畜牧业生产经济效率之间的逻辑关系，讨论各因素的影响方向与影响程度，为探究如何促进畜牧业生产经济效率的提升奠定基础。

探究畜牧业生产经济效率的提升路径是本书的最终目标。理论上，一定条件下，存在某个因素单独作用于畜牧业生产经济效率，但提升畜牧业生产经济效率的策略组合在不同生产环境下呈现复杂和多样化。由于所处环境不同，单个因素作用的净效应存在，但可能有限，而且在追求畜牧业生产高经济效率水平时，往往难以实现多个存在单独效应的积极影响作用的同时提升，即实现畜牧业生产经济效率提高这一目标的路径并不唯一。

若分别考虑畜牧业生产的技术效率和配置效率的提升，由于生产环境与养殖主体自身禀赋的局限性，在不同的外部支持存在（或不存在）时，养殖主体重点考虑的因素和偏向程度很大可能存在显著差异。以集合隶属关系为主导的分析框架下，多个因素共同配合或传导产生组态影响效应，能够得到多个实际案例涵盖的普遍特征。因此，考虑到现实中普遍存在因变量与自变量间的非对称集合关系，可以在不同环境条件下分类施策，得到有指导意义的多条有效路径用于实现畜牧业生产经济效率的提高，促进畜牧业持续健康发展。本书总体理论分析框架具体见图 2 -8。

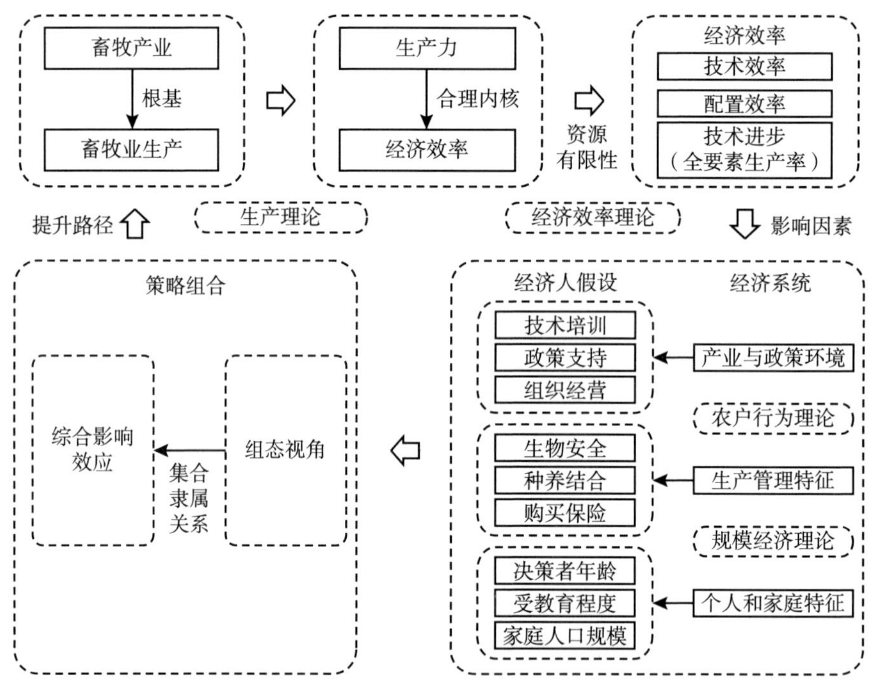

图 2 -8　本书总体理论分析框架

资料来源：笔者结合已有文献及实地调研分析整理所得。

第3章 国内外畜牧业发展形势与特征分析

世界宏观生产环境对畜牧业生产具有重要影响，了解全球生产总体形势与走向对区域生产特征的掌握更具有深刻内涵。改革开放四十多年来，中国畜牧业实现了快速发展，政策环境逐步完善，畜产品供给能力稳步提升。但随着近年国内消费需求的快速增长，部分国内畜产品供给无法满足国内市场日益增长的消费需求，供需缺口持续增大，进口持续增加，贸易逆差一再扩大。据任继周等（2019）预测，通过目前贸易格局来探讨世界对中国牛羊肉的供给性，预计中长期世界牛羊肉对中国的供给能力难以超过国内需求量的20%，中国将面临牛羊肉的巨大供需缺口，且无法依靠国际市场满足。本章主要对国内外畜牧业的基本情况进行分析，以宏观把握近年国内外生产形势和发展现状，梳理中国畜牧业发展历程和微观现实特征，为后续研究奠定背景基础。

3.1 世界畜牧业生产形势及发展特征

3.1.1 近年世界畜牧业生产形势①

总体而言，近年来世界畜牧业生产稳定发展，生猪、肉牛等主要畜种存栏量稳步增长，生产效率不断提高，世界人均畜禽产品占有量不断增加（见表3－1）。

表3－1　　近年来世界畜禽存栏量

年份	生猪（万头）	肉牛（万头）	肉羊（万只）	家禽（万羽）	奶牛（万头）
2010	97 172.87	160 561.76	201 611.75	2 892 913.00	26 175.25
2011	97 374.57	161 100.20	205 016.95	2 850 559.00	26 435.87
2012	98 394.61	162 366.72	208 434.52	2 894 752.40	26 879.52
2013	97 944.97	162 866.35	212 709.60	2 943 069.40	26 966.16
2014	98 978.49	163 767.64	213 546.56	2 960 014.60	27 308.63
2015	99 210.38	165 161.41	218 690.84	3 045 189.00	27 112.82
2016	98 542.03	167 129.02	222 674.72	3 147 668.80	27 327.03
2017	97 762.25	167 834.04	225 203.70	3 396 151.10	26 946.65
2018	97 069.48	169 674.56	228 089.50	3 460 438.80	26 956.12
2019	85 261.80	171 356.18	234 928.31	3 523 914.50	26 820.17
2020	95 263.20	172 947.24	239 124.29	3 506 634.60	26 811.15

注：肉牛包括水牛和牛；肉羊包括山羊和绵羊；家禽包括鸡、鸭、鹅、火鸡。

资料来源：FAO 数据库（http：//www.fao.org/faostat/en/#data/QCL）。

① 本节数据均来自 FAO 数据库（http：//www.fao.org/faostat/en/#data/QCL）。

（1）畜禽存栏方面

生猪存栏持续减少。2015 年世界生猪存栏达到 99 210.38 万头，为近 10 年的最大值。在此之后，生猪存栏开始缓慢下滑，2018 年生猪存栏为 97 069.48 万头，较 2015 年下降 2.16%，2019 年受非洲猪瘟疫情的影响，生猪存栏出现较大幅度下降，下降至 85 261.80 万头，2020 年生猪生产有所恢复，达到 95 263.20 万头。世界生猪存栏主要集中在亚洲、欧洲和北美洲。2020 年生猪存栏排名前三的国家和地区分别为中国、欧盟及美国，2010 年生猪存栏占到全球存栏的 70.83%，随着近年南美洲国家如阿根廷、哥伦比亚等国生猪养殖业的快速发展，这一比例有所下降但仍处于较高水平，2020 年这一比例为 66.73%

肉牛存栏量呈现稳步增长趋势。2020 年世界肉牛存栏量为 172 947.24 万头，较 2010 年增长 7.71%。世界肉牛存栏主要集中在亚洲、美洲和非洲。2020 年印度为肉牛存栏量第一的国家，占世界存栏的 17.59%，其次是巴西、美国、巴基斯坦和中国，分别占比 12.70%、5.42%、5.25% 和 5.11%，相比 2010 主要存栏国排名变动不大，除中国、美国存栏出现下降，其余国家均有上升。在亚非国家由于经济大幅增长，国内肉类需求增加，肉牛养殖规模持续扩大，而欧盟等国家及地区受限于全球新冠疫情反复、国内外需求下降、国际贸易环境错综复杂、温室气体减排政策趋严等因素导致其存栏量受到一定冲击。最不发达国家包含埃塞俄比亚、苏丹、乍得等国家和地区，2020 年肉牛存栏量为 36 532.92 万头，相比 2010 年增长 26.18%。欧盟国家存栏量自 2011 年以来呈先上升后下降趋势，在 2016 年达到最大值为 8 044.02 万头，2020 年下降至 7 693.24 万头，下降 4.36%。

肉羊存栏量持续增长。世界 2010 年肉羊存栏量为 201 611.75 万只，2020 年增长至 239 124.29 万只，增长了 18.61%。具体来说，山羊和绵羊存栏分别增长 22.90% 和 15.02%。肉羊存栏主要集中在亚洲、非洲，存栏量占比持续上升，由2010的81.27%增加至2020的85.06%。目前，中国、印度、尼日利亚、巴基斯坦和埃塞俄比亚为世界肉羊存栏量排名前五的国家，占总存栏量的36.02%。发达国家中新西兰、澳大利亚存栏量明显下降，世界占比从2010年的5.17%下降至2020年的3.91%。其中，新西兰肉羊存栏量从2010年的3 265.79万只下降至2020年的2 612.54万只，下降了约20%。而土耳其存栏显著上升，2020年存栏量为5 411.26万只，较2010年增长了约1倍。

家禽存栏量大幅增长。世界2019年出栏量达到3 523 914.50万羽，较2010年提高21.81%，2020年存栏量回落。2020年家禽存栏主要集中在亚洲和美洲，占世界存栏量的86.23%，较2010年相差较小，仅增长0.43%。相比其他畜种，家禽存栏量增长最快。亚洲增长量最大，2020年存栏量为1 674 446.50万羽，比2010年增加422 468.3万羽，增长33.74%；非洲、大洋洲家禽存栏量分别增长24.21%和21.77%。具体来看，2010年，美国和中国是主要的家禽存栏国家，占世界存栏量的52.89%；随着印度尼西亚、巴西、巴基斯坦、伊朗等国家（地区）养殖规模的扩大，2020年，中美两国存栏占比减少至27.47%，印度尼西亚存栏量增幅较为显著，世界占比从2010年的4.82%上升至2020年的10.32%；相反，欧盟存栏量占比小幅下降。

奶牛存栏量增长较为稳定。2010~2020年，世界奶牛存栏量从26 175.25万头增长至26 811.15万头，扩充了635.90万头奶牛。2020年世界奶牛存栏集中在亚洲和非洲，占世界存栏的68.33%，较2010年提高5.88%。美洲和欧洲存栏量出现不同程度的下降趋势，较2010年分别下降了16.51%和11.78%。具体来说，2020年印度、巴西、欧盟、巴基斯坦、中国是奶牛存栏的主要国家（地区），奶牛存栏量分别为5 156.85万头、1 616.76万头、2 056.19万头、1 464.00万头和1 217.66万头，共占世界奶牛存栏的42.94%；受养殖规模化水平和生产效率提高等因素影响，新西兰、德国、瑞典、波兰和法国等发达国家奶牛存栏量较2010年呈下降趋势。

（2）畜禽出栏方面

生猪出栏量稳中有升。除2019年受非洲猪瘟疫情影响，世界生猪出栏量有所下降之外，近年生猪出栏量稳中有升，2018年全球生猪出栏量达到148 911.76万头，较2010年增长了7.83%。对比全球生猪存栏变动情况可知，生猪出栏量的提升完全来源于生产效率的提升，而非饲养基数的扩大，这是近年全球生猪生产的一大特征。生猪出栏率从2010年的1.42增长至2020年的1.59，提升了11.97%。

肉牛出栏量维持缓慢增长态势。世界肉牛出栏量由2010年的31 514.96万头上升至2020年的32 068.04万头，增长1.32%。2020年中国、美国和巴西为肉牛主要出栏国家，占世界肉牛出栏量的33.89%，较2010年下降3.52%。其中，巴西出栏量下降幅度最大，从2010年的3 940.00万头下降至2020年的2 988.70万头，减少了951.30万头，很大一部分原因是受到疯牛病疫情和进口国家贸易合作终止等因素的影响。世界肉牛出栏率由2010年的19.63%下降至2020年的18.54%，发展中国家的出栏率在逐年提升，而发达国家的平均出栏率有所下降，主要原因在于其养殖规模的持续下降，但整体还是远高于发展中国家和世界平均水平。

世界肉羊出栏量逐年增长。2020年世界肉羊出栏量为108 561.65万只，相比2010年增长16.92%。肉羊出栏量主要集中地与存栏量较为一致，2020年亚洲、非洲出栏量世界占比为85.16%，较2010年增长了4.15%。从主要出栏国家来看，2020年世界肉羊出栏量位居前三的国家依次是中国、印度、巴基斯坦，出栏量分别为32 879.47万只、7 659.09万只、5 803.70万只。蒙古国、埃塞俄比亚等国家（地区）出栏量大幅增加，较2010增长超90%；而新西兰、西班牙出栏量呈下降趋势，较2010分别下降了9.72%和17.84%。世界肉羊出栏率保持在45%左右，2020年亚洲、欧洲、大洋洲出栏率高于平均水平，分别为58.67%、53.11%和56.83%；非洲、美洲出栏率较低，分别为29.03%和26.83%，发达国家规模化、产业化牧场的生产效率远高于非洲、南美洲小规模家庭牧场。

世界家禽出栏量呈现稳定增长趋势。世界家禽出栏量 2020 年为 7 514 986. 50 万羽，比 2010 年增加 1 457 607. 00 万羽，增长 24. 06%。2020 年家禽出栏量主要集中在亚洲、美洲和欧洲，占世界出栏量的 92. 44%。大洋洲、欧洲和非洲出栏增长率均超过了 25%，而亚洲地区则超过了 30%，美洲地区出栏增长率约为 11%。具体来说，2020 年出栏量排名前三的国家（地区）是中国、美国和巴西，占世界存栏量的 37. 64%，相比 2010 年下降 4. 49%。印度尼西亚、俄罗斯、墨西哥和巴基斯坦占世界出栏份额的比重呈上升态势，而印度、伊朗的份额有所下降。2020 年世界家禽出栏率达到 214. 31%，较 2010 年增长 2. 35%。中国、印度、俄罗斯等国家（地区）出栏率有明显提升，且高于世界水平。

世界牛奶产量呈现逐年增长趋势①。2020 年世界牛奶产量达 71 803. 84 万吨，较 2010 年增长 19. 42%。2020 年世界牛奶产量主要集中在欧洲、亚洲和美洲，占世界牛奶产量的 90. 23%，欧洲、美洲由于生产效率的大幅提高，尽管存栏量在逐年下降，但牛奶产量还在有效增长。具体来看，2020 年牛奶产量前五的国家是美国、印度、巴西、中国和德国，占世界牛奶总产量的 40. 89%，较 2010 年增长 1. 02%，除中国产量下降，其他国家均有不同程度的上升。在世界牛奶产量排名前十五的国家（地区）中，巴基斯坦、土耳其产量增幅超过 60%，新西兰、波兰、荷兰、意大利等发达国家增长率超 20%。从奶牛存栏量和产量整体情况来看，发达国家奶牛单位产量在不断增长，关键在于其养殖机械化水平高、育种技术发达、单位成本低等优势明显，但也表明发展中国家存在较大增长空间。近年来世界畜禽出栏情况详见表 3 – 2。

① 奶牛的产品主要是牛奶，因此用牛奶的产量来描述奶牛增长情况。

表3－2　近年来世界畜禽出栏量

年份	生猪（万头）	肉牛（万头）	肉羊（万只）	家禽（万羽）	牛奶（万吨）
2010	138 098.91	31 514.96	92 848.84	6 057 379.50	60 128.76
2011	138 513.57	31 413.33	92 389.11	6 231 580.50	61 551.86
2012	142 545.87	31 642.86	92 878.10	6 372 168.70	62 993.69
2013	144 949.28	32 048.66	95 180.28	6 456 937.60	63 844.33
2014	146 729.16	32 106.43	99 538.24	6 595 938.30	65 927.34
2015	148 416.59	31 671.16	101 138.84	6 826 758.70	66 530.65
2016	147 876.12	31 775.85	101 287.37	6 982 437.50	66 971.07
2017	148 665.60	31 416.32	101 952.21	7 313 158.80	68 320.93
2018	148 911.76	31 957.88	104 438.28	7 527 430.90	70 021.64
2019	134 367.70	32 472.94	106 252.20	7 713 778.10	70 826.43
2020	151 151.28	32 068.04	108 561.65	7 514 986.50	71 803.84

注：肉牛包括水牛和牛；肉羊包括山羊和绵羊；家禽包括鸡、鸭、鹅、火鸡。

资料来源：FAO数据库（https：//www.fao.org/faostat/en/#data/QCL）。

3.1.2　代表性国家畜牧业发展特征

为了深入掌握世界畜牧业发展的总体情况和典型区域的基本特征，这里针对生猪、肉牛、肉羊和奶牛等不同畜种生产的典型区域，从世界范围内分别选取了美国、欧盟（德国、法国、荷兰等典型国家）、俄罗斯、澳大利亚、巴西、南非等国家进行分析，以充分反映不同区域不同畜种生产的典型特征。

（1）持续提升规模养殖水平，但路径各有不同

通过梳理国外代表性国家畜牧业发展脉络可知，持续提升规模化水平，实现规模经济是畜牧业发展的必然趋势，表现为养殖场（户）数量的大幅减少、单体规模的持续扩大这一普遍发展规律。但实现路径却各有

不同，其中以生猪规模化养殖的路径差异最为突出，大致可以分为以下几类：第一类是重点发展单体大规模养殖场，使其成为生猪养殖的主体。如美国和俄罗斯。从美国农业部普查数据来看，1980 年，美国生猪养殖场（户）数约为 66.66 万户，年末生猪存栏为 6 446.20 万头，户均生猪存栏为 96.70 头，2017 年美国生猪养殖场（户）数下降为 6.6 万户，减少了 90.10%，而生猪存栏却增长为 7 314.50 万头，户均存栏达到 1 108.26 头，分别增长了 10.05% 和 1 046.08%。不同规模养殖场（户）生猪存栏占全国生猪存栏比例的变动更能反映单体大规模养殖场（户）的发展，1980 年美国生猪存栏在 1 000 头以下的养殖场（户）是生猪养殖业的主体，占全国生猪存栏的 51.50%，而 2017 年生猪存栏在 5 000 头及以上的大规模养殖场（户）成为了生猪养殖业的主体，存栏占全国生猪存栏的 49.93%。俄罗斯生猪规模化养殖起步较晚，但发展迅速。在 2005 年，规模化生猪养殖场户（能繁殖母猪存栏在 2 500 头以上）生猪出栏比例为 28.00%，而到了 2018 年，这一比例达到了 86.00%，同时，在俄罗斯前 20 强的养猪企业生猪出栏比例也达到 65.00%，并且预计未来将达到 80.00% 以上（石守定等，2021）。第二类是重点培育家庭农场，以适度规模经营的养殖场（户）为生猪养殖的主体。如德国、荷兰等欧洲国家。受资源禀赋特征约束，众多欧洲国家无法像美国或是俄罗斯那样发展单体大规模养殖场，其主要通过培育家庭农场实现规模化养殖，并在此基础上实现了畜牧业的现代化（刘玉满等，2005）。家庭农场主要依靠家庭成员进行生产，有限的劳动力就决定了其养殖规模不会太大。如德国家庭生猪养殖场平均存栏仅为 1 895 头（赵黎，2016）。畜牧业社会化服务体系围绕家庭农场而建立，为其提供涵盖生产、销售、技术培训等多个方面的服务。政府出台的产业政策也将家庭农场视为主要的支持对象，为其提供财政、金融等方面的支持。

（2）饲养技术水平持续提高，具有明显饲养成本优势

在代表性国家畜牧业发展过程中，不断提升饲养技术水平。据 USDA

数据库数据，2000 年，美国生猪出栏率就已达到 165.12%，处于世界前沿水平，是同时期中国生猪出栏率的 1.32 倍，虽然近年美国生猪出栏率有所回落，但至 2018 年生猪出栏率仍较 2000 年提升了 5 个百分点，达到 170.12%。MSY 的增幅最大，从 2000 年的 15.72 头增长至 2018 年的 20.14 头，增长了 28.11%，也即是在维持能繁母猪饲养量不变的情况下，凭借饲养技术水平的提升，上市肥猪数就可增加 28.11%。头均产肉量也实现了一定幅度的增长，从 2000 年的 87.74 千克增长至 95.98 千克，增长了 15.68%。代表性国家在肉牛养殖方面的技术水平优势更为明显，据德国杜能研究所欧盟农业基准（Agri benchmark）数据库数据，美国、巴西、德国和澳大利亚存栏牛胴体重分别为 370.35 千克、337.94 千克、332.52 千克和 272.73 千克，分别是世界平均水平的 1.60 倍、1.46 倍、1.44 倍和 1.18 倍，单位产能水平明显高于世界平均水平。中国存栏牛胴体重相对较低，仅为 147.83 千克，与世界平均分别相差 83.70 千克，与发达国家相比差距更为明显。与饲养技术水平较高相对应的是明显的成本优势。基于德国杜能研究所欧盟农业基准（Agri benchmark）的世界典型场（户）基础数据、美国农业部数据库（USDA）数据，2020 年中国猪肉生产成本分别是德国、西班牙、荷兰、俄罗斯猪肉的 1.12 倍、1.02 倍、1.21 倍和 1.47 倍；肉牛生产成本分别是澳大利亚、美国、巴西和阿根廷的 1.04 倍、1.68 倍、1.75 倍和 2.30 倍；肉羊生产成本分别是爱尔兰、巴西、法国、突尼斯的 1.09 倍、1.29 倍、1.30 倍和 1.66 倍。

（3）重视发挥区域优势，分工专业化水平较高

美国生猪养殖集中的东北部玉米带和南部北卡罗来纳州，均是国内主要玉米生产区域。生猪成长各阶段成本构成差异较大，繁殖、断奶至育肥前，劳动和设备等费饲料成本所占比重较高；而育肥阶段的成本主要来自饲料消耗。因此，自 20 世纪 90 年代开始，美国就出现了以降低成本为目的的生产区域布局，中西部各州依托饲料供应地的优势倾向于育肥，邻近

各州则专注于母猪产能及仔猪。美国肉牛养殖主要采取直线育肥方式，前期草地放牧时间较短，以集中大规模围栏育肥为主。牛肉生产区域分布以中部地区为主，约占55%，西部地区和东南部地区各占20%，其余5%分布在东北部的阿拉斯加和夏威夷。大多数育肥场位于内布拉斯加州、得克萨斯州、堪萨斯州、艾奥瓦州和科罗拉多州，这些地区高能量谷物丰富，特别是玉米，还有小麦和高粱以及谷物副产品。澳大利亚牛肉生产同样具有明显的区域专业化特征，北方系统专门从事较大规模的牛肉生产，而南方的牛肉生产包括专业牛肉生产和混合牲畜生产；北方系统主要生产价值较低的瘦牛肉或用于出口的活牛，而南方系统主要生产价值较高的牛肉供国内消费或出口。

（4）积极实施疫病净化，重视生物安全建设

突发疫情时常对全球生猪养殖业造成严重冲击。代表性国家积极采取了疫病净化措施，并重视生物安全建设，有效控制，甚至是消除了一些疫病在国内的传播。如美国从1961年宣布实施猪瘟净化，经历16年后最终根除了猪瘟。欧盟在20世纪80年代开始实施猪瘟的净化，并通过采取免疫与扑杀相结合的方法，有效实现了对猪瘟的净化；目前美国、德国、法国、西班牙等国家均成功对猪瘟进行了净化（孙元等，2018）。对于当前还没有疫苗应对的非洲猪瘟，西班牙和巴西等国，通过加强生物安全措施并实施分区管理同样实现了疫病的根除。俄罗斯同样通过生物安全建设，有效控制了疫情的传播，最大限度避免了疫情损失。俄罗斯政府将生猪养殖场生物安全等级由低到高分为4级，并针对不同等级进行不同强度的监管，由此引导生猪养殖场（户）重视生物安全措施（石守定等，2021）。

（5）提倡种养结合，注重环境保护

代表性国家对畜禽养殖粪污所造成的环境污染极为关注，出台了较为系统的畜禽养殖粪污污染防治政策，主要涉及以下六个方面。一是限制养

殖场（户）区位选择。根据地区人口密度、环境功能类型等因素，对畜禽养殖场（户）区位选择进行限制，如设置与居民住宅之间的最小间隔距离等。二是限制粪污亩均还田量。根据土壤对畜禽粪尿的消纳能力，对单位面积粪尿还田量进行限制，欧洲农业政策将粪肥最大施氮量定为170千克/公顷/年，最大施磷量定为35千克/公顷/年；荷兰提出的草地畜禽粪便施氮标准为250千克/公顷/年，耕地畜禽粪便的氮施肥标准为170千克/公顷/年；法国规定氮、磷施用量不能超过150千克/公顷/年和100千克/公顷/年。三是限制养殖场（户）饲养规模，根据能够用于粪尿消纳的耕地面积，测算养殖场畜禽粪尿消纳能力，并以消纳能力为依据对其场所建设、养殖规模进行限制。四是限制使用部分饲料添加剂，根据土壤重金属含量情况，对畜禽饲料添加剂成分进行限制，如荷兰则考虑到土壤中存在的重金属污染，已不允许在饲料中添加铜和锌。五是限制污水排放，根据水体质量要求，设定畜禽养殖污水排放标准，如日本《防止水污染法》中规定，畜禽养殖场排放污水中化学需氧量（COD）、生化需氧量（BOD）最大不得超过160mg/L；固体悬浮物（SS）最大不得超过200mg/L，后来又制定了N、P的排放标注。六是出台相关经济激励政策，对企业购买环保设备、进行粪尿资源化利用、进行粪尿无害化处理等环保行为给予直接补贴、贷款、税费减免等方面的经济激励，对过度施肥等行为进行征税等经济惩罚；或是通过补贴或是政府直接参与的方式，将集中排放的粪尿运往具有消纳能力的地区。从金额分摊比例来看，发达国家政府是畜禽养殖粪尿排放污染治理成本的主要承担者（李鹏程等，2020b）。目前，在中欧和东欧国家，种养结合的牛肉、奶牛生产系统较为普遍（Zjalic et al.，2006），因此欧洲的牛肉生产比较高效、污染比较少（Buleca et al.，2018；Hocquette et al.，2018）。

3.2 中国畜牧业发展现状及面临的现实约束[①]

3.2.1 中国畜产品供需现状及“十四五”时期基本形势

畜牧业作为农业乃至国民经济发展的重要组成部分，是保障国家食物安全的重要抓手，是推进区域经济社会发展、提高农牧民增产增收能力的重要保障，是实现人民群众对美好生活向往目标的重要基础。改革开放四十多年以来，中国畜牧业体量迅速扩大，产业整体素质发生质的飞越，完全扭转了供给短缺的局面，畜牧业已经成为农业农村经济发展中不可撼动的主导产业。但长期以来，畜牧业一直是中国农业发展的短板，存在诸如生产发展方式滞后、生产结构亟待优化、生产效率总体不高、国际市场竞争不强、资源环境约束趋紧、粪污处理难度加大、产品质量安全隐患突出等问题，降低了生产者和消费者福利，增加了资源环境成本，不利于畜牧业持续稳定健康发展。可见，推进畜牧业供给侧结构性改革已成为畜牧业向现代化全面转型升级的重要保障。也只有这样，才能为城乡居民提供充足的食物营养，才能为社会主义现代化的基本实现提供坚实的经济和物质基础，才能为建成富强民主文明和谐美丽的社会主义现代化强国提供现实可能。

改革开放 40 多年的畜牧业发展大致经历了四个发展阶段：改革发展阶段（1978 ~ 1984 年），全面快速增长阶段（1985 ~ 1996 年），提质增效发展阶段（1997 ~ 2014 年），以环保为重点的全面转型升级阶段（2015

① 本节部分内容已发表于《经济纵横》2020 年第 5 期。

年以来）。从不同阶段的发展趋势看，总体上由数量快速扩张向质量提升和环境友好方向发展。畜牧业发展的成就总体可概括如下：主要畜产品生产有效保障了国内需求；畜产品供给结构逐步趋于合理；规模化程度稳步提升，生产效率不断提高；优质饲草的重要性得到认可，种养结合、农牧循环养殖模式开始推广；有效壮大了农业农村经济，提升了农牧民收入。

综合以上发展形势，并结合宏观经济形势变化，以2020年基础数据为基准，运用中国农业科学院开发的CASM模型模拟得到主要畜产品2025年预测结果（见表3－3）。尽管最近受非洲猪瘟疫情影响，生猪产能短期下降明显，但随着疫情防控力度加大和国家对生猪产能恢复措施的逐步兑现，生猪生产还是会恢复到常年水平。根据预测，到2025年，国内猪肉产量为5 521.14万吨，自给率达94.9%；牛肉产量为733.50万吨，自给率为71.38%；羊肉产量为551.57万吨，自给率达94.3%；鸡肉产量为1 890.59万吨，自给率为98.3%；鸡蛋产量为3 083.57万吨，自给率为100.0%；牛奶产量为6 022.64万吨，自给率为62.6%。

表3－3　“十四五”中国主要畜产品供需预测

畜产品	年份	总供给（万吨）	国内产量（万吨）	净进口量（万吨）	总需求（万吨）	食用需求（万吨）	加工需求（万吨）	其他需求（万吨）	损耗（万吨）	人均食用需求（千克）	自给率（%）
猪肉	2020	4 552.00	4 113.00	439.00	4 552.00	3 961.00	—	179.70	411.30	28.19	90.36
	2025	5 815.57	5 521.14	294.43	5 815.57	5 022.23	—	241.23	552.11	35.34	94.94
牛肉	2020	883.82	672.00	211.82	883.82	563.72	—	219.30	100.80	4.01	76.03
	2025	1 027.56	733.50	294.06	1 027.56	660.17	—	257.37	110.02	4.65	71.38
羊肉	2020	528.05	492.00	36.05	528.05	332.68	—	146.17	49.20	2.37	93.17
	2025	585.09	551.57	33.52	585.09	366.06	—	163.87	55.16	2.58	94.27
鸡肉	2020	1 755.07	1 652.27	102.80	1 755.07	1 632.27	—	—	122.80	11.61	94.14
	2025	1 923.70	1 890.59	33.10	1 923.70	1 783.18	—	—	140.52	12.55	98.28

续表

畜产品	年份	总供给（万吨）	国内产量（万吨）	净进口量（万吨）	总需求（万吨）	食用需求（万吨）	加工需求（万吨）	其他需求（万吨）	损耗（万吨）	人均食用需求（千克）	自给率（%）
鸡蛋	2020	2 947.80	2 947.80	2 947.80	2 081.00	2 947.00	824.00	—	33.80	14.81	100.00
	2025	3 083.57	3 083.57	3 083.57	2 164.21	3 083.57	871.83	—	35.36	15.23	100.00
牛奶	2020	5 301.82	3 440.00	1 861.82	5 301.82	3 187.88	2 113.94	300.00	344.00	33.14	64.88
	2025	6 022.64	3 769.79	2 252.84	6 022.64	3 703.59	2 319.05	328.76	376.98	37.42	62.59

注：以 2020 年为基期，根据中国农业科学院 CASM 模型模拟得到。

资料来源：根据《中国农业产业发展报告 2021》整理。

3.2.2 中国畜产品供给保障面临的现实约束

（1）动物疫病频发及突发公共卫生事件影响

随着养殖总体规模的快速扩大和养殖密度的提高，各类重大畜禽疾病在中国时有发生，每次重大疫情带来的直接经济损失都达近 1 000 亿元。例如，2004 年暴发的高致病性禽流感，2005 年发生的猪链球菌病，2006 年蔓延到全国的高致病性猪蓝耳病，2012～2014 年发生的 H7N9 流感，前几年全国范围发生的仔猪流行性腹泻，2014 年发生的家畜小反刍兽疫，2018 年以来暴发的非洲猪瘟等，都给中国畜禽养殖业带来巨大冲击。① 2019 年中国猪肉产量大幅下降导致国内猪价飞涨，与非洲猪瘟疫情的影响密不可分。

国内发生的公共卫生事件也会对畜禽养殖业造成较大冲击。无论是 2003 年的 SARS 疫情还是当前的新冠肺炎疫情，都对中国畜禽养殖业造成较大影响。据测算，SARS 疫情直接导致当年种植业产值下降 1.28%，畜

① 笔者于 2019 年 10～11 月组织调研组对全国 8 个生猪产销区典型省份的 16 个县（市、区）240 个养猪场户进行了调研，结果显示，非洲猪瘟疫情影响户数多、覆盖范围广，是当前绝大部分地区生猪养殖业面临的首要困难。

牧业产值下降0.61%。[①] 在新冠肺炎疫情防控期间，由于交通管制、封村断路、企业延迟复工等影响，致使许多畜禽养殖场户饲料运不进、产品运不出、生产经营成本快速上升，短期内受到很大影响。特别是肉鸡、肉鸭等家禽产业由于生产周期短、周转快（白羽肉鸡、肉鸭等一般40天左右就出栏）、集约化程度高，受此次疫情影响最大，仅在2020年一季度肉鸡的养殖环节损失估计高达125亿元，给本来可以有效弥补猪肉不足的家禽业发展带来很大冲击。

（2）资源短缺

中国人多地少，水土资源短缺问题将长期存在，直接影响发展畜牧业所需饲草料的充足供应。一是饲料粮供应趋紧。预计到2030年，中国饲料粮占粮食的比重将达55%，所以中国粮食安全问题本质上是饲料粮的安全问题。同时，中国很多粮食进口量较大，也使饲料粮的供应进一步趋紧。二是优质饲草的供应短缺。近年来，中国除进口大量饲料原料外，饲草进口也快速增加。2008年以前，中国基本不进口草产品，还大量出口；但之后，草产品进口大幅提升。到2019年，中国进口草产品达162.68万吨，比2008年增长81.2倍。三是土地资源短缺。土地资源短缺直接影响畜禽养殖场用地的科学选择，从而直接影响标准化规模养殖的顺利推进。一方面，养殖场用地审批困难，非洲猪瘟疫情发生后，审批虽然有所放松，可以占农用地，但许多地区除基本农田外，再无其他农用地可用；另一方面，即使找到规模化养殖场用地，也因流转成本高企而不能轻易占用。四是劳动力资源相对短缺。农村大量劳动力外出务工，进入城市，进入第二、第三产业，在农村从事养殖业的劳动力越来越少，且素质普遍不高。畜禽养殖工人的月工资都在3 000元以上，最终导致畜牧业生产的劳

---

① 笔者于2019年10～11月组织调研组对全国8个生猪产销区典型省份的16个县（市、区）240个养猪场户进行了调研，结果显示，非洲猪瘟疫情影响户数多、覆盖范围广，是当前绝大部分地区生猪养殖业面临的首要困难。

动力成本居高不下。

（3）环保政策趋严

环保政策密集出台，环保“一刀切”对畜牧业的影响仍然存在。2015 年，中国发布了《水污染防治行动计划》（以下简称“水十条”），要求现有规模化畜禽养殖场（小区）根据污染防治需要，配套建设粪便污水贮存、处理、利用设施，而散养密集区要实行畜禽粪便污水分户收集、集中处理利用；要求严格划定畜禽养殖禁养区，并在 2017 年底前依法关闭或搬迁禁养区内的畜禽养殖场（小区），京津冀、长三角、珠三角等区域提前一年完成。同年，国务院发布的《关于促进南方水网地区生猪养殖布局调整优化的指导意见》中，根据珠江三角洲、长江三角洲、长江中下游、淮河下游、丹江口五个重点水网区域的水环境保护要求和土地承载能力，科学确定了禁养区和限养区，这些地区的许多养殖场停养或搬迁。根据笔者 2018 年对珠江三角洲某县的调查，该县已关掉 2 774 个养殖场户，减少生猪养殖 10 万多头。此外，2016 年发布了《土壤污染防治行动计划》（以下简称“土十条”），严格规范兽药、饲料添加剂的生产和使用，促进源头减量，加强畜禽粪便综合利用，鼓励支持畜禽粪便处理利用设施建设；同年发布的《中华人民共和国环境保护税法实施条例》，明确从 2018 年 1 月 1 日开始实施，要求达到省级人民政府确定的规模标准并且有污染物排放口的畜禽养殖场，应当依法缴纳环境保护税。

就现存养殖场（户）而言，调研数据显示，部分地区接近半数受访对象仍将环保压力视为其面临的主要困难（见图 3－1）。例如，一些地区一味强调使用污水处理设施以实现达标排放，甚至要求通过循环利用，实现零排放；一些地区则要求生猪养殖（户）彻底解决养殖臭味问题，而很多养殖场（户）反映，以当前经济技术条件难以实现，使用活性炭是除臭的最佳方式，但成本高且仍无法达到要求；还有一些地区在短时间内不断提高环保标准，某养殖户介绍“养殖场今年能达到环保标准，明年就未必能达到要求”。为此，自2016年开始，该养殖户先后建设了沼气池、异位发酵床，购置了干湿分离机、吸粪车等多种处理设备，成本大幅增加。

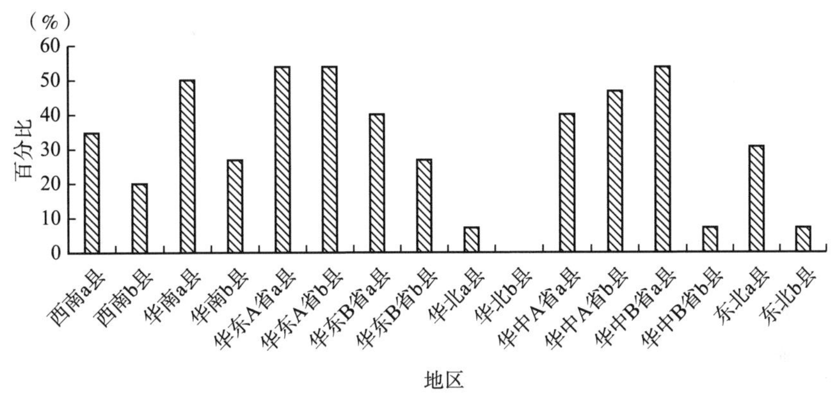

图3－1　调研中各地受环保影响养殖场（户）占比情况

资料来源：根据笔者调研数据整理所得。

（4）科技创新及推广能力不强

第一，支撑畜牧业发展的核心科技对外依存度较高。中国畜禽种质资源对外依赖度较大，良种化即“洋种化”的怪圈一直没有打破。国内种猪“杜＋长＋大”的“洋三元”模式市场份额占80%以上，白羽肉鸡种源全部依赖进口，蛋鸡国外品种市场占有率在50%左右，奶牛品种几乎是100%从国外引进，专用肉牛品种如西门塔尔、利木赞、夏洛莱、安格斯等都是国外引进。另外，中国畜牧业生产的机械设备大都依赖进口。无论是上游的饲草料生产和加工机械，还是养殖环节的圈舍内设备、环境污染治理设备，以及屠宰加工方面的设施设备，依赖进口的至少占70%。

第二，畜牧业生产先进实用技术推广应用能力不强。以政府为主导的推广体系推广效果一直不高，尽管这几年主管部门每年都发布若干项主推品种和主推技术，但主要集中于种植业，畜牧业较少，即使有几项，推广力度也很小，真正能落到千家万户并充分运用的更少；以龙头企业或专业合作组织推广的技术范围又很有限，针对性又很强，技术应用覆盖面有限。根据笔者 2019 年对湖北生猪的调研发现，即使生猪养殖中最常见、应用最广泛的一项技术——人工授精技术，也因不同养殖场（户）掌握程度的不同，导致能繁母猪繁殖成活率有差异较大。调研的一个中等规模养殖场，年出栏育肥猪 1 000 头左右，过去多少年无论在营养、管理上如何精细，都很难突破 MSY 大于 19 头的情况，但自从聘请了正大公司的一个养殖工人，仅在人工授精一个细节的变化就实现了 MSY 达到 23 头的效果。其实国内能繁母猪年提供育肥猪数量长期远低于国际先进水平的主要原因，正是诸如此类最常见实用技术的推广覆盖面窄所导致，而并非由于先进技术的差距。

3.3 本章小结

本章通过分析世界畜牧业近年生产形势、梳理中国畜牧业发展历程，并结合宏微观数据分析中国畜牧业发展现状，得出以下结论：近年来，世界畜牧业生产稳定发展，生猪、肉牛等主要畜种存栏量稳步增长，生产效率不断提高，世界人均畜禽产品占有量不断增加；代表性国家畜牧业发展表现出持续提升规模养殖水平、饲养技术水平持续提高、重视发挥区域优势、积极实施疫病净化、提倡种养结合等发展特征；改革开放四十多年来中国畜牧业快速发展，主要畜产品生产有效保障了国内需求，同时畜产品供给结构逐步趋于合理、规模化程度稳步提升、生产效率不断提高、优质饲草的重要性得到认可，种养结合、农牧循环养殖模式开始推广，但也存在诸如资源和环境约束日趋严峻、产品质量和安全性问题仍然存在、生产效率和比较效益仍然不高、国际竞争力不强的突出制约。如何破解这些制约，急需通过科技创新和技术推广，不断提升畜牧业经济效率来实现。

第4章 中国畜牧业生产投入产出特征分析

在分析畜牧业生产经济效率之前，先要对畜牧业生产的投入产出特征有一个深入的掌握。本章分畜种对中国畜牧业投入产出及变动情况进行总体分析，利用《全国农产品生产成本收益资料汇编》和农业农村部定点监测数据，对生猪、肉牛等主要畜种生产成本收益情况及变动趋势进行分析，分解成本构成及不同规模间的差异，以期全面掌握近年畜牧业生产投入产出情况，并为下面经济效率测度投入产出指标的选取、生产函数的构建奠定基础。

4.1 生猪投入产出特征分析

4.1.1 生产成本变动分析

2006～2020年，中国生猪生产成本总体呈波动上升态势（见图4－1），其中散养户成本始终最高，小规模、中规模、大规模间生产成本的差异逐步拉大，目前大规模养殖在成本上具有较为明显的优势。从变动幅度看，散养、小规模、中规模和大规模生产成本分别增长了2.73倍、2.86倍、2.75倍和2.5倍，其中小规模增幅最大，大规模增幅最小。就变动趋势而言，不同规模的变动趋势基本一致。以大规模为例，2006～2008年生产成本快速增长，由739.63元增长至1 234.77元，年均增长率达到29.2%，主要是这一阶段受到前期疫情影响，仔猪供应大幅减少，仔猪价格快速攀升，期间仔畜成本由193.38元增长至485.13元。2009年随着生猪生产的逐步恢复，以及仔猪供应的增多，生产成本有所回升。此后呈现波动上升态势，至2018年达到1 530.64元。2019年后受到非洲猪瘟疫情冲击的影响，生猪产能断崖式下滑，仔畜价格的快速猛涨再次成为生猪生产成本大幅攀升的主要缘由，2020年生猪生产成本达到2 591.09元，较2018年增长了69.28%。

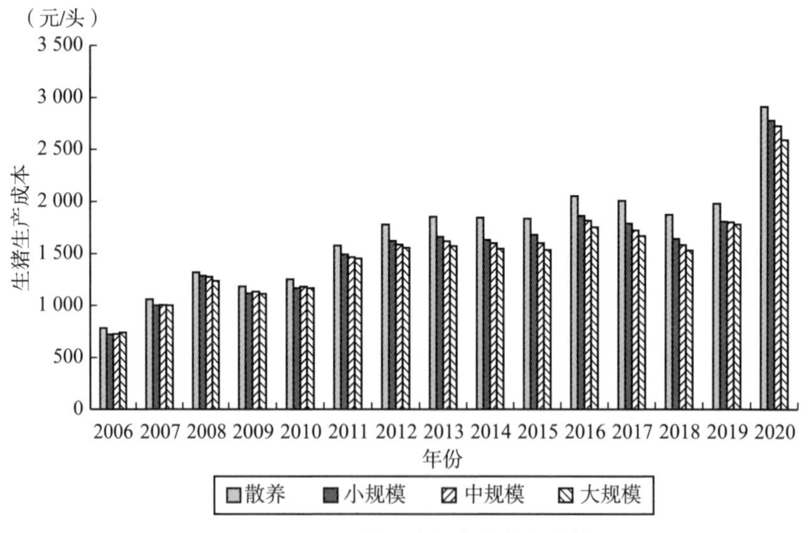

图4－1　不同规模生猪生产成本变动情况

资料来源：根据《全国农产品成本收益资料汇编》整理。

从生产成本的构成来看，通常情况下饲料成本占比最大，占总成本的比例较为稳定，一般在55%左右；仔畜成本一般要占到总成本的30%左右，但在生猪生产偏紧时，仔畜成本占比能达到50%以上，同时仔畜成本变动就有明显的周期性特征，常引起生产成本变化相应呈现波动特征；其他成本，包括水费、燃料动力费、电费、煤费、医疗防疫费、死亡损失费等（下同），一般占总成本的6%左右，近年占比略有下降；人工成本一般占总成本的5%左右，近年占比略有上升。从各类成本变化情况来看，2006～2020年，仔畜成本变动幅度最大，由193.38元增长至1 351.77元，增长了约6倍，是推动生猪生产成本大幅攀升的主要缘由；饲料成本和人工成本增幅也较大，分别增长了约1.2倍和2倍；其他成本变动幅度不大，仅增长了约0.9倍（见表4－1）。

表4－1　大规模生猪生产成本构成情况

年份	仔畜成本		饲料成本		人工成本		其他成本	
	绝对值（元/头）	占比（%）	绝对值（元/头）	占比（%）	绝对值（元/头）	占比（%）	绝对值（元/头）	占比（%）
2006	193.38	26.15	444.98	60.16	36.34	4.91	64.93	8.78
2010	322.46	27.69	698.29	59.96	64.43	5.53	79.39	6.82
2015	482.74	31.45	864.05	56.28	102.61	6.68	85.76	5.59
2020	1 351.77	52.17	994.54	38.38	116.85	4.51	127.93	4.94

资料来源：根据《全国农产品成本收益资料汇编》整理。

4.1.2　生产收益变动分析

2006～2020年，中国生猪生产收益总体呈波动态势（见表4－2），除个别年份外大规模的收益皆最高，头均收益在300元左右；其次是中、小规模养殖场（户），二者差异较小，头均收益在300元左右；散养收益最低，头均收益仅为169元。就变动趋势而言，不同规模间的变动趋势基本一致，呈现出明显的周期性起伏特征。以大规模为例，2006年头均盈利为65.59元，利润率仅为8.87%，处于较低水平；2007～2008年猪价进入上行周期，头均实现盈利320元左右，平均利润率接近30%；此后进入猪价下行周期，利润大幅下滑，至2014年头均利润降至2.28元的近年最低水平；2019年后受到非洲猪瘟疫情冲击的影响，生猪产能断崖式下滑，生猪价格快速上涨，屡次创下历史新高，2020年生猪头均盈利达到1 619.36元，平均利润率超过60%。

表4－2　　不同规模生猪生产收益情况

年份	散养		小规模		中规模		大规模	
	净利润（元/头）	利润率（%）	净利润（元/头）	利润率（%）	净利润（元/头）	利润率（%）	净利润（元/头）	利润率（%）
2006	96.30	12.31	104.40	14.47	100.65	13.87	65.59	8.87
2010	90.81	7.26	134.42	11.54	160.58	13.61	125.33	10.76
2015	－8.16	－0.44	173.70	10.34	245.50	15.34	232.10	15.12
2020	1 232.64	42.31	1 509.57	54.27	1 529.46	56.11	1 619.36	62.50

资料来源：根据《全国农产品成本收益资料汇编》整理所得。

4.2　肉牛投入产出特征分析

4.2.1　生产成本变动分析

2013～2020年，中国肉牛生产成本总体呈波动上升态势（见图4－2），增长幅度为28.29%，年均增长率为3.62%。具体而言，2013年，肉牛头均生产成本为 9 779. 77 元，后缓慢波动上升至 2017 年的 10 322. 74 元，这一阶段增速较慢，年均增速 1. 36%。而随后的 2018 ~ 2020 年，生产成本表现出快速增长的态势，平均增长速度为 6. 72%，至 2020 年，头均肉牛生产总成本达到 12 546. 40 元。

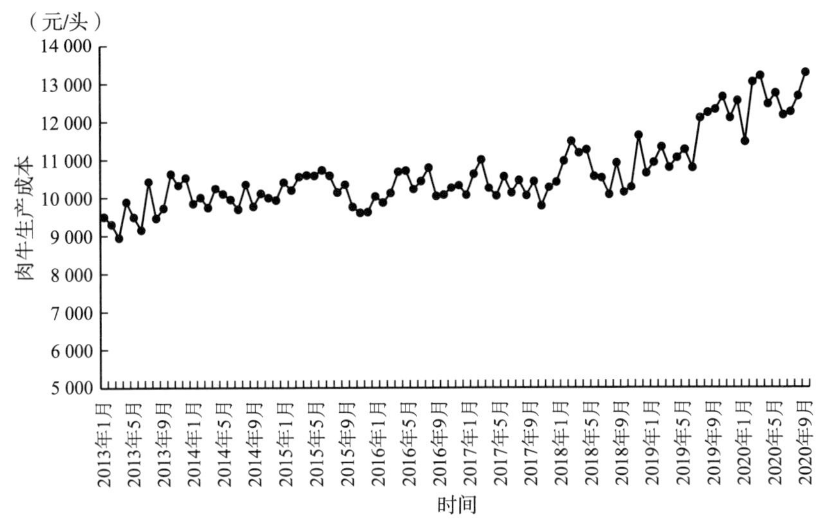

图 4 – 2　肉牛生产成本变化情况

资料来源：根据农业农村部对全国 22 个省（区、市）100 个监测县 500 个监测村肉牛养殖户生产成本统计信息整理所得。

从生产成本的构成来看，仔畜成本、饲料成本、人工成本和其他成本分别占总成本的比例分别在 70%、20%、5% 和 3% 左右，而仔畜成本的增长是生产成本上涨的主要原因。2013 ~ 2020 年，肉牛生产的仔畜折价呈波动增加趋势，总体增长幅度为 38. 62%，年均增长率为 4. 78%。其在总生产成本中的比重由 2013 年的 66. 32% 增长到 2020 年的 71. 66%，自始至终是肉牛生产的关键投入，且在总投入中的比重日益凸显。饲料成本亦呈增长趋势，由 2013 年的 2 076. 49 元增长到 2020 年的 2 893. 57 元，占比由 21. 23% 增长到 23. 06%，但占比增长幅度不及仔畜折价增长明显。仔畜成本是肉牛生产物质与服务费用中最主要的投入，其在生产成本中所占比重连年增长。而结合现实生产情况来看，中国母牛供给缺乏、繁殖效率低、犊牛成活率不高、牛源持续短缺是导致仔畜价格上涨从而推动肉牛生产总成本增长的重要原因（见表4－3）。

表4－3　肉牛生产成本构成情况

年份	仔畜成本		饲料成本		人工成本		其他成本	
	绝对值（元/头）	占比（%）	绝对值（元/头）	占比（%）	绝对值（元/头）	占比（%）	绝对值（元/头）	占比（%）
2013	6 485. 71	66. 32	2 076. 49	21. 23	532. 01	5. 44	685. 56	7. 01
2014	6 543. 66	65. 59	2 294. 11	23. 00	556. 11	5. 57	582. 38	5. 84
2015	6 985. 35	68. 09	2 324. 16	22. 65	540. 44	5. 27	409. 08	3. 99
2016	7 073. 45	68. 98	2 349. 92	22. 92	562. 82	5. 49	268. 68	2. 62
2017	7 268. 69	70. 41	2 368. 94	22. 95	547. 82	5. 31	137. 29	1. 33
2018	7 486. 09	70. 42	2 384. 45	22. 43	549. 64	5. 17	210. 45	1. 98
2019	8 075. 26	71. 59	2 543. 61	22. 55	483. 28	4. 28	177. 72	1. 58
2020	8 990. 75	71. 66	2 893. 57	23. 06	494. 83	3. 94	167. 25	1. 33

资料来源：根据农业农村部对全国22个省（区、市）100个监测县500个监测村肉牛养殖户生产成本统计信息整理所得。

4.2.2　生产成本变动分析

2013年以来，中国肉牛生产总收入总体呈上升态势（见表4－4）。2020年头均总收入为16 757. 42元，是2013年的1. 48倍。收入增长的原因主要有两点，一是每头肉牛的平均活重增加，由1995年的492. 28千克增加到2020年的518. 49千克，增长了5. 32%；二是出售价格的上涨，每千克主产品的平均出售价格由2013年的22. 71元增长到2020年的34. 55元，增加了52. 15%。其中，出售价格的上涨是推动总收入增加的主要原因。2013年以来，中国肉牛生产头均净利润均在1 500元以上，近年肉牛养殖效益整体较好。从变动趋势来看，肉牛生产的头均净利润由2013年的1 575.59元增长到2020年的4 211.02元，增长了1.67倍，但年际间存在明显波动，且净利润与总收入之间的距离逐年增大，说明生产总成本的增加明显抵消掉部分净利润的增长。随着国内牛肉消费持续的增长，牛肉市场价格上升，肉牛主产品出售价格上涨，同时，生产成本的增加也从生产端抬高出售价格。单位主产品出售的千克价格变动趋势与主产品产值的变动趋势相近，利润的变动取决于价格上涨和成本上涨的相对幅度。

表4-4　　肉牛生产收益变动情况

年份	总收入（元/头）	净利润（元/头）	成本利润率（%）	主产品出售价格（元/千克）
2013	11 355.37	1 575.59	16.11	22.71
2014	13 209.03	3 232.78	32.40	26.41
2015	12 828.80	2 569.77	25.05	25.66
2016	12 409.82	2 154.95	21.01	24.82
2017	12 621.31	2 298.57	22.27	25.24
2018	13 029.72	2 399.10	22.57	26.06
2019	14 390.32	3 110.44	27.58	28.36
2020	16 757.42	4 211.02	33.56	34.55

资料来源：根据农业农村部对全国22个省（区、市）100个监测县500个监测村肉牛养殖户生产收益和产品价格统计信息整理所得。

4.3　肉羊投入产出特征分析

4.3.1　生产成本变动分析

2006~2020年，中国肉羊生产成本总体呈快速上升态势（见图4-3），增长幅度为383.54%，年均增长率为12.74%（《农产品成本收益资料汇编》中只给出了散养户数据，故本节仅分析散养户的肉羊生产投入产出情况）。具体而言，2006年，肉羊只均生产成本仅为282.88元，在经过2年的快速上涨，2008年达到了523.43元；2009年出现略微下降，为520.18元，而随后的2010~2012年，生产成本表现出快速增长的势态，达到2012年的980.46元，平均增长速度为23.56%，之后缓慢增长到2014年的1 084.81元；在2015年下降至1 002.11元后，肉羊只均生产成本开始表现出缓慢上升的势态，至2020年，只均肉羊生产总成本达到1 367.84元。

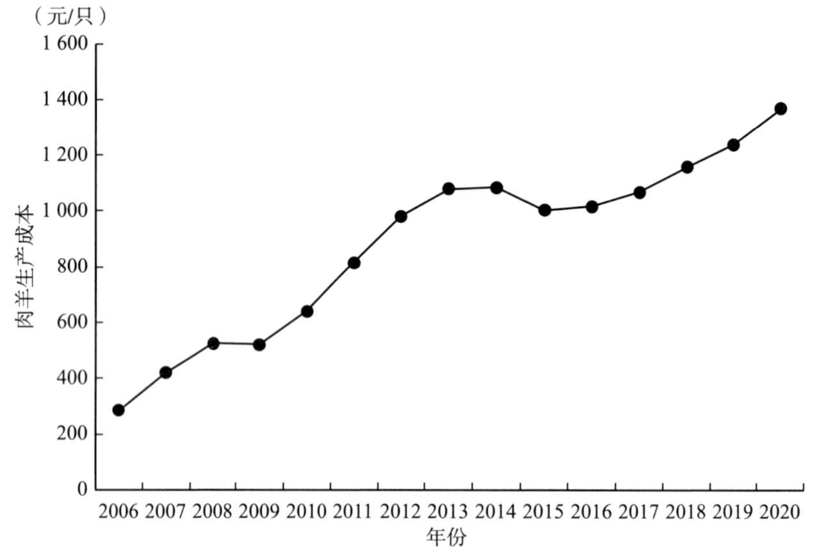

图4-3　肉羊生产成本变动情况

资料来源：根据《全国农产品成本收益资料汇编》整理所得。

从生产成本的构成来看（见表4-5），仔畜成本、饲料成本、人工成本和其他成本分别占总成本的比例分别在40%、20%、36%和4%左右，2006~2020年各种成本均有着显著的提升，其中，仔畜成本占总成本的比例有着明显的提高，其快速增长是生产成本上涨的主要原因。2013~2020年，肉羊生产的仔畜成本呈波动增加趋势，总体增长幅度为

617.81%，年均增长率为17.65%。其在总生产成本中的比重从2006年的29.00%提升到2020年的43.06%，其占比已经超过人工成本占比，逐渐成为肉羊生产的最关键投入，在总投入中的比重日益凸显。饲料成本和其他成本亦呈增长趋势，分别从2006年的71.93元和16.14元增长到2020年的241.94元和41.90元，但占比均有所下降，其从2006年的25.43%和5.71%分别下降至2020年的17.69%和3.06%。人工成本在2006年的112.76元增长到2020年的495.04元，而其占比一直保持在36%左右。结合现实生产情况来看，与中国肉牛情况相类似，致仔畜价格上涨是推动肉羊生产总成本增长的重要原因。

表4-5　肉羊生产成本构成情况

年份	仔畜成本		饲料成本		人工成本		其他成本	
	绝对值（元/只）	占比（%）	绝对值（元/只）	占比（%）	绝对值（元/只）	占比（%）	绝对值（元/只）	占比（%）
2006	82.05	29.00	71.93	25.43	112.76	39.86	16.14	5.71
2010	249.91	39.07	164.02	25.64	196.27	30.68	29.47	4.61
2015	342.84	34.21	201.87	20.14	422.32	42.14	35.08	3.51
2020	588.96	43.06	241.94	17.69	495.04	36.19	41.90	3.06

资料来源：根据《全国农产品成本收益资料汇编》整理所得。

4.3.2　生产收益变动分析

2006~2020年，中国肉羊生产收益总体呈波动上升势态（见表4-6），2006年只均收入仅为373.26元，2020年增长到1 573.63元，为2006年的4.2倍。就变动趋势而言，从2006~2016年，净利润从90.38元/头缓慢上涨到2012年的197.84元/只，又迅速下降到2016年的-67.96元/只，利润率则从2006年的31.95%一直下降到2016年的-6.68%；从2017

年开始肉羊生产收益开始稳步攀升，净利润迅速增加到2020年的205.79元/只，利润率也迅速上升到2020年的15.04%。肉羊生产的头均净利润由2006年的90.38元增长到2020年的205.79元，增长了1.28倍，但利润率却由2006年的31.95%降至2020年的15.04%，降低了近一半，这说明肉羊生产成本上升的速度远远快于价格上升的速度，同时也意味着成本上涨是推高近年羊肉价格的主要缘由。

表4-6　　肉羊生产收益变动情况

年份	总收入（元/只）	净利润（元/只）	利润率（%）
2006	373.26	90.38	31.95
2010	775.41	135.74	21.22
2015	936.08	-66.03	-6.59
2020	1 573.63	205.79	15.04

资料来源：根据《全国农产品成本收益资料汇编》整理所得。

4.4　奶牛投入产出特征分析

4.4.1　生产成本变动分析

2006～2020年，中国奶牛生产成本总体呈波动上升势态（见图4-4），其中大规模成本始终最高，散养和小规模之间成本差异较小，小规模、中规模、大规模间生产成本的差异逐步拉大，目前散养和小规模养殖在成本具有较为明显的优势。从变动幅度看，散养、小规模、中规模和大规模生产成本分别增长了1.17、1.33、1.28和1.42倍，其中大规模增幅最大，散养增幅最小。就变动趋势而言，不同规模间的变动趋势基本一致。以大规模为例，2006～2014年生产成本快速增长，由11 949.8元增长至25 272.05

元，年均增长率达到11.3%，主要是这一阶段人工成本和饲料成本均快速攀升，期间饲料成本由7 543.46元增长至16 865.57元，人工成本由1 175.16元增长至2 664.28。2014～2018年奶牛养殖成本趋于稳定，2019年后饲料成本和人工成本快速猛涨，致使奶牛生产成本大幅攀升，2020年奶牛生产成本达到28 882.11元，较2018年增长了12.4%。

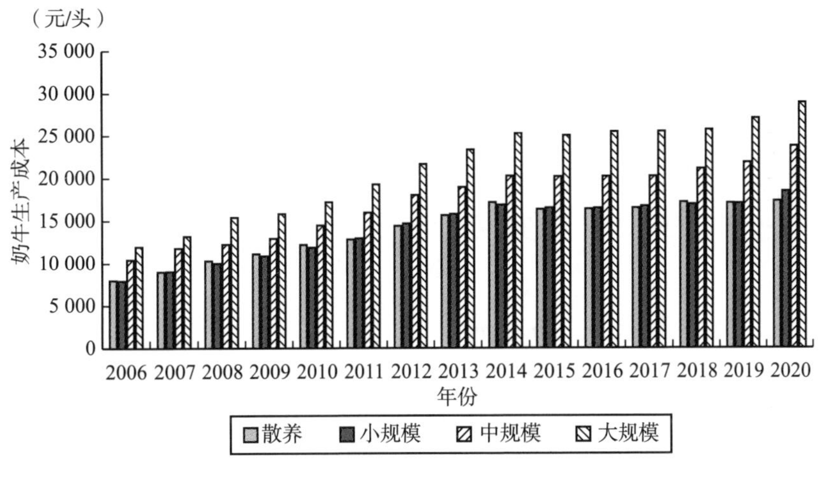

图4-4　不同规模奶牛生产成本变动情况

资料来源：根据《全国农产品成本收益资料汇编》整理所得。

从生产成本的构成来看（见表4-7），通常情况下饲料成本占比最大，占总成本的比例较为稳定，一般在66%左右；其他成本①，一般占到总成本的23%左右；人工成本，一般占总成本的11%左右，近年占比略有上升。从各类成本变化情况来看，2006～2020年，人工成本变动幅度最大，由1 175.16元增长至3 926.92元，增长了约2.3倍，是推动奶牛生产成本攀升的重要缘由；饲料成本和其他成本增幅也较大，分别增长了约1.4和1.1倍。

① 包括水费、燃料动力费、电费、煤费、医疗防疫费、死亡损失费等。

表 4－7　　大规模奶牛养殖成本构成情况

年份	饲料成本		人工成本		其他成本	
	绝对值（元/头）	占比（%）	绝对值（元/头）	占比（%）	绝对值（元/头）	占比（%）
2006	7 543.46	63.13	1 175.16	9.83	3 231.18	27.04
2010	11 757.51	68.39	1 555.62	9.05	3 878.67	22.56
2015	16 361.67	65.44	2 957.07	11.83	5 685.34	22.73
2020	18 142.86	62.82	3 926.92	13.60	6 812.33	23.56

资料来源：根据《全国农产品成本收益资料汇编》整理所得。

4.4.2　生产收益变动分析

2014～2020 年，中国奶牛生产收益总体呈波动上升态势（见表 4－8），2015 年受到奶价下降影响，相较于 2014 年，小规模和大规模生产收益皆有明显下降，就变动趋势而言，不同规模间的变动趋势差异较大。2015 年以来，大规模收益处于稳步上升趋势，且 2018 年以前收益一直保持最高水平，头均收益在 6 700 元左右；中规模养殖场（户）在 2017 年以后生产收益急速攀升，头均收益达到 9 254.17 元；散养和小规模养殖场（户）收益变动趋势较为一致，二者差异较小，头均收益在 5 500 元左右。就利润率变动情况而言，除个别年份外，小规模利润率始终处于最高水平，且 2014～2020 年利润率涨幅最大，从 2014 年的 30.86% 增长至 2020 年的 52.19%，上涨了 21.3 个百分点；其次是散养和中规模养殖场户，利润率分别增加了 12.46 个和 12.24 个百分点；大规模养殖场户利润率增加不太明显，年均利润率保持在 28% 左右。

表4-8　不同规模奶牛生产收益情况

年份	散养		小规模		中规模		大规模	
	净利润（元/头）	利润率（%）	净利润（元/头）	利润率（%）	净利润（元/头）	利润率（%）	净利润（元/头）	利润率（%）
2014	5 108.70	29.79	5 201.00	30.86	5 411.87	26.74	7 362.74	29.13
2015	5 006.58	30.66	4 050.18	24.54	5 407.11	26.80	6 208.11	24.83
2016	4 655.62	28.44	5 307.36	32.21	5 577.09	27.62	6 596.98	25.89
2017	5 095.72	30.91	5 845.08	34.97	4 520.25	22.37	6 669.78	26.14
2018	5 663.71	33.01	6 270.23	37.05	6 660.33	31.57	6 964.51	27.08
2019	6 894.69	40.41	6 779.74	39.79	8 070.57	36.98	7 462.53	27.57
2020	7 309.37	42.25	9 627.22	52.19	9 254.17	38.98	8 768.66	30.36

资料来源：根据《全国农产品成本收益资料汇编》整理所得。

4.5　本章小结

利用《全国农产品生产成本收益资料汇编》和农业农村部定点监测数据，对生猪、肉牛等主要畜种生产成本收益情况及变动趋势进行分析，分解成本构成及不同规模间的差异，得出四个结论。

第一，生猪生产成本总体呈波动上升势态，其中散养户成本始终最高；生产成本变动主要受仔畜成本变动的影响；生猪生产收益呈现出明显的周期性起伏特征，除个别年份外大规模的收益皆最高，头均收益在300元左右。第二，肉牛生产成本总体呈上升趋势，其原因在于仔畜折价的增长而带动整体成本的增长，仔畜成本的增加是肉牛生产总成本增长的关键原因；从肉牛生产收益来看，头均总收入呈上升态势，但并不稳定，经历了大增小降、快增慢降的波动变化，从近年整体趋势来看，养殖成本的快速增加明显压制了肉牛生产利润的增加。第三，肉羊生产成本总体呈上升趋势，2006~2020年年均增长率为12.74%；仔畜成本的快速增长是生产成本上涨的主要原因；肉羊生产成本上升的速度远远快于价格上升的速度，成本上涨是推高近年羊肉价格的主要缘由。第四，奶牛生产成本总体呈波动上升势态，目前散养和小规模养殖在成本具有较为明显的优势；饲料成本和人工成本快速猛涨，是奶牛生产成本大幅攀升的主要缘由；而生产收益主要受奶价变动的影响。

第5章 世界代表性国家畜牧业生产经济效率分析*

受技术创新、贸易投资、政策法规和气候变化等各种因素的影响，全球农业生产形势处于不断变化中（FAO，2020）。全球农业的动态性、关联性和复杂性意味着世界各地的生产者必须不断地决定生产什么以及如何生产。由于食物系统在全球范围内相连，并长期作为国际讨论的焦点，因此国际比较分析对于正确的政策支持和计划部署至关重要。对于后发国家而言，如果只是基于先天要素禀赋优势谋求发展，而忽略技术进步的作用，则必然会导致产业低端锁定（周江等，2021）。目前，鲜有研究基于翔实的微观层面数据评估中国畜牧业在国际上的生产水平。本部分基于研究团队长期作为参与者并共享应用的德国杜能研究所欧盟农业基准（Agri benchmark）数据库中代表性国家典型农场的一手调查数据，对各国主要畜产品生产中反映生产效率的主要经济指标进行对比分析，进而以肉牛生产为例，应用实证模型进行深入分析，厘清中国畜牧业生产经济效率与世界前沿效率水平的差距。

---

* 本章内容已发表在《中国农村经济》2022年第3期。

5.1 反映畜牧业生产效率的主要指标及与代表性国家的对比分析

5.1.1 反映生产效率的主要指标

生产效率直接决定着畜产品保供能力和国际竞争力。畜牧业生产效率高至少包含以下三方面内容。第一，畜禽个体的生产能力高，即母畜的繁殖成活率高，商品畜的出栏率、产肉率、产蛋率、产奶率高。繁殖成活率主要反映种畜的生产能力。由于中国畜禽品种繁育技术体系发展滞后，与在相应畜种生产领域有代表性的国家（以下简称“代表性国家”）相比，不仅在养殖理念、管理水平方面有较大差距，养殖模式也不同，中国以生猪和肉牛为代表的牲畜繁殖成活率较低，有较大提升空间。出栏率能从一个侧面反映肉用畜禽（如生猪、肉牛、肉羊和肉鸡等）的生产能力和水平。养殖模式等不同会影响出栏率的高低。养殖规模化、集约化程度越高（如生猪和肉鸡），畜禽出栏率与代表性国家越有可比性。与多数代表性国家相比，中国的生猪和肉鸡出栏率总体比较低；而肉牛和肉羊，由于中国与代表性国家在资源禀赋、养殖模式等方面存在较大不同，单纯用出栏率来比较生产效率就很片面（例如，中国舍饲养牛的出栏率比代表性国家还高一些）。产肉率（每头或每只商品畜禽的产肉水平）、产蛋率（每只蛋鸡一个产蛋周期的产蛋量）和产奶率（每头泌乳牛一个泌乳期的产奶量）都是能直接反映生产效率的主要指标，且中国畜牧业的这些指标与代表性国家都具有可比性。第二，单位劳动力贡献的产出高，即畜牧业的物质劳动生产率（用实物产量表示的劳动生产率，与此对应的概念是价值劳动生产率）高。这个指标能直接反映畜牧业生产的规模化、集约化和机械化水平，是反映生产效率的重要指标之一。中国畜牧业的这一指标值长期低于代表性国家，也是今后要重点改进的方面。第三，投入产出水平高，即单位投入的回报高。该指标虽然能综合反映畜牧业生产经营管理的总体水平，但由于农业生产的特殊性，往往容易产生“增产不增收”的现象，因此，仅用价值量表示的投入产出水平有时会出现与实际生产效率不一致的情况。例如，代表性国家畜禽养殖中前两方面的生产效率指标值普遍较高，但其投入产出水平不一定高，甚至会出现投入产出率为负的情况。而中国在生猪、肉牛等畜种的养殖方面尽管前两项生产效率指标值较低，但养殖主体的投入产出水平较高（有时甚至高到了对代表性国家养殖主体来说可望而不可即的程度）。

5.1.2　中国与代表性国家的比较

中国每头母猪每年出栏肥猪数（market pigs/sow/year，MSY）不高，每头能繁母猪长期以来每年只能提供13～15头育肥猪，直到2019年开始MSY才提高至17～19头；而代表性国家的MSY已达22～26头，其中，荷兰、丹麦等国的MSY更是高达30头左右（见表5－1）。按照2017年中国能繁母猪4 393.4万头、出栏肥猪6.9亿头（1头能繁母猪提供15.7头育肥猪）的水平来估算①，若能达到欧美国家MSY的平均水平（24头），中国每年只需2 800多万头能繁母猪，可少养能繁母猪1 500多万头；按每头每年养殖成本3 200元计，可节约480多亿元，每年也可节约大约1 368.75万吨（按2.5千克/日·头计）饲料粮。

① 因为2017年中国生猪生产水平比较稳定，2018年8月发生非洲猪瘟疫情后，中国生猪生产水平波动很大，所以，这里用2017年的生猪生产水平作比较。

表 5 - 1　　　　2019 年各国生猪生产效率情况

国家	MSY（头）	物质劳动生产率（千克/工时）	育肥期（日）	日增重（克）	饲料转化率	胴体重（千克）	胴体产肉率（%）	单位产肉量所需总成本*（美元/100 千克）
中国	20.05	23.00	128.75	790.50	3.25	97.25	75.33	363.75
德国	30.30	307.71	110.43	838.14	3.00	95.86	78.94	197.43
丹麦	32.95	404.50	84.25	1011.25	3.00	87.75	76.14	170.25
荷兰	30.83	431.67	118.00	780.67	3.00	95.33	81.01	191.00
西班牙	24.05	313.75	127.25	713.25	2.50	89.75	78.56	176.50
巴西	25.66	201.50	111.50	888.00	2.00	90.50	73.58	112.50
波兰	22.09	62.00	135.00	831.00	4.00	110.00	79.71	178.00
加拿大	24.68	554.00	112.00	915.00	3.00	102.00	79.69	142.00
俄罗斯	28.35	52.00	93.00	874.00	3.00	83.50	75.23	188.50

注：表中各国的数据都是其国内典型养殖场（户）有关指标的平均值。由于典型养殖场（户）选择代表性方面的原因，该表中的中国 MSY 数据相比于根据国内相关统计年鉴测算的 MSY 数据更高。例如，根据《中国畜牧兽医统计（2019）》测算，中国 2018 年的 MSY 为 15.52 头（由于受非洲猪瘟疫情影响严重，2019 年的这一指标不可比）；*表示单位产肉量用胴体重表示，下同。

资料来源：根据德国杜能研究所欧盟农业基准（Agri benchmark）数据库（http：//www.agribenchmark.org/home.html）整理。

与代表性国家相比，中国肉牛和肉羊的生产效率存在着较大差距。尽管因资源禀赋、养殖模式等的不同，不同国家肉牛和肉羊养殖中一些指标的可比性不强，但日增重、饲料转化率、胴体产肉率和单位产肉量所需总成本等指标仍具有很强的可比性。如表 5 - 2 所示，中国肉牛育肥日增重平均为 1 188.8 克，而美国、法国和西班牙的这一指标分别为 1 692 克、1 402.33 克和 1 437.5 克，依次比中国高 42.3%、18.0% 和 20.9%；在表 5 - 2 所列国家中，单位产肉量所需总成本也是中国最高。如表 5 - 3 所示，中国肉羊日增重平均为 173.5 克，而德国和澳大利亚的这一指标分别为 338 克和 253.5 克，分别比中国高出 94.8% 和 46.1%；不过，中国肉羊的单位产肉量所需总成本并不算太高，在表 5 - 3 所列国家中基本处于中等水平，这可能与德国杜能研究所欧盟农业基准（Agri benchmark）数据库中的中国典型养殖场（户）处于牧区有关。

表5-2 2019年各国肉牛生产效率情况

国家	每头母牛年提供断奶犊牛数（头）	物质劳动生产率（千克/工时）	育肥期（日）	日增重（克）	饲料转化率	胴体重（千克）	胴体产肉率（%）	单位产肉量所需总成本（美元/100千克）
中国	0.91	9.00	156	1 188.80	2.91	311.20	56.80	609.00
美国	0.89	219.50	168	1 692.00	5.09	390.00	63.50	361.50
巴西	0.74	24.38	671	588.13	0.55	267.25	52.88	348.88
阿根廷	0.88	61.83	282	822.33	5.79	210.17	57.50	264.67
澳大利亚	0.81	60.50	425	585.00	0.17	219.38	52.38	582.88
乌拉圭	0.76	24.33	385	881.33	0.19	273.33	55.67	427.33
德国	0.88	43.80	450	1 248.50	2.40	367.17	56.17	470.00
西班牙	0.80	52.50	282	1 437.50	3.27	313.50	56.75	470.50
俄罗斯	0.75	5.00	212	1 207.00	3.54	274.00	56.00	359.00

注：表中各国饲料转化率差异很大的原因主要是不同国家的肉牛饲喂模式存在明显差异。

资料来源：根据德国杜能研究所欧盟农业基准（Agri benchmark）数据库（http：//www.agribenchmark.org/home.html）整理。

表5-3 2019年各国肉羊生产效率情况

国家	每只母羊年生产断奶羔羊数（只）	物质劳动生产率（千克/工时）	日增重（克）	羔羊断奶天数（日）	羔羊断奶体重（千克/只）	单位产肉量所需总成本（美元/100千克）
中国	0.87	2.15	173.50	90	19.00	300.50
德国	1.14	6.80	338.00	148	34.00	887.50
英国	1.41	12.30	226.33	120	31.00	440.67
爱尔兰	1.39	15.75	318.00	100	36.00	346.50
澳大利亚	0.99	26.77	253.50	120	35.50	290.33

续表

国家	每只母羊年生产断奶羔羊数（只）	物质劳动生产率（千克/工时）	日增重（克）	羔羊断奶天数（日）	羔羊断奶体重（千克/只）	单位产肉量所需总成本（美元/100千克）
阿尔及利亚	1.08	6.20	329.00	60	24.00	531.00
约旦	0.93	0.65	147.50	90	17.50	1 283.00
南非	0.91	3.83	209.67	127	30.67	270.33

资料来源：根据德国杜能研究所欧盟农业基准（Agri benchmark）数据库（http：//www.agribenchmark.org/home.html）整理。

5.2 代表性国家畜牧业经济效率的实证分析——以肉牛为例

本部分将首先对研究区域和典型农场分布的基本情况进行描述与统计，以了解各代表性国家肉牛生产的基本情况。其次，运用超越对数随机前沿函数模型对不同国家肉牛生产的经济效率进行测度、分析和比较，运用 SFA – Malmquist 指数对不同国家肉牛全要素生产率变动进行探究，剖析其增长的内在来源，估量中国肉牛生产经济效率在世界中的相对水平。最后，基于数据可获得性，从产业与政策环境、生产管理特征和养殖场特征三个方面探究影响肉牛生产技术效率和配置效率的因素。

5.2.1 研究区域与数据说明

（1）研究区域

根据数据的典型代表性和可获得性，本章选择 12 个肉牛代表性国家的农牧业大省（州、区）、肉牛饲养区或贸易区中心的典型养殖场作为研究对象，各代表性国家的典型农场具体分布如表 5 –4 所示。

表 5 –4　　各代表性国家典型农场分布

国别	区域	典型养殖场
中国	黑龙江省、河北省	CN_0_300、CN_0_940
美国	堪萨斯州、新墨西哥州	US_0_7200、US_0_75000
阿根廷	布宜诺斯艾利斯、科连特斯、科尔多瓦	AR_850_380、AR_1100A_800、AR_800_630、AR_0_26000
巴西	马托格罗索州	BR_170_60、BR_0_500、BR_0_800、BR_0_300
德国	巴伐利亚、北莱茵—威斯特法伦州、石勒苏益格—荷尔斯泰因州、莱茵兰—普法尔茨州	DE_0_260、DE_0_280、DE_0_285、DE_0_525000
法国	卢瓦尔河地区、利木赞	FR_80A_70、FR_80B_60、FR_0_200
西班牙	卡斯蒂利亚—莱昂、科尔多瓦地区	ES_180_490、ES_0_7300、ES_0_430、ES_0_820
意大利	艾米利亚—罗马涅、威尼托大区	IT_0_910、IT_0_266000
澳大利亚	维多利亚州西部、新南威尔士州	AU_0_310、AU_0_15000、AU_150_350、AU_280_900
哥伦比亚	马格达莱纳、乌拉巴	CO_400_130、CO_0_520000、CO_0_800、CO_0_160、CO_220_350
印度尼西亚	龙目岛、爪哇岛、南苏拉威西省	ID_0_420、ID_0_400、ID_0_1000
南非	豪登省、夸祖鲁纳塔尔省	ZA_0_3000、ZA_0_75000

注：表中典型养殖场名称中前面字母为国家简写。

下面简要介绍研究区域概况。

中国的黑龙江省和河北省。黑龙江省是中国肉牛东北优势产区省份之一，样本区地形主要为平原，属于潮湿的亚热带中纬度气候，海拔（高于海平面）介于 173 ~205 米，年均降水量为 465 毫米，降水量集中在 6 ~8 月，年度平均气温为 3℃ ~7℃，生长季节主要在 5 ~9 月。河北省属于肉牛中原优势产区，以丘陵地形和暖温带半湿润大陆型季风性气候为主，海拔在距离海平面 200 米左右，降水主要集中在夏季，每年 4 ~ 11 月为主要生长季节，年均降水量在 700 毫米左右，年平均气温为 19℃。

美国的堪萨斯州和新墨西哥州。堪萨斯州位于美国正中部，是美国重要的农牧业州，州民人均肉牛占有数量达 3 头，该州属温带大陆性气候，样本区地形主要为平原，海拔在 575 ~ 930 米，3 ~ 10 月为降水高峰期，年均降水量在 690 毫米。新墨西哥州处于美国西南部，牧场广布全州，以饲养牛、羊为主，气候较干燥，样本区为典型的沙漠气候，地形主要为丘陵，海拔在 1 500 米，年降水量 390 毫米，主要集中在 5 ~ 9 月，4 ~ 10 月为主要生长时期，年平均气温在 13℃左右。

阿根廷的布宜诺斯艾利斯、科连特斯和科尔多瓦。布宜诺斯艾利斯是阿根廷的首都、第一大城市，是重要的牛肉输出区，地形主要为平原，气候特征属于亚热带季风性气候，年降水量在 900 ~ 1 000 毫米，集中在 10 月至次年 4 月，和生长季节基本同期，年均温度 16℃。科连特斯位于阿根廷东北区域，经济以农牧林业为主，气候特征是潮湿的亚热带中纬度气候，海拔在 100 米左右，年均降水量在 1 300 毫米，集中在每年 9 月到次年 4 月，年均气温在 20℃左右。科尔多瓦位于阿根廷中部，畜牧业发达，属于潮湿的大陆性中纬度气候，降水量在 900 毫米左右，年均气温大约为 15℃。

巴西的马托格罗索州。巴西的典型农场主要分布在马托格罗索州，该州处于巴西西部，肉牛产业为本地区的支柱产业，气候类型属热带湿热气候，样本区海拔在 149 米左右，年均温度 24℃，年均降水量 1 400 毫米，主要集中在夏季。

德国的北莱茵—威斯特法伦州、巴伐利亚州、莱茵兰—普法尔茨州和石勒苏益格—荷尔斯泰因州。巴伐利亚州是德国面积最大的州，位于德国东南部，属温带大陆性气候，样本区海拔 470 米，年均降水量 700 毫米，集中在 6 ~ 7 月，年均气温 8℃，4 ~ 10 月为主要生长季节。北莱茵—威斯特法伦州位于德国西部，该州北部是农业和畜牧业的中心，温带海洋性气候特征明显，海拔在 45 米左右，年均降水量在 740 毫米左右，集中在 6 ~

7 月，年均气温 8℃ ~9℃。石勒苏益格—荷尔斯泰因州位于德国最北部，农业人口比重较高，地形为平原，年均降水量 840 毫米，平均气温 6℃ ~9℃，主要生长季节在 4 ~10 月，6 ~7 月为降水集中期。莱茵兰—普法尔茨州是重要的农业区，饲养牛、羊，发展乳酪业，地形为低山，温带海洋性气候，降水量充足，年均降水 1 000 毫米，集中在 6 ~7 月。

法国的卢瓦尔河和利木赞地区。卢瓦尔河地区位于法国西部，样本区地形为平原，属于温带海洋性气候，海拔 100 ~200 米左右，年均降水 750 毫米。利木赞位于法国中部，是利木赞牛的发源地，样本区地形为丘陵，温带海洋性气候，海拔 300 ~600 米，降水量充足，年均降水 1 000 毫米，9 ~11 月为降水集中期，年均温度 11℃。

西班牙的卡斯蒂利亚—莱昂和科尔多瓦。卡斯蒂利亚—莱昂位于西班牙西北部，是主要的养牛业集中区，温带海洋性气候，年均降水 800 毫米，集中在 11 月至次年 2 月，生长季主要在 3 ~6 月，年均温度在 3℃ ~12℃。科尔多瓦位于西班牙南部，是该国重要的农产品集散地，地形以山脉为主，海拔 550 米，属地中海型亚热带气候，降水集中在 11 月至次年 2 月，年均温度 6℃ ~17℃。

意大利的艾米利亚—罗马涅和威尼托大区。艾米利亚—罗马涅是意大利北部的大区之一，农牧业发达，样本区地形主要为平原，海拔 110 米左右，属于亚热带地中海型气候，春季和秋季为降水集中期，全年平均降水量在 740 毫米左右，年均气温 13℃，3 ~6 月为主要生长季节。威尼托大区是意大利东北部的农牧业发达区，地貌特征完整，样本区地形主要以平原为主，海拔在 150 米左右，属于亚热带地中海型气候，春季和秋季为雨季，年均降水 800 毫米。

澳大利亚的维多利亚州和新南威尔士州。维多利亚州是澳大利亚东南沿海州，是农牧业最发达的一个州，该州西部是广袤的草原和丘陵，牛羊肉出口占全国的比重较大，样本区地形主要为丘陵和平地，气候类型为地中海气候，海拔在 400 米左右，5 ~8 月为雨季，全年降水量在 650 毫米左右，温度在2℃～12℃。新南威尔士州具有较强的农牧业基础和天然的农牧业优势，是澳大利亚的经济强州，样本区海拔270米，位于该州西北部，地形主要为平原，温带型气候特征，2～4月为降水高峰期，年均降水量625毫米，年均气温15℃，9月至次年3月为主要生长季节。

印度尼西亚的龙目岛、爪哇岛、南苏拉威西省。龙目岛位于印度尼西亚西南部，农业是该地区最主要的经济部门，地势为平原或高地，属于高海拔地区，平均海拔为3 700米，年平均气温也较高，为26℃，平均降水为1 400毫米。爪哇岛是印尼首都雅加达所在岛屿，2/3的土地用于农业，牲畜饲养以牛为主，属热带雨林气候。海拔500米，全年潮湿多雨，平均降水量1 500毫米，年均气温29℃，降水全年集中分布。南苏拉威西省同样全年高温多雨，热带雨林气候，年均降水量为1 200毫米，平均气温在29.5℃，农业大省，种植业、畜牧渔业发达。

哥伦比亚的马格达莱纳和乌伊拉。马格达莱纳是位于哥伦比亚北部的省份，肉牛存栏占全国首位，该省南部是热带草原，用于牲畜放牧，属热带草原气候，全年高温，平均降水量在700～1 000毫米。乌伊拉位于哥伦比亚西南部，样本区属于热带草原气候，是传统的畜牧区，以养牛为主，全年平均降水量在2 000毫米左右。

南非的豪登省和夸祖鲁纳塔尔省。豪登省是南非人口最稠密的省份，农业用于满足本省的肉蛋奶和蔬菜水果供应，地势为平原，海拔1 190米，气候干燥，平均气温在8℃～18℃，主要生长季节平均降水量为422毫米。夸祖鲁纳塔尔省位于南非东部，亚热带气候，降水集中在夏季，样本区地势为山地，海拔1 100米，年平均降水890毫米。

综上可见，代表农场均处于各肉牛生产国家的农牧业大省（州、区）和主要肉牛饲养区，具有典型代表性。

（2）数据说明

本部分研究数据来源为研究团队长期参与和共享的德国杜能研究所欧

盟农业基准（Agri benchmark）国际标准数据库。此数据库使用国际标准化方法，按照标准操作规则SOP（standard operating procedure）记录各国或地区典型农场的相关数据，是国际农业基准数据库之一，由来自世界30多个国家的农业经济学家、顾问、农业生产者和农业产业价值链核心部门专家组成，是全球性的、非营利性的共享数据库，具有较好的国际可比性。各国大学、权威研究机构、农民协会和政府作为重要的战略伙伴共同确定调查项目指标并进行数据统计与应用。数据库包括整个农场的经济情况（收入结构、成本构成、盈利能力等）和生产系统（牲畜种类与数量和饲喂数据等）的基本信息，还包括农场特征、政府付款、企业贷款、价格、损益表等其他信息。本部分基于此数据库中12个肉牛代表性国家39个典型养殖场肉牛生产投入产出数据来进行国际比较和分析。为保证年际间具有更好的可比性，选择构建平衡面板数据，时间跨度为2010～2020年，共计429个样本数据。为消除纯价格影响，各国肉牛生产投入费用和价格均根据各国历年GDP平减指数进行调整，数据来源于联合国粮农组织数据库（FAO）。

5.2.2 研究方法与模型设定

5.2.2.1 研究方法

（1）随机前沿函数法

学界测度经济效率较为主要的两种方法是以数据包络分析（data envelopment analysis，DEA）为代表的非参数法和以随机前沿法（stochastic frontier approach，SFA）为代表的参数法。非参数法无须设定和建立生产函数，而是完全依赖生产数据进行数学线性规划式的求解，形成包络型生产前沿，不考虑测量误差以及其他统计噪声的干扰性，而是将所有偏离前沿的因素都归为生产技术无效处于中。与非参数法相比，参数法引入表示统计噪声的随机变量，具有解释噪声、可以进行假设检验的优势，该方法认为统计噪声既来自可能被忽略的与自变量相关的变量，也可能来源于测量误差以及函数形式设定带来的偏差。

考虑到农业生产比大多数工业具有更多的变量性质，更需要考虑不确定性以及外部冲击，随机前沿法将误差项分为管理误差和随机误差，并考虑进模型中，使得模型估计结果更为客观合理，更具有经济学意义上的弹性。结合肉牛产业自身特点来看，其生产过程中除了会受到周围环境、疫病冲击等的影响，还会受到不可控的自然灾害等的影响，这些因素都需要考虑进估计模型，才能使结果更为科学合理。如果效率测算事先预定的模型设定不出现偏误，那么随机前沿函数法在拟合的精准度、参数估计的可检验性以及存在经济弹性等方面都优于数据包络分析（宋浩楠等，2021）。因此，本书选择采用构建随机前沿函数的参数法来测度肉牛生产的经济效率，测度方法与原理在本书第二章的理论基础部分已阐述，这里不再赘述。

对于函数形式的选择，由于超越对数函数考虑了各投入要素之间相互作用对产出的影响，克服了 C－D 函数要素替代弹性为 1 的缺点，对于函数形式误设带来的误差可以进行有效修正。此外，C－D 函数的形式过于简单，自变量仅为投入价格和产出，并且假定规模报酬不变，这都可能无法有效估计真实的效率。而超越对数函数中包含投入产出的交互项，这符合肉牛产业规模报酬可变的现实情况，并且能够保证函数具有足够的经济弹性。因此，考虑柯布道格拉斯生产函数（C－D 函数）与超越对数生产函数（translog 函数）各自的特点，本书选择采用形式更为灵活的超越对数函数进行估计。构建的超越对数函数具体形式如下：

①超越对数生产函数：

$$\ln y_{it} = \beta_0 + \beta_1 \ln z_{it} + \beta_2 \ln f_{it} + \beta_3 \ln l_{it} + \beta_4 t + \frac{1}{2}\beta_5 t^2 + \frac{1}{2}\beta_6 (\ln z_{it})^2$$

$$+ \frac{1}{2}\beta_7 (\ln l_{it})^2 + \beta_8 \ln z_{it} \ln l_{it} + \beta_9 \ln z_{it} \ln f_{it} + \frac{1}{2}\beta_{10} (\ln f_{it})^2$$

$$+\beta_{11}\ln l_{it}\ln f_{it}+\beta_{12}t\ln z_{it}+\beta_{13}t\ln l_{it}+\beta_{14}t\ln f_{it}+\nu_{it}-\mu_{it} \quad (5-1)$$

其中，y_{it} 表示典型农场 i 在 t 时期的出栏肉牛头均胴体重，z_{it}为仔畜折价，f_{it}、l_{it}为典型农场 i 在 t 时期的饲草料投入和劳动力投入；β 为待估参数；v_{it}为统计噪声，包括测量误差和其他随机的不可控因素，服从期望为0、方差为 σ_v^2 的正态分布，与无效率项 μ_{it}共同组成随机扰动项，μ_{it}服从期望为 m_{it}、方差为 σ_v^2 的截断正态分布。根据巴特斯等（Battese et al.，2004）的参数化方法，用 γ 表示非效率性在随机扰动项中所占的比例，令 $\gamma=\frac{\sigma_u^2}{\sigma_u^2+\sigma_v^2}$，$\gamma$ 的取值范围在0和1之间。γ 越接近于1，说明技术无效率项在误差中越重要，此时采用随机前沿模型更合适，反之，可采用普通最小二乘法进行估计。技术非效率效应方程为：

$$\mu_{it}=\delta_0+\sum\delta_i g_{it}+\varepsilon_{it} \quad (5-2)$$

其中，g_{it}包含影响效率因素的向量，δ 为相应的待估参数，认为无效率项是生产单元特定变量和随机误差的确定性函数。肉牛生产的技术效率等于实际观测的产出与前沿产出的比值，而实际产出与前沿产出使用了相同的投入要素数量，故两者的比值反映了肉牛实际生产的技术水平，肉牛养殖主体 i 在 t 时期的技术效率为 TE_{it}，表示为：

$$TE_{it}=\frac{E(y_{it}|u_{it},\ x_{it})}{E(y_{it}|u_{it}=0,\ x_{it})}=\exp(-\mu_{it}) \quad (5-3)$$

其中，式（5-3）分母为肉牛生产前沿技术效率，即不存在无效率项（$\mu_{it}=0$）；分子为肉牛养殖实际生产水平；μ_{it}为非负随机变量，即实际生产中，达到生产前沿的技术水平是个“理想”状态，故 TE_{it}取值在0与1之间。

②超越对数成本函数：

相对于市场规模，生产者的规模太小以至于必须接受给定的投入要素价格，即投入要素市场是完全竞争的。生产者的成本最小化表示为：

$$c(\omega, y) = \min_{x} \omega x \tag{5-4}$$

其中，$\omega = (\omega_1, \omega_2, \cdots, \omega_n)'$，表示投入要素价格向量，等式右端表示"搜寻技术上可行的所有投入产出组合，找出生产产出向量 y 的成本最小的投入量"，这个成本值是随着投入要素价格和产出的变动而变动的。考虑基于两种生产要素 x_1 和 x_2 生产一种产出 y 的情形，且已知生产要素 x_1 、x_2 的市场价格为 ω_1 和 ω_2 ，成本最小化表示为：

$$c(\omega_1, \omega_2, y) = \min_{x_1, x_2}(\omega_1 x_1 + \omega_2 x_2) \tag{5-5}$$

实际成本为：

$$c = \omega_1 x_1 + \omega_2 x_2 \tag{5-6}$$

成本效率 CE 为最小成本与观测的实际成本的比值（Kumbhakar，1988），即：

$$CE = \min_{x_1, x_2} \frac{\omega_1 x_1 + \omega_2 x_2}{\omega_1 x_1 + \omega_2 x_2} \tag{5-7}$$

如在图 5-1 中，GG'为等成本线，$F(y)$ 为等产量线。生产者在 A 点进行生产，两种要素的投入量为 x_{11} 、x_{12} ，实际生产成本为 $\omega_1 x_{11} + \omega_2 x_{21}$ ，最小成本为 $\omega_1 x_{13} + \omega_2 x_{23}$ ，从而生产的成本效率为：

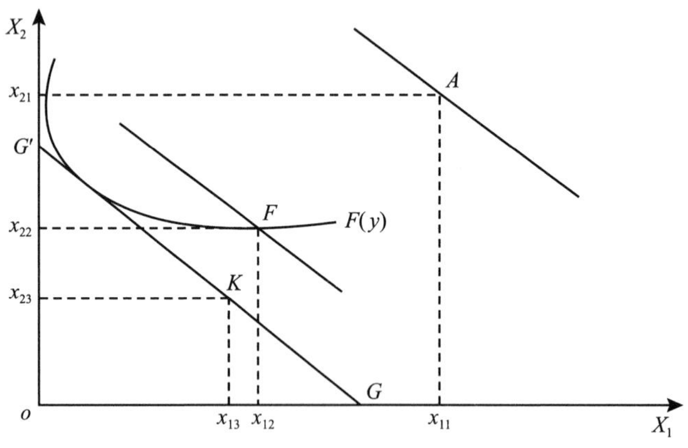

图 5-1　成本效率示意图

资料来源：蒂莫西·J. 科埃利等著. 王忠玉译. 效率与生产率分析引论（第二版）[M]. 北京：中国人民大学出版社，2008.

$$CE_A = \frac{\omega_1 x_{13} + \omega_2 x_{23}}{\omega_1 x_{11} + \omega_2 x_{21}} \tag{5-8}$$

而从图5-1中不难看出，在成本前沿下的生产技术效率为：

$$CTE_A = \frac{\omega_1 x_{12} + \omega_2 x_{22}}{\omega_1 x_{11} + \omega_2 x_{21}} \tag{5-9}$$

成本前沿下的配置效率为：

$$CAE_A = \frac{\omega_1 x_{13} + \omega_2 x_{23}}{\omega_1 x_{12} + \omega_2 x_{22}} \tag{5-10}$$

进一步地，对成本效率进行分解和公式变换：

$$\begin{aligned} CE_A &= \frac{\omega_1 x_{13} + \omega_2 x_{23}}{\omega_1 x_{11} + \omega_2 x_{21}} \\ &= \left(\frac{\omega_1 x_{13} + \omega_2 x_{23}}{\omega_1 x_{11} + \omega_2 x_{21}}\right) \times \left(\frac{\omega_1 x_{12} + \omega_2 x_{22}}{\omega_1 x_{12} + \omega_2 x_{22}}\right) \\ &= \left(\frac{\omega_1 x_{12} + \omega_2 x_{22}}{\omega_1 x_{11} + \omega_2 x_{21}}\right) \times \left(\frac{\omega_1 x_{13} + \omega_2 x_{23}}{\omega_1 x_{12} + \omega_2 x_{22}}\right) \\ &= CTE_A \times CAE_A \end{aligned} \tag{5-11}$$

本书基于随机前沿函数理论，构建多投入单产出的肉牛生产成本前沿，表示为：

$$c_i \geqslant C(\omega_{1i}, \omega_{2i}, \cdots, \omega_{ni}, q_{1i}, q_{2i}, \cdots, q_{mi}) \tag{5-12}$$

其中，c_i 表示肉牛生产主体的实际观测成本，ω_{ni} 表示 n 种投入的价格，q_{mi} 表示 m 种产出，公式右边表示当肉牛生产面对要素价格 ω_{1i}，ω_{2i}，…，ω_{ni} 产出为 q_{1i}，q_{2i}，…，q_{mi} 的最小生产成本，该式说明肉牛生产的实际观测成本大于或等于最小成本。由式（5-7）可知，肉牛生产主体的成本效率为最小生产成本与实际观测生产成本的比值，可以表示为：

$$CE_i = \frac{C(w_{1i}, w_{2i}, \cdots, w_{ni}, q_{1i}, q_{2i}, \cdots, q_{mi})}{C(w_{1i}, w_{2i}, \cdots, w_{ni}, q_{1i}, q_{2i}, \cdots, q_{mi})} = 1 \tag{5-13}$$

考虑到肉牛生产实际还会受到外界不可控因素干扰，因此在考虑不可测影响因素的情况下，实际成本可以进一步表示为：

$$c_i \geqslant C(\omega_{1i}, \omega_{2i}, \cdots, \omega_{ni}, q_{1i}, q_{2i}, \cdots, q_{mi}) \times \exp(v_i) \quad (5-14)$$

其中，$\exp(v_i)$ 即为不可控随机影响因素，$C(\omega_{1i}, \omega_{2i}, \cdots, \omega_{ni}, q_{1i}, q_{2i}, \cdots, q_{mi}) \times \exp(v_i)$ 表示由于随机影响因素导致的肉牛生产的差异，v_i 表示误差和统计噪声的对称随机变量，并假定服从正态分布 $N \sim (0, \sigma_v^2)$。则肉牛生产的成本效率可进一步表示为：

$$CE_i = \frac{C(\omega_{1i}, \omega_{2i}, \cdots, \omega_{ni}, q_{1i}, q_{2i}, \cdots, q_{mi}) \times \exp(v_i)}{C_i} \quad (5-15)$$

基于超越对数成本函数表达式为：

$$\ln c_{it} = \alpha_0 + \alpha_1 \ln q_{it} + \frac{1}{2}\alpha_2(\ln q_{it})^2 + \sum_{i=1}^{n}\beta_j \ln\omega_{ijt} + \frac{1}{2}\sum_{j=1}^{n}\eta_j(\ln\omega_{ijt})^2 + \frac{1}{2}\sum_{j=1}^{n}\sum_{k=1}^{n}\lambda_{jk}\ln\omega_{ijt}\ln\omega_{ikt} + \sum_{j=1}^{n}\theta_j \ln q_{it}\ln\omega_{ijt} + \alpha_3 t + \frac{1}{2}\alpha_4 t^2 + \nu_{it} + \mu_{it} \quad (5-16)$$

其中，c_{it} 表示第 i 个典型农场在 t 时期的肉牛生产的总成本；q_{it} 为第 i 个典型农场 t 时期单位肉牛产出；ω_{jit} 为第 i 个典型农场 t 时期肉牛生产投入第 j 个要素的价格，t 表示时间趋势，表示技术变化；α、β、η、λ 和 θ 为待估参数；v_{it}是随机误差项，服从期望为 0、方差为 σ_v^2 的正态分布。

u_{it}表示为无效性非负变量，函数满足 $\sum_{i=1}^{n}\beta_j = 1$；$\sum_{i=1}^{n}\lambda_{jk} = 0$；$\sum_{i=1}^{n}\theta_{jk} = 0$，即满足要素的线性齐次性和交叉项的对称性，并且该函数是非递减且凹的。那么超越对数成本函数可进一步简化为：

$$\ln\left(\frac{Rc_i}{\omega n_i}\right) = \alpha_0 + \sum_{i=1}^{n}\beta_j \ln\left(\frac{\omega_{ijt}}{\omega n_i}\right) + \alpha_1 \ln q_{it} + \frac{1}{2}\alpha_2(\ln q_{it})^2 + \frac{1}{2}\sum_{j=1}^{n}\sum_{k=1}^{n}\lambda_{jk}\ln\left(\frac{\omega_{ijt}}{\omega n_i}\right)\ln\left(\frac{\omega_{ikt}}{\omega n_i}\right) + \sum_{j=1}^{n}\theta_j \ln q_{it}\ln\left(\frac{\omega_{ijt}}{\omega n_i}\right) + \alpha_3 t + \frac{1}{2}\alpha_4 t^2 + \nu_{it} + \mu_{it} \quad (5-17)$$

根据 v_{it}和 u_{it}分布的原理，采用极大似然函数，按照 SFA 计算成本效率的原理，则样本的成本效率表示为：

$$CE_i = \frac{C_i}{RC_i} = \exp(\ln C_i - \ln RC_i) \tag{5-18}$$

根据式（5－11）推导的成本效率分解方法，有：

$$CTE_i = \exp\left(\frac{-u_i}{r}\right)$$

$$CAE_i = \exp(\ln r - A_i)$$

$$A_i = \frac{1}{r}\sum \beta_n \eta_{ni} + \ln[\beta_1 + \sum \beta_n \exp(-\eta_{ni})] \tag{5-19}$$

其中，$\frac{-u_i}{r}$ 表示在成本前沿下技术无效率项引起的对数成本增加，而 $\ln r - A_i$ 表示配置无效性导致的成本增加，通过 SFA 方法将 u 和 η 的预测值代入上式得到配置效率 CAE 的估计值。

（2）SFA－Malmquist 指数

本书引入马姆奎斯特全要素生产率指数（Malmquist TFP index）与随机前沿方法相结合，构建 SFA－Malmquist 指数来探究肉牛 TFP 增长及其内在来源。

Malmquist 指数由卡夫等（Caves et al.，1982）提出，用来测量生产或产业层面的全要素生产率水平，也用来比较同一时点两个生产决策单元（DMU）全要素生产率的差异。设有 K 个 DMU，在 t 时期的投入向量为 $x^{k,t} = (x_1^{k,t}, x_2^{k,t}, \cdots, x_N^{k,t}) \in \boldsymbol{R}_+^N$，产出向量为 $y^{k,t} = (y_1^{k,t}, y_2^{k,t}, \cdots, y_M^{k,t}) \in \boldsymbol{R}_+^M$。根据卡夫等（Caves et al.，1982）和费雷等（Färe，1994）的研究，在规模报酬不变的假设下，为避免参考区间选择的任意性，t 到 $t+1$ 期变动的投入角度的 Malmquist 生产率指数采用两期的几何平均值表示：

$$\begin{aligned} & M_i^k(x^{k,t+1}, y^{k,t+1}, x^{k,t}, y^{k,t}) \\ &= \frac{D_i^{k,t+1}(x^{k,t+1}, y^{k,t+1})}{D_i^{k,t}(x^{k,t}, y^{k,t})} \times \left[\frac{D_i^{k,t}(x^{k,t+1}, y^{k,t+1})}{D_i^{k,t+1}(x^{k,t+1}, y^{k,t+1})} \times \frac{D_i^{k,t}(x^{k,t}, y^{k,t})}{D_i^{k,t+1}(x^{k,t}, y^{k,t})}\right]^{1/2} \\ &= EFFCH_i^k \times TECH_i^k \end{aligned} \tag{5-20}$$

其中，$EFFCH_i^k$ 为技术效率变动，指在全要素生产率变化中，生产技术的有效性的变化，被称作 $t+1$ 时期对 t 时期的相对技术效率变化，也叫追赶效应，两个时期技术效率的变化（增长或下降）对全要素生产率的变动产生影响。$TECH_i^k$ 为技术变化指数，表示生产前沿面的移动，即 $t+1$ 时期较 t 时期技术有效生产前沿面的移动对全要素生产率变化的影响。

根据前面阐述，第 i 个 DMU 在 t 时期的技术效率值表示为：

$$EFF_i^t = \frac{\exp[y_{it} | \mu_{it}, x_{it}]}{\exp[y_{it} | \mu_{it} = 0, x_{it}]} = \exp(-\mu_{it}) \tag{5-21}$$

即 t 时期实际产出的期望值与该时期不存在技术无效率即完全技术有效时的前沿产出期望值之比，其范围在 0 和 1 之间。进一步地，技术效率变化可由两期之比计算得出，表示为：

$$EFFCH_i^t = \frac{EFF_i^{t+1}}{EFF_i^t} \tag{5-22}$$

技术变化通过对前述随机前沿生产函数即式（5-1）对时间 t 求导所得，而考虑到技术变化随着投入向量的变动而有所变动，对应的第 i 个 DMU 从 t 到 $t+1$ 期的技术变化，采取相邻两期的技术变化值的几何平均值表示：

$$TECH_i^{t,t+1} = \left[\left(1 + \frac{\partial f(x_{it}, t; \beta)}{\partial t}\right) \times \left(1 + \frac{\partial f(x_{i(t+1)}, t+1; \beta)}{\partial (t+1)}\right)\right]^{1/2} \tag{5-23}$$

（3）Tobit 模型

由于测出的肉牛生产技术效率和配置效率值属于归并数据，当其作为被解释变量时，若采用普通最小二乘法估计会导致有偏，为进一步探究影响不同国家典型农场肉牛生产技术效率和配置效率的因素，采用可以较好解决受限因变量回归问题的 Tobit 模型（Tobin，1958）。Tobit 基本模型设定如下：

$$y_{it}^{*} = x_{it}\gamma + \varepsilon_{it}$$

$$\begin{cases} y_{it} = y_{it}^{*}, & if \quad y_{it}^{*} > 0 \\ y_{it} = 0, & if \quad y_{it}^{*} \leqslant 0 \end{cases} \tag{5-24}$$

其中，y_{it}^{*} 为潜变量，y_{it} 为观测到的因变量，x_{it} 为自变量，γ 为自变量系数，ε_{it} 为随机扰动项。

（4）SURE 模型

由于本书在对肉牛生产经济效率的影响因素分析时，需要分别对技术效率和配置效率构建研究模型，可能存在各方程扰动项之间存在相关性的情况，若采用传统的 OLS 回归会得到有偏估计，而似不相关回归（seemingly unrelated regression estimation，SURE）能够有效解决联立性偏误，控制方程扰动项之间的相关性，故对肉牛生产经济效率进行回归时，选择采用 SURE 模型进行回归估计。

SURE 模型的设定如下：假设共有 k 个被解释变量，需要构建 k 个方程，每个方程有 T 个观测值，$T > k$。在第 i 个方程中，共有 m_i 个解释变量，第 i 个方程可以写为：

$$\underbrace{y_i}_{T\times1} = \underbrace{X_i}_{T\times m_i}\underbrace{\beta_i}_{m_i\times1} + \underbrace{\varepsilon_i}_{T\times1} \quad (i = 1, 2, \cdots, k) \tag{5-25}$$

将 k 个方程叠放在一起可得：

$$y \equiv \underbrace{\begin{pmatrix} y_1 \\ y_2 \\ \cdots \\ y_k \end{pmatrix}}_{kT\times1} = \underbrace{\begin{pmatrix} X_1 & 0 & \cdots & 0 \\ 0 & X_1 & \cdots & 0 \\ \vdots & \vdots & & \vdots \\ 0 & 0 & \cdots & X_k \end{pmatrix}}_{kT\times\sum_{i=1}^{k} m_i} \underbrace{\begin{pmatrix} \beta_1 \\ \beta_2 \\ \vdots \\ \beta_k \end{pmatrix}}_{\sum_{i=1}^{k} m_i\times1} + \underbrace{\begin{pmatrix} \varepsilon_1 \\ \varepsilon_2 \\ \vdots \\ \varepsilon_k \end{pmatrix}}_{kT\times1} \equiv X\beta + \varepsilon \tag{5-26}$$

ε 的协方差矩阵为：

$$\Omega = Var\begin{pmatrix}\varepsilon_1 \\ \varepsilon_2 \\ \vdots \\ \varepsilon_k\end{pmatrix} = E\begin{pmatrix}\varepsilon_1 \\ \varepsilon_2 \\ \vdots \\ \varepsilon_k\end{pmatrix}(\varepsilon'_1\varepsilon'_2\cdots\varepsilon'_n)$$

$$= E\begin{pmatrix}\varepsilon_1\varepsilon'_1 & \varepsilon_1\varepsilon'_2 & \cdots & \varepsilon_1\varepsilon'_k \\ \varepsilon_2\varepsilon'_1 & \varepsilon_2\varepsilon'_2 & \cdots & \varepsilon_2\varepsilon'_k \\ \vdots & \vdots & & \vdots \\ \varepsilon_k\varepsilon'_1 & \varepsilon_k\varepsilon'_2 & \cdots & \varepsilon_k\varepsilon'_k\end{pmatrix}_{kT\times kT} \tag{5-27}$$

假设同一方程不同期的扰动项不存在自相关，且方差也相同，记第 i 个方程的方差为 σ_{ii}，则协方差阵 Ω 中主对角线上的第（i, i）个矩阵为：$E(\varepsilon_i\varepsilon'_i) = \sigma_{ii}I_T$；假设不同方程的扰动项之间存在同期相关，则有 $E(\varepsilon_{it}\varepsilon_{js}) = \begin{cases}\sigma_{ij}, & t = s \\ 0, & t \neq s\end{cases}$，则协方差 Ω 中的（i, j）个矩阵（$i \neq j$）为 $E(\varepsilon_i\varepsilon'_j) = \sigma_{ij}I_T$。

5.2.2.2 变量选择

本书兼顾肉牛生产实践和数据的可获得性，并参考已有研究（杨春等，2013；Banaeian，2011；Maristela et al.，2021），选取的投入产出变量如下。

①产出指标为头均肉牛胴体重。已有研究主要选择出栏肉牛头均收入、头均活重或主产品产量作为产出指标，国际肉牛成本收益分类标准中各项投入成本均以每100千克胴体重为标准衡量单位，因此本书产出指标选择出栏肉牛的头均胴体重作为产出指标。

②投入变量尽量选取实物量，根据肉牛生产实际，并结合国际肉牛成本分类标准，选择肉牛生产三项关键投入，分别为仔畜折价、饲草料费用和劳动力投入。其中，劳动力投入为家庭用工投入和雇工投入之和；对应的投入要素价格分别为仔畜价格、饲草料价格和劳动力价格。测度经济效率的变量相关统计描述如表5－5所示。

表5-5　　随机前沿模型变量指标的描述性统计

指标	变量	平均值	标准差	最小值	最大值	样本量
产出指标	肉牛胴体重（千克/头）	305.78	89.77	120.15	446.40	429
投入指标	仔畜折价（元/头）	4 058.77	2 520.15	506.76	10 261.82	429
	饲草料费用（元/头）	1 436.43	1 202.86	100.39	4 730.99	429
	劳动力投入（小时/头）	11 871.89	17 085.52	1 557.6	18 667	429
投入要素价格指标	仔畜价格（元/千克）	20.52	11.15	4.33	52.44	429
	饲草料价格（元/千克）	4.27	3.31	0.15	15.04	429
	劳动力价格（元/小时）	74.55	49.06	0.13	199.25	429

资料来源：根据德国杜能研究所欧盟农业基准（Agri benchmark）数据整理所得。

5.2.2.3　模型设定检验

本书采用的随机前沿分析法预先设定了函数形式，因此需要检验所使用的方法和指定的函数是否有效贴近生产过程。具体检验过程有五步。

①确定是否存在无效率项，即随机前沿模型的适用性检验。该过程通过计算非效率性在随机扰动项中所占的比例的 γ 值来检验，若 γ 值为0，表示模型不存在无效率项，直接采用OLS估计即可。

②生产函数形式的检验，即本书设定超越对数生产函数是否合理。具体到函数形式中即为各变量的二次项以及交互项系数是否为0。

③检验是否存在技术变化。具体到函数形式中为检验所有含时间变量 t 的各项系数是否为0。

④技术非中性检验。如果在第③步中接受模型不存在技术变化的原假设，就不需要对此过程检验；若通过③检验，则检验技术变化与投入要素是否无关。

⑤技术效率时变性检验，检验技术效率是否随时间变化。首先采用FRONTIER4.1软件对估计方法和函数模型进行适用性检验，检验结果和估计结果见表5-6和表5-7。

表 5-6　　随机前沿生产函数模型参数估计结果

变量类型	变量	参数	模型（1）	模型（2）	模型（3）	模型（4）	模型（5）
投入产出变量	$\ln z_{it}$	β_1	0.338** (0.174)	0.994*** (0.002)	0.278* (0.159)	0.125 (0.185)	-0.321 (0.222)
	$\ln f_{it}$	β_2	0.042 (0.046)	0.086*** (0.010)	0.052** (0.041)	0.034 (0.051)	-0.020 (0.022)
	$\ln l_{it}$	β_3	0.412*** (0.075)	0.030*** (0.006)	0.352*** (0.077)	0.375*** (0.107)	-0.584*** (0.124)
	t	β_4	-0.008*** (0.024)	0.001 (0.001)		-0.015*** (0.005)	-0.020 (0.015)
	$\frac{1}{2}t^2$	β_5	0.003*** (0.001)			0.003*** (0.001)	0.002** (0.001)
	$\frac{1}{2}(\ln z_{it})^2$	β_6	0.003 (0.021)		0.002 (0.018)	0.025* (0.015)	-0.010 (0.037)
	$\frac{1}{2}(\ln f_{it})^2$	β_7	0.008*** (0.003)		0.006** (0.003)	0.008*** (0.002)	0.013*** (0.002)
	$\ln z_{it} \times \ln f_{it}$	β_8	-0.006 (0.008)		-0.027*** (0.003)	-0.005 (0.007)	0.001 (0.003)
	$\ln z_{it} \times \ln l_{it}$	β_9	-0.024*** (0.012)		-0.008 (0.007)	-0.016 (0.016)	0.058*** (0.014)
	$\frac{1}{2}(\ln l_{it})^2$	β_{10}	-0.031*** (0.004)		-0.018 (0.012)	-0.032*** (0.003)	0.038*** (0.007)
	$\ln l \times \ln f_{it}$	β_{11}	0.001 (0.002)		0.001 (0.007)	-0.001*** (0.002)	0.002 (0.002)
	$t \times \ln z_{it}$	β_{12}	-0.003 (0.003)				-0.001 (0.002)
	$t \times \ln f_{it}$	$\beta 13$	0.001 (0.001)				0.001 (0.001)
	$t \times \ln l_{it}$	$\beta 14$	-0.001 (0.001)				0.002** (0.001)
	常数项	β_{it}	2.655*** (0.776)	5.245*** (0.093)	3.141*** (0.766)	3.503*** (0.986)	8.805*** (0.989)

续表

变量类型	变量	参数	模型(1)	模型(2)	模型(3)	模型(4)	模型(5)
投入产出变量	γ	0.993 *** (0.004)	0.272 *** (0.032)	0.991 *** (0.006)	0.919 *** (0.006)	0.565 *** (0.126)	
	llf	263.434	246.791	212.612	215.395	251.004	

注：括号里为标准误；*、**、*** 分别表示 1%、5%、10% 的水平上显著。

资料来源：采用 FRONTIER4.1 软件对估计方法和函数模型进行适用性检验结果整理所得。

由检验①可知，广义似然比检验（LR）值明显大于 13.40 的临界值，即以 5% 的水平上显著拒绝了 $\gamma=0$ 的原假设，说明无效率性存在，即存在技术效率损失，随机前沿法适用；检验②的广义似然比检验（LR）值大于 13.40，说明超越对数生产函数形式适用于测度不同国家肉牛生产的技术效率，即拒绝二次项和交互项均为 0 的原假设；检验③结果说明样本期内，不同国家肉牛生产存在技术变化；检验④说明存在希克斯技术非中性，即肉牛生产的技术进步与要素投入有关；检验⑤结果显示样本期内，技术效率随时间变化（见表 5-7）。

表 5-7　　模型设定识别检验结果

检验	原假设	L(H_0)	LR	自由度 k	$\chi^2_{1-0.05}(k)$
①	H_0：$\gamma=0$	263.434	374.486	7	13.40
②	H_0：$\beta_5=\beta_6=\beta_7=\beta_8=\beta_9=\beta_{10}=\beta_{11}=\beta_{12}=\beta_{13}=\beta_{14}=0$	246.791	16.643	7	13.40
③	H_0：$\beta_4=\beta_5=\beta_{12}=\beta_{13}=\beta_{14}=0$	212.612	50.822	7	13.40
④	H_0：$\beta_{12}=\beta_{13}=\beta_{14}=0$	215.395	48.039	7	13.40
⑤	H_0：$\eta=0$	251.004	12.43	3	7.05

资料来源：采用 FRONTIER4.1 软件对估计方法和函数模型进行适用性检验结果整理所得。

5.2.3 实证结果分析

（1）肉牛生产技术效率分析

基于随机前沿生产函数得到不同国家肉牛生产技术效率水平如表5－8所示。样本期内，世界代表性国家肉牛生产技术效率均值为0.772。德国肉牛生产技术效率水平最高（0.975），其次为美国（0.947）、意大利（0.933）和法国（0.918），这四个国家肉牛生产技术效率均在0.900以上，明显高于世界平均水平。相比之下，南非（0.641）和印度尼西亚（0.380）技术效率水平较低。中国肉牛生产技术效率处于国际偏低水平（0.705），样本期内与世界肉牛生产技术效率前沿存在29.46%的差距，仅为德国肉牛生产技术效率水平的72.31%、美国技术效率水平的74.45%，位于12个代表国家中的第9位，亟待进一步提升。

表5－8　代表性国家肉牛生产技术效率

国家	2010年	2012年	2014年	2016年	2018年	2019年	2020年	均值	排序
德国	0.973	0.958	0.984	0.979	0.977	0.977	0.981	0.975	1
美国	0.944	0.935	0.924	0.954	0.945	0.966	0.971	0.947	2
意大利	0.923	0.929	0.940	0.947	0.930	0.920	0.921	0.933	3
法国	0.911	0.902	0.924	0.920	0.920	0.917	0.919	0.918	4
澳大利亚	0.854	0.833	0.852	0.898	0.885	0.885	0.894	0.872	5
巴西	0.747	0.756	0.765	0.771	0.775	0.778	0.781	0.765	6
阿根廷	0.714	0.709	0.716	0.706	0.713	0.716	0.722	0.715	7
西班牙	0.776	0.732	0.736	0.668	0.691	0.697	0.700	0.711	8
中国	0.698	0.703	0.705	0.706	0.706	0.707	0.707	0.705	9
哥伦比亚	0.696	0.704	0.716	0.697	0.687	0.679	0.674	0.698	10
南非	0.637	0.650	0.677	0.648	0.624	0.620	0.617	0.641	11
印度尼西亚	0.382	0.389	0.383	0.377	0.373	0.370	0.375	0.380	12
均值	0.772	0.767	0.777	0.773	0.769	0.769	0.772	0.772	

资料来源：采用FRONTIER4.1软件对超越对数生产函数的随机前沿模型估计结果整理所得。

从技术效率的变动趋势来看（见图5－2），样本期内，德国、美国、巴西、澳大利亚和中国肉牛生产技术效率表现出一定的上升势态。其中，巴西上升趋势最为明显，近年巴西通过技术投入、管理水平的提升以及草场改良来提高肉牛生产力，牛肉产量增加较快（MLA，2020）。意大利、南非和哥伦比亚的技术效率水平呈明显的波动上升—下降趋势；西班牙和印度尼西亚整体呈下滑走向。

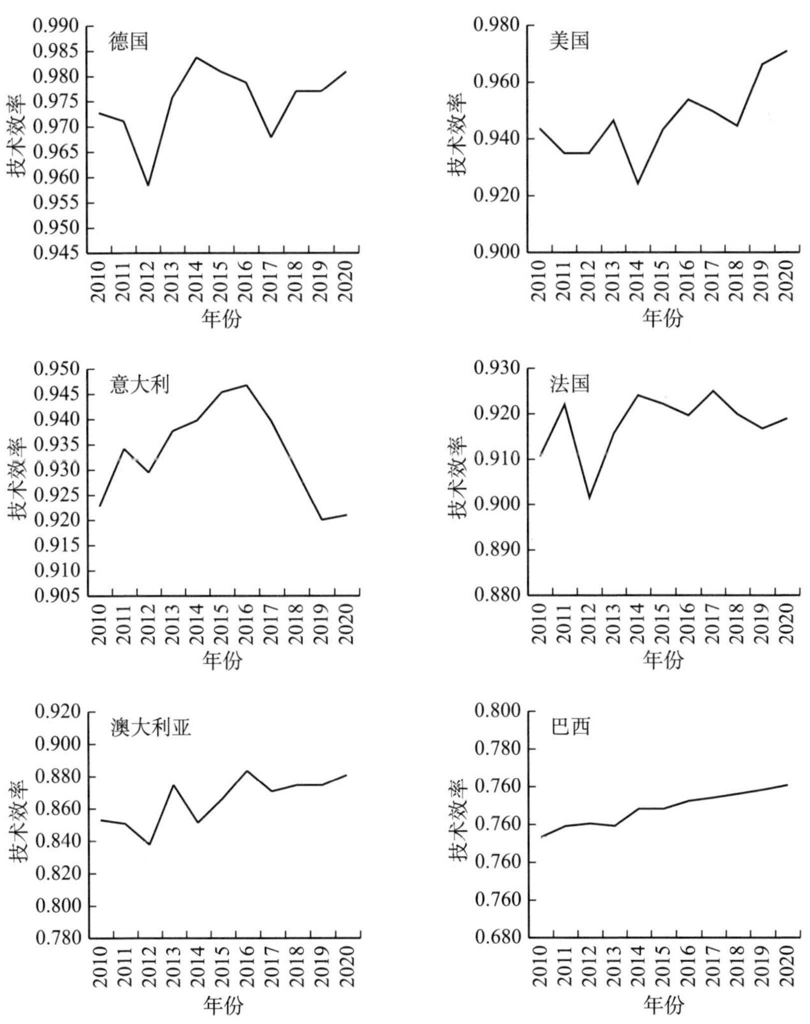

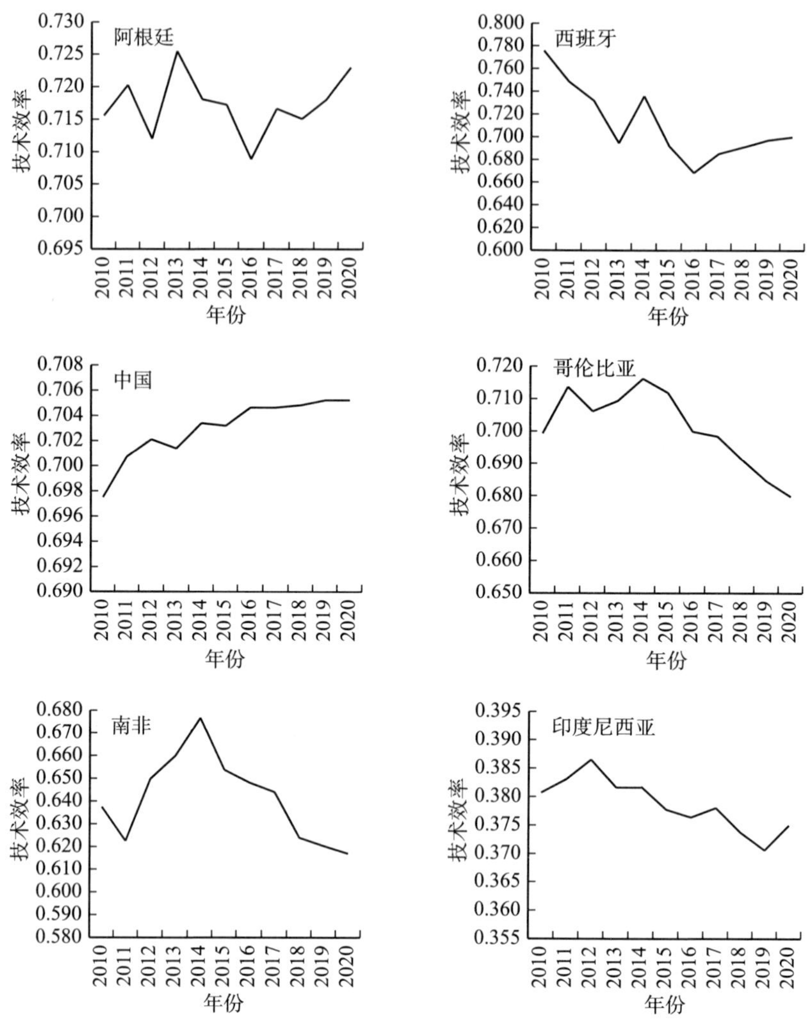

图 5-2　2010~2020 年代表性国家肉牛生产技术效率水平变动趋势

资料来源：采用 FRONTIER4.1 软件对超越对数生产函数的随机前沿模型估计结果整理所得。

具体而言，德国和美国技术效率水平上升幅度为 0.86% 和 2.90%。样本期内德国技术效率水平始终处于高位，上升空间已有限，增速不明显，而美国的技术效率以年均 0.30% 的速度在提升。澳大利亚技术效率水平上升但表现出波动变化，该国肉牛生产受气候变化影响较大，约

60%的肉牛产于热带和亚热带，21世纪初的干旱气候严重影响了南部地区的肉牛产业发展，直到2009年气候条件才有所改善。而广阔的北方牧场质量较差，只有不到5%的牧场得到改良和引进新的牧草品种，高强度的降雨和冲洗使土壤中的养分（尤其是氮）保持在较低水平，导致牧草的蛋白含量较低（Lean et al.，2021），一定程度上导致肉牛生产的波动。相较之下，中国肉牛生产技术效率水平整体呈小幅上升趋势，但增长速度较为缓慢，在样本期内技术效率水平上升趋势趋于平缓。

代表性国家中，德国的肉牛生产技术效率水平表现出较强的优势，主要受到资源禀赋、管理水平以及先进的生产体系的积极影响。

①养殖者素质方面。德国对肉牛生产者的专业化水平要求较高，“双轨制”的教育模式，重视培养兼具理论和技术的复合型人才，要求的“高门槛”推动形成高水平的生产者队伍，保证了肉牛生产的技术吸收、采纳和创新。相较之下，中国肉牛养殖者普遍文化水平较低，又主要以家庭分散经营为主，多数养殖主体仅接受过初中教育，对养殖技术的学习力和掌握力均较低。

②肉牛养殖比重和饲料基础方面。德国一半以上的农场以养畜为主，草食畜比例高，养牛业在畜牧业中所占比重最大，为59.40%（翟桂玉，2012）。而且德国55%的土地用于谷物生产（Li Xue et al.，2019），为肉牛饲养提供良好的饲料基础。虽然草原和农田的相对面积表明中国具有草食畜牧业发展的资源优势，但国内肉牛生产比重并不高，仅占畜牧业的10%左右。而且中国饲料粮种植面积仅为粮食种植面积的35%，近年为提升畜产品产量适应居民需求，对玉米等能量饲料和豆粕等蛋白质饲料的需求快速增长，导致饲料粮进口量大幅增长，玉米和大豆进口增长尤为突出，在饲料粮自给率方面的不足一定程度上影响肉牛生产技术效率的提升。

③政府扶持力度方面。德国对肉牛生产实行的针对性的畜禽种类补贴和生产经营性补贴等激励性政策支持了肉牛产业发展。而中国肉牛生产的激励政策较少，养殖主体的生产积极性调动多依赖于生产效益，在市场行

情下滑时，难以保证养殖主体的利益，容易导致其破产和退出。

④生物安全方面。德国严格控制生物安全，如2011年，针对牛的病毒性腹泻（BVD）传染病实施了强制性BVD控制计划，使流行率从约0.40%降至不到0.02%（Wernike et al.，2017），还具有覆盖全产业链的较健全的畜产品质量安全法律法规（刘俊辉等，2015）。中国近年也加强对畜禽疫苗等疫病防控措施的重视程度，但因肉牛养殖主体相对较分散，免疫工作难以“面面俱到”，生物安全体系仍需进一步建立和健全。综上，德国技术投入、政府的保护激励政策以及健全的法律体系均为提高肉牛生产技术效率创造条件，值得中国借鉴。

（2）肉牛生产配置效率分析

配置效率需要生产主体在投入要素市场价格既定下，来合理优化投入要素组合，进而减少成本来达到一定产出，是生产者追求经济利益最大化需要着重考虑的生产安排。基于随机前沿成本函数得到样本期内各代表性国家肉牛生产的配置效率如表5-9所示。

表5-9　代表性国家肉牛生产配置效率

国家	2010年	2012年	2014年	2016年	2018年	2019年	2020年	均值	排序
巴西	0.958	0.718	0.844	0.790	0.804	0.807	0.808	0.807	1
印度尼西亚	0.663	0.826	0.555	0.813	0.534	0.549	0.555	0.675	2
澳大利亚	0.838	0.851	0.356	0.532	0.487	0.711	0.696	0.660	3
阿根廷	0.845	0.656	0.658	0.678	0.518	0.660	0.599	0.644	4
美国	0.623	0.477	0.532	0.679	0.740	0.741	0.747	0.625	5
西班牙	0.410	0.385	0.661	0.713	0.618	0.619	0.611	0.534	7
哥伦比亚	0.632	0.736	0.427	0.580	0.402	0.404	0.406	0.531	6
南非	0.696	0.357	0.344	0.392	0.368	0.370	0.373	0.464	8
德国	0.459	0.388	0.435	0.471	0.441	0.440	0.445	0.436	9
意大利	0.443	0.392	0.457	0.418	0.425	0.421	0.420	0.421	10
中国	0.419	0.377	0.362	0.396	0.409	0.419	0.421	0.395	11

续表

国家	2010 年	2012 年	2014 年	2016 年	2018 年	2019 年	2020 年	均值	排序
法国	0. 386	0. 371	0. 394	0. 390	0. 394	0. 389	0. 390	0. 388	12
均值	0. 614	0. 544	0. 502	0. 571	0. 512	0. 544	0. 539	0. 548	

资料来源：采用 FRONTIER4. 1 软件对超越对数成本函数的随机前沿模型估计结果整理所得。

样本期内，巴西肉牛生产配置效率最高（0. 807），其次是印度尼西亚（0. 675）、澳大利亚（0. 660）和阿根廷（0. 644）。中国肉牛生产配置效率为 0. 395，仅高于法国（0. 388），处于代表性国家中的倒数第二位，与前沿生产配置效率存在显著差距。中国肉牛生产的实际成本显著高于前沿面的最小成本，成本高位和价格劣势导致中国肉牛生产配置效率低位，为保证生产者的效益水平，投入要素的配置亟待优化。配置效率较高的国家土地种植成本较低，牧草等饲草料丰富，要素价格占据一定优势。以巴西为例，其气候条件十分适宜牧草生长，该国的土地和饲草资源丰富，饲草料种植面积在土地种植面积的 80% 以上，投入要素的价格优势一定程度上提高了巴西的配置效率。相较之下，中国饲料粮种植面积仅为粮食种植面积的 35% 左右，饲料粮产量仅为需求的 75% 左右，且与优势国家相比，生产效率不高，在饲料自给率方面仍有一定差距。

从配置效率的变动趋势来看（见图 5 - 3），美国和西班牙的配置效率整体呈上升趋势，阿根廷、哥伦比亚和南非有所下降。中国在经历了短暂下降后有增长趋势，其余国家配置效率呈现波动变化，但整体变动幅度不大。具体而言，样本期内，西班牙和美国的配置效率增长速度最快，增长幅度也最明显，分别以 4. 08% 和 1. 83% 的速度提升，较样本初期配置效率分别提高了 49. 10% 和 19. 84% 。南非降幅最大，配置效率下降了 46. 41% ，年均下降 6. 05% ，使其近两年配置效率水平低于中国和法国，排名末位。虽然畜牧生产是撒哈拉以南非洲国家的重要产业，但该区域经济发展滞后，交通条件有限，投入要素市场信息不对称，再加上养殖管理水平落后，合理配置要素资源的难度较大，导致该国肉牛生产配置效率处于低位。中国整体配置效率较样本初期提高了 0.53%，年均增长 0.05%，增长速度缓慢，2015 年后的配置效率上升与“粮改饲”等产业利好政策的推动有关。但样本期内中国的配置效率始终低于代表性国家的平均配置效率水平。一方面，中国肉牛养殖仍以分散的家庭经营为主，至 2020 年，肉牛生产规模化比重仅为 29.6%，且家庭经营主体又多以文化程度不高的老人和妇女居多，对投入要素合理安排的“经济账”难以把握，对科学的饲料配比等经济行为掌握的能力较缺乏；另一方面，中国饲草料价格的一度上涨和仔畜价格的持续高昂以及人工成本的明显增长，确实对养殖主体在合理安排要素投入方面增加了一定难度，因此，提高养殖主体配置效率的重要途径之一就是优化要素市场价格，改善投入要素市场价格的“扭曲”程度（马晓萍等，2021）。

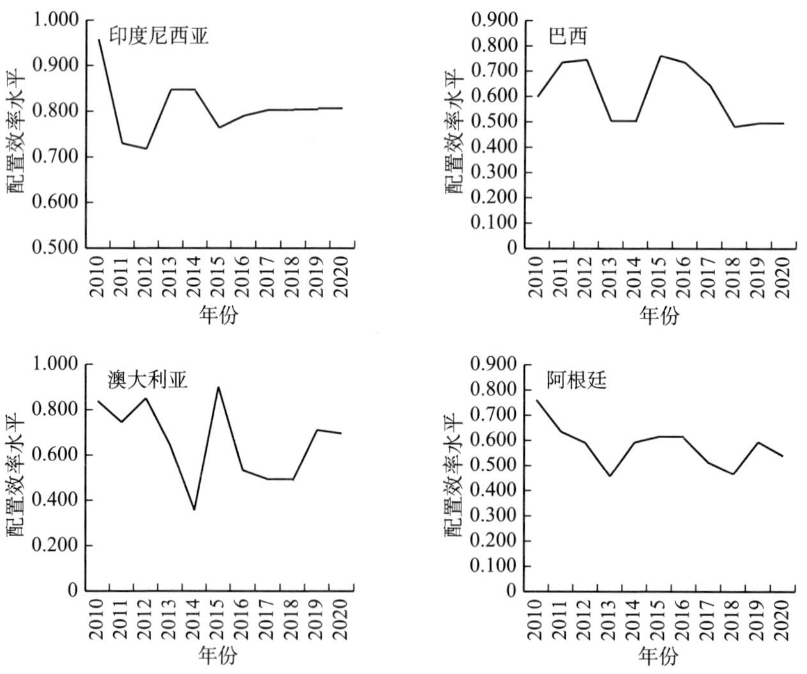

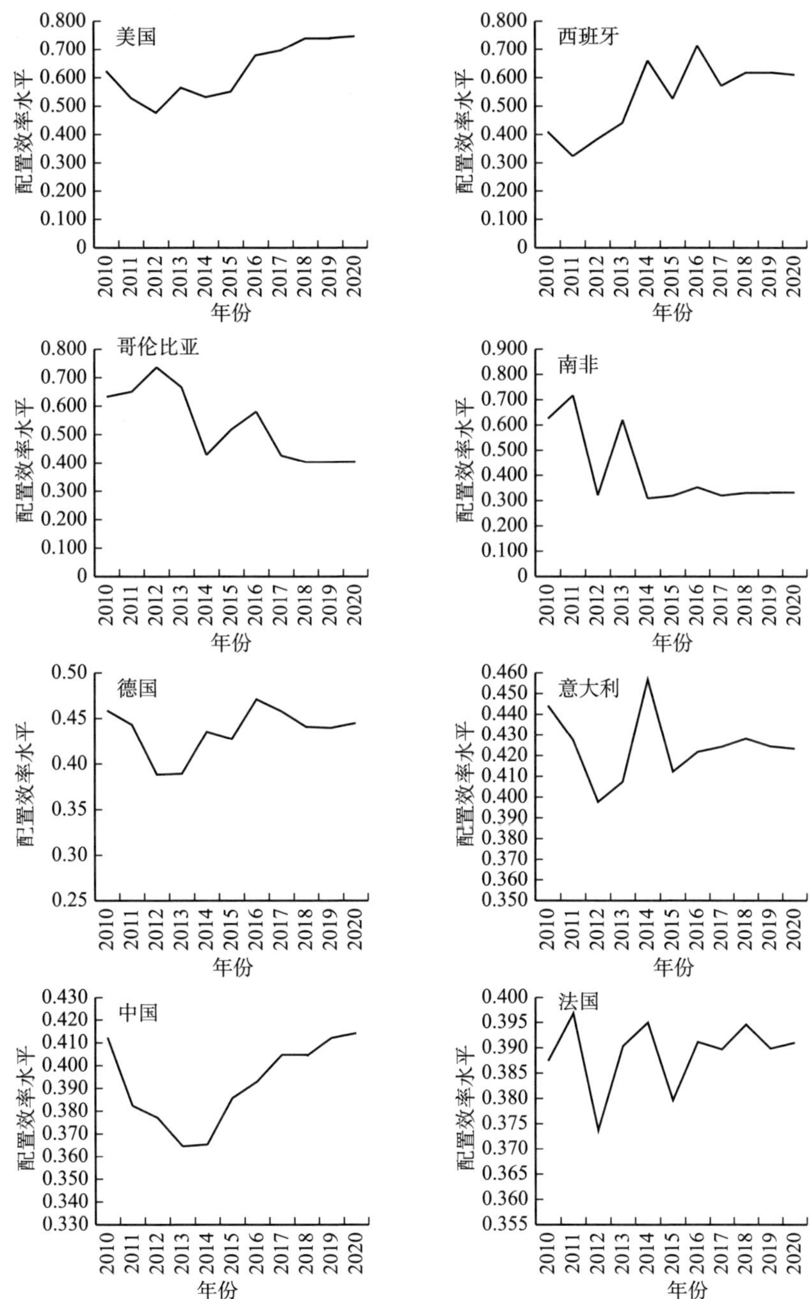

图 5－3　2010～2020 年代表性国家肉牛生产配置效率水平变动趋势

资料来源：采用 FRONTIER4.1 软件对超越对数成本函数的随机前沿模型估计结果整理所得。

(3) 肉牛全要素生产率分析

基于 SFA－Malmquist 测度的各代表性国家肉牛全要素生产率变动如表5－10所示。样本期内，所有代表性国家肉牛全要素生产率平均增长速度为0.328%，各国肉牛全要素生产率变动存在差异。其中，美国增速最快，印度尼西亚降速最明显，中国肉牛全要素生产率以0.186%的速度缓慢增长。

表5－10　　代表性国家肉牛全要素生产率变动

国家	2011年	2012年	2013年	2014年	2015年	2016年	2017年	2018年	2019年	2020年	均值
美国	0.881	0.067	0.900	0.201	0.434	0.642	0.351	0.623	1.231	2.990	0.832
德国	0.154	1.040	1.320	0.767	－0.094	0.262	－0.343	2.060	1.435	1.176	0.778
澳大利亚	0.060	0.332	0.324	1.872	0.817	1.645	－2.473	1.210	1.920	1.872	0.758
巴西	0.241	0.175	－0.090	1.724	3.609	－1.210	1.230	0.483	0.517	0.696	0.738
阿根廷	0.060	0.372	1.442	－1.310	－0.011	－0.165	2.502	0.101	2.459	1.190	0.664
意大利	0.097	1.410	1.265	0.232	0.645	0.442	－0.067	－0.053	－0.142	0.211	0.404
法国	0.152	－1.220	0.712	0.389	－0.432	0.430	2.060	0.091	0.612	0.231	0.303
中国	0.373	0.189	0.047	0.089	0.303	0.106	0.215	0.094	0.282	0.163	0.186
哥伦比亚	1.630	－1.640	0.370	1.360	－0.280	－2.240	0.740	0.110	0.500	0.410	0.096
南非	－2.640	4.120	1.500	2.800	－2.640	－0.100	－0.520	－1.760	－1.120	－0.610	－0.097
西班牙	－0.490	－2.690	0.190	0.970	－0.290	－2.840	1.570	0.070	0.380	1.440	－0.169
印度尼西亚	0.020	0.350	－1.870	0.140	－1.800	0.040	1.380	－0.280	－0.410	0.330	－0.210
均值	0.045	－0.083	0.510	0.770	0.021	－0.250	0.554	0.229	0.640	0.842	0.328

资料来源：采用 FRONTIER4.1 和 STATA16.0 软件对超越对数函数的随机前沿模型估计结果整理所得。

具体而言，美国全要素生产率一直保持增长状态，年均增速0.832%，平均增长速度位于代表性国家中首位。德国和澳大利亚全要素生产率分别以0.778%和0.758%的速度增长。中国和哥伦比亚全要素生产率增长速度较慢，分别为0.186%和0.096%。南非、西班牙和印度尼西亚肉牛全要素生产率增长率为负，分别为-0.097%、-0.169%和-0.210%。中国肉牛全要素生产率增长处于中等偏低水平。

从全要素生产率增长的分解来看（见表5-11），整体上，肉牛全要素生产率依靠技术效率和技术进步双驱动，其中技术进步的贡献更大，说明近年世界肉牛生产存在明显的科技进步。具体来看，各代表性国家肉牛全要素生产率增长来源存在差异。美国、德国和澳大利亚全要素生产率增长均由技术效率和技术进步同时拉动，技术效率驱动作用更明显。其中，美国技术效率变动和技术进步分别贡献75.18%和24.82%；德国技术效率变动和技术进步分别贡献69.97%和30.03%；澳大利亚技术效率变动和技术进步分别贡献75.00%和25.00%。这三个国家肉牛养殖科技进步的同时，养殖主体可以较好吸纳和应用技术条件来提高技术效率。西班牙、印度尼西亚和南非肉牛全要素生产率增长率为负，主要由于技术效率下降的同时技术进步率放缓，抑制了全要素生产率的增长，虽然存在一定程度的技术进步，但无法抵消技术效率下降带来的负向影响。中国肉牛全要素生产率的增长依靠技术效率和技术进步的同时带动，其中技术进步的贡献较大，但纵观各国技术进步率，中国肉牛生产的技术进步率较为缓慢，技术效率上升速度也处于偏低水平，这与中国肉牛养殖规模化、标准化和集约化程度均较低有关。

表5-11　　代表性国家肉牛全要素生产率分解

国家	ΔTFP	ΔTE	TP
美国	0.830	0.624	0.206
德国	0.776	0.543	0.233
澳大利亚	0.756	0.567	0.189
巴西	0.734	0.186	0.548
阿根廷	0.663	0.229	0.434

续表

国家	ΔTFP	ΔTE	TP
意大利	0.403	0.175	0.228
法国	0.301	0.093	0.208
中国	0.181	0.004	0.177
哥伦比亚	0.096	-0.006	0.102
西班牙	-0.169	-0.058	-0.111
印度尼西亚	-0.210	-0.164	-0.046
南非	-0.297	-0.185	-0.112
均值	0.339	0.167	0.171

资料来源：采用 FRONTIER4.1 和 STATA16.0 软件对超越对数函数的随机前沿模型估计结果整理所得。

在肉牛全要素生产率增长中，美国表现出一定优势。美国作为世界肉牛生产第一大国，是所有肉牛生产国中平均胴体重最高的国家之一（MLA，2020），其草地面积是农田面积的 1.5 倍，拥有广泛的地理、环境和农业气候带的资源禀赋优势，毗连州高于 40% 的土地用于牲畜放牧（Herring，2014；Drouillard，2018）。而中国肉牛平均胴体重量是代表性国家中最低的国家之一，而且，中国肉牛产业规模化程度较低，以年出栏 50 头作为分割点，规模化率仅为 29.60%（2020 年），以散养为主的养殖模式不利于整体产业的进一步发展和生产率的提高。而美国肉牛产业专业化和规模化程度均处于世界前列，具有生产体系完整、防疫体系健全和技术驱动明显的优势，利用先进的育种、基因改良、管理、疫苗和饲料加工技术来降低成本和提高生产率（Drouillard，2018）。同时，美国牲畜保护方面的法律也为生产者提供保证，如对受重大疾病影响而导致牲畜减少的生产者进行赔偿（Grannis et al.，2005），根据公平市场价值支付给所有者，且在《动物健康保护法》（AHPA）提供有关赔偿金的指导。而中国畜牧业相关法律法规尚未健全，养殖者的权益得到保护的程度较低，亟待进一步提升。

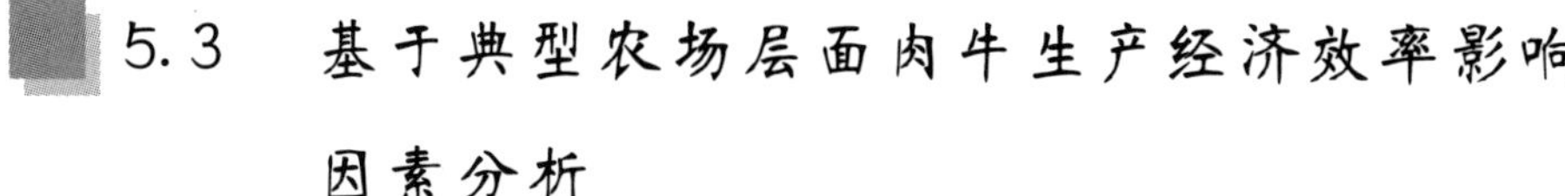

5.3　基于典型农场层面肉牛生产经济效率影响因素分析

5.3.1　影响因素识别

本部分进一步探究不同国家肉牛生产系统的生产环境和其他管理特征在推动肉牛生产经济效率增长方面的作用。结合已有学者研究（石自忠等，2017；Joseph，2018；Visser et al.，2020）和前述理论分析，兼顾考虑肉牛生产实际和数据的可获得性，本书考虑以下几方面影响肉牛生产经济效率的因素：

（1）产业与政策环境

①政策补贴。各国对肉牛生产的政策补贴和补偿支持等激励养殖场的生产决策和行为，有助于养殖场将资本投入向肉牛养殖过程倾斜，同时，政策补贴作为养殖场收入的一部分，能够优化其收入结构，抵消掉一部分成本支出，从而影响肉牛生产的经济效率。②信贷利率。可获得信贷利率的高低直接影响养殖场获得资金的成本，获得“优惠”贷款有利于养殖场获得资本后加大对先进机械设备和设施等要素投入，在降低利息成本的同时，提高肉牛生产的经济效率。

（2）生产管理特征

①生物安全防控。以防疫投入为主的生物安全防控是养殖场在生物安全重视程度方面的体现，良好的防疫措施是肉牛生产得以持续健康发展的关键，能够避免因其发病和死亡而带来的经济损失，从而影响肉牛生产经

济效率。②饲草料种植。种植饲草料可能在保证饲草料供应以及降低饲料成本方面影响经济效率。一定量的饲草料种植有利于调整肉牛的精、粗饲料配比结构，提高饲料转化率，同时，丰富的饲草料资源基础有利于优化饲草料投入价格，提高肉牛生产的经济效率。③保险投入。保险投入是养殖场考虑风险预警采取的降低和规避风险的行为选择之一，有效的风险规避措施可以在突发灾害后降低生产损失，从而保证生产者的经济效益，影响肉牛生产的经济效率。

（3）养殖场特征

①自有土地面积。养殖场拥有一定面积的自有土地，一方面，可以降低用地成本，将资本向获取先进的生产技术和优良的管理方式倾斜；另一方面，自有土地面积的增加可能一定程度上增加肉牛养殖空间，影响其生产的经济效率。②生产规模。规模经济理论表明，随着生产规模扩大和资本的投入，有利于养殖场利用先进的管理技术和机械设备使内部生产更加趋于合理化和专业化。适度的扩大规模可以在一定程度上提升经济效率，但随着规模的继续扩大，各方面难以进一步有效协调，将阻碍整体经济效率的进一步提升。③养殖场收入。养殖场收入的变化会影响其对肉牛生产资本和技术等的生产要素投入，从而对肉牛生产经济效率产生影响。

此外，本章还考虑生产环境的外生因素，将养殖场所处区域（大洲）、地势和气候类型以及饲养肉牛品种作为控制变量纳入模型。模型变量设置和描述性统计如表 5 - 12 所示。

表 5 - 12　　　　模型变量设置和描述性统计

变量类型	变量名称	变量说明	平均值	标准差
被解释变量	技术效率（TE）	基于随机前沿模型所得的技术效率	0.772	0.183
	配置效率（AE）	基于随机前沿模型所得的配置效率	0.548	0.200

续表

变量类型		变量名称	变量说明	平均值	标准差
核心解释变量	产业与政策环境（*ind*）	政策补贴（*plo*）	获得政策补贴金额（USD）	16.10	24.88
		信贷利率（*deb*）	平均贷款利率（%）	0.05	0.10
	生产管理特征（*man*）	生物安全防控（*bio*）	是否投入防疫费用，1 = 是，0 = 否	0.64	0.10
		饲草料种植（*fora*）	种植饲草料面积（公顷）	1 214.63	873.63
		购买保险（*ins*）	是否购买保险，1 = 是，0 = 否	0.58	0.82
	养殖场特征（*far*）	生产规模（*sca*）	年出栏的肉牛数量（头）	3 576.25	1 680.42
		自有土地面积（*lan*）	养殖场拥有的土地面积（公顷）	1 238.36	4 840.24
		养殖场收入（*inc*）	养殖场年收入（USD）	1 781.41	3 270.61
控制变量	肉牛品种	西门塔尔牛（*sim*）	饲养肉牛品种是否为西门塔尔牛（1 = 是，0 = 否）	0.64	0.48
		安格斯牛（*ang*）	饲养肉牛品种是否为安格斯牛（1 = 是，0 = 否）	0.34	0.47
	地势	平原（*pla*）	养殖场所处地势是否为平原（1 = 是，0 = 否）	0.77	0.42
		丘陵（*hil*）	养殖场所处地势是否为丘陵（1 = 是，0 = 否）	0.10	0.30
		山地（*mou*）	养殖场所处地势是否为山地（1 = 是，0 = 否）	0.08	0.27
	气候类型	潮湿性气候（*wet*）	养殖场所处气候是否为潮湿型气候（1 = 是，0 = 否）	0.44	0.50
		干旱型气候（*dro*）	养殖场所处气候是否为干旱型气候（1 = 是，0 = 否）	0.15	0.36
		季风性气候（*mon*）	养殖场所处气候是否为季风性气候（1 = 是，0 = 否）	0.10	0.30

续表

变量类型	变量名称	变量说明	平均值	标准差
地区虚拟变量	欧洲（*Eur*）	是否属于欧洲国家（1＝是，0＝否）	0.41	0.49
	南美洲（*Sou*）	是否属于南美洲国家（1＝是，0＝否）	0.31	0.46
	亚洲（*Asi*）	是否属于亚洲国家（1＝是，0＝否）	0.13	0.33
	北美洲（*Nor*）	是否属于北美洲国家（1＝是，0＝否）	0.05	0.22
	大洋洲（*Oce*）	是否属于大洋洲国家（1＝是，0＝否）	0.05	0.22

资料来源：根据5.2小节模型估计结果以及德国杜能研究所欧盟农业基准（Agri benchmark）数据整理所得。

基于前述分析和变量选择，建立如下基准模型实证分析各变量对肉牛生产技术效率和配置效率的影响：

技术效率影响的基准模型构建如下：

$$TE_{it} = \gamma_0 + \gamma_1 \ln pol_{it} + \gamma_2 deb_{it} + \gamma_3 bio_{it} + \gamma_4 \ln fora_{it} + \gamma_5 ins_{it} + \gamma_6 \ln sca_{it} + \gamma_7 \ln lan_{it} + \gamma_8 \ln inc_{it} + \gamma_9 con_{it} + \mu_i + \lambda_t + \varepsilon_{it} \tag{5-28}$$

配置效率影响的基准模型构建：

$$AE_{it} = \eta_0 + \eta_1 \ln pol_{it} + \eta_2 deb_{it} + \eta_3 bio_{it} + \eta_4 \ln fora_{it} + \eta_5 ins_{it} + \eta_6 \ln sca_{it} + \eta_7 \ln lan_{it} + \eta_8 \ln inc_{it} + \eta_9 con_{it} + \mu_i + \lambda_t + \varepsilon_{it} \tag{5-29}$$

其中，*TE* 和 *AE* 分别为基于随机前沿模型测算的技术效率值和配置效率值；*pol* 表示政策补贴，*deb* 表示信贷利率，*bio* 表示生物安全防控，*fora* 表示饲草料种植、*ins* 表示购买保险，*sca* 表示生产规模，*lan* 表示自有土地面积，*inc* 表示养殖场收入。*con* 为控制变量，包括养殖场所在地区（大洲）、饲养肉牛品种、气候类型和养殖场所在地势类型。同时，为消除异方差，缩小数据之间的绝对差异，对部分变量进行对数化处理。γ 和 η 为待估参数，i 表示养殖场，t 表示时间；μ_i 为个体固定效应，λ_t 为时间固定效应；ε_{it}表示随机扰动项。

5.3.2 实证结果分析

考虑到本书所测得的技术效率与配置效率值具有明显的受限被解释变量特征，属于归并数据，传统的连续变量方程估计结果可能存在偏差。因此，本书运用 Tobit 模型对技术效率与配置效率的影响因素进行单方程考察，并在此基础上运用 Bitobit（seemingly-unrelated bivariate tobit model）联立模型对构建的模型进行估计。由于似不相关的前提假定是各个方程的扰动项存在同期相关，因此，能否采用似不相关回归需要检验不同方程的扰动项之间是否存在同期相关性。如果方程之间的扰动项不相关，则系统估计与单一估计并无差别（张朝辉，2020）。本书采用布伦斯等（1980）提出的 Breusch – Pagan 检验（BP 检验）对回归模型各方程扰动项之间是否存在同期相关进行检验，具体计算的 LM 统计量如下：

$$\lambda_{LM} = T\sum_{i=2}^{k}\sum_{j=1}^{i-1} r_{ij}^2 \xrightarrow{d} \chi^2\left(\frac{k(k-1)}{2}\right) \tag{5-30}$$

其中，r_{ij} 为根据残差计算的扰动项 ε_i、ε_j 之间的同期相关系数，而 $\sum_{i=2}^{k}\sum_{j=1}^{i-1} r_{ij}^2$ 为同期相关系数矩阵 $\begin{pmatrix} r_{11} & r_{12} & \cdots & r_{1k} \\ r_{21} & r_{22} & \cdots & r_{2n} \\ \vdots & \vdots & & \vdots \\ r_{k1} & r_{k2} & \cdots & r_{kn} \end{pmatrix}$ 主对角线以下各项平方和。

SURE 的适用性检验结果如表 5 – 13 所示。在 SURE 模型中，各方程扰动项之间“无同期相关”的 BP 独立性检验结果显示卡方值为 6.600，$P = 0.0000 < 0.001$，拒绝各方程的扰动项相互独立（即无同期相关）的原假设，两个方程之间具有同期相关性，从而证明了使用 SURE 系统估计的回归较单方程更加合理。

表 5－13　SURE 估计的适用性检验结果

变量名称	SURE	
	技术效率（TE）	配置效率（AE）
政策补贴（ln*plo*）	0.004 * (1.826)	0.016 *** (2.670)
信贷利率（*deb*）	-0.013 * (-1.851)	-0.131 * (-1.732)
生物安全防控（*bio*）	0.114 ** (2.003)	0.138 * (1.948)
饲草料种植（ln*fora*）	0.055 *** (4.890)	0.037 ** (2.492)
购买保险（*ins*）	0.071 (1.234)	0.038 *** (5.854)
生产规模（ln*sca*）	0.006 ** (2.027)	0.017 ** (2.277)
自有土地面积（ln*lan*）	0.014 (0.758)	-0.009 (-1.361)
养殖场收入（ln*inc*）	0.001 *** (3.236)	0.001 (0.001)
西门塔尔牛（*sim*）	0.069 *** (3.036)	0.109 * (1.879)
安格斯牛（*ang*）	0.005 (0.240)	0.094 (1.086)
平原（*pla*）	0.010 ** (2.471)	0.054 ** (2.232)
丘陵（*hil*）	0.007 * (1.670)	0.105 * (1.881)

续表

变量名称	SURE	
	技术效率（TE）	配置效率（AE）
山地（*mou*）	0. 114 (0. 137)	0. 099 (0. 967)
潮湿性气候（*wet*）	0. 057 (1. 592)	0. 024 (0. 587)
干旱型气候（*dro*）	-0. 155 *** (-6. 385)	-0. 154 ** (-2. 477)
季风性气候（*mon*）	0. 310 ** (2. 257)	0. 393 ** (2. 452)
地区虚拟变量	YES	YES
个体效应	YES	YES
时间效应	YES	YES
Constant	0. 505 *** (6. 881)	0. 727 *** (3. 882)
R - squared	0. 912	0. 521
chi - sq - p - val	chi2 （1） =6. 600	
Breusch - Pagan test	Pr =0. 0000	

注：括号里为 *z* 值；*** 、** 、* 分别表示在 1%、5%、10% 的水平上显著。

资料来源：采用 STATA16. 0 软件对回归模型各方程扰动项之间是否存在同期相关进行 BP 检验的结果整理所得。

表 5 - 14 中分别汇报了单一方程 Tobit 和 Bitobit 模型的估计结果。通过对比可以发现，两种结果存在差异，Wald 检验结果也表明采用 Bitobit 模型进行估计的必要性。因此，本书重点对 Bitobit 的估计结果进行分析。同时，为便于分析，后面均输出估计的边际效应。

表 5-14　　　　**Tobit 和 Bitobit 模型估计结果**

变量名称	Tobit		Bitobit	
	技术效率（TE）	配置效率（AE）	技术效率（TE）	配置效率（AE）
政策补贴（ln*plo*）	0.004* (1.826)	0.016*** (2.670)	0.005* (1.944)	0.019*** (2.717)
信贷利率（*deb*）	-0.014* (-1.960)	-0.140* (-1.691)	-0.014** (-1.974)	-0.151** (-2.071)
生物安全防控（*bio*）	0.114** (2.003)	0.138* (1.948)	0.114** (2.003)	0.138* (1.948)
饲草料种植（ln*fora*）	0.055*** (4.890)	0.037** (1.992)	0.055*** (4.890)	0.009*** (3.210)
购买保险（*ins*）	0.064 (0.854)	0.041** (2.100)	0.097 (1.554)	0.038*** (3.492)
生产规模（ln*sca*）	0.006** (2.027)	0.017** (2.277)	0.006** (2.027)	0.017** (2.277)
生产规模二次项（ln*sca*）^{2}	-0.003 (0.094)	-0.017 (0.033)	-0.003 (0.094)	-0.017 (0.033)
自有土地面积（ln*lan*）	0.014 (0.758)	0.009 (1.361)	0.014 (0.758)	0.011 (0.044)
养殖场收入（ln*inc*）	0.001*** (3.236)	0.001 (0.701)	0.002*** (2.671)	0.002 (0.335)
西门塔尔牛（*sim*）	0.069*** (3.036)	0.109* (1.879)	0.069*** (3.036)	0.109* (1.879)
安格斯牛（*ang*）	0.005 (0.240)	0.094 (1.686)	0.005 (0.240)	0.094 (1.601)
平原（*pla*）	0.010** (2.471)	0.054** (2.232)	0.010** (2.471)	0.054** (2.232)
丘陵（*hil*）	0.007* (1.670)	0.105* (1.881)	0.009* (1.691)	0.112* (1.744)
山地（*mou*）	0.114 (0.137)	0.099 (0.967)	0.114 (0.137)	0.099 (0.967)
潮湿性气候（*wet*）	0.000 (0.547)	0.001 (1.029)	0.057 (0.592)	0.024 (0.587)

续表

变量名称	Tobit		Bitobit	
	技术效率（TE）	配置效率（AE）	技术效率（TE）	配置效率（AE）
干旱型气候（*dro*）	-0.155*** (-6.385)	-0.154** (-2.477)	-0.155*** (-6.385)	-0.154** (-2.477)
季风性气候（*mon*）	0.310** (2.257)	0.393** (2.452)	0.310** (2.257)	0.393** (2.452)
地区虚拟变量	YES	YES	YES	YES
个体效应	YES	YES	YES	YES
时间效应	YES	YES	YES	YES
Constant	0.505*** (6.881)	0.727*** (3.882)	0.813*** (11.620)	0.616*** (2.876)
Log likelihood	582.359	216.896	802.584	
wald - chi - sq - p - val			0.000	0.000

注：括号里为 z 值；***、**、*分别表示1%、5%、10%的水平上显著。表中报告的是估计的边际效应。

资料来源：采用STATA16.0软件运用Tobit模型和Bitobit联立模型对技术效率与配置效率的影响因素进行估计的结果整理所得。

（1）政策补贴

政府补贴对肉牛生产技术效率和配置效率的影响均为正，分别在10%和1%的水平上显著，即政策补贴每提高1%，技术效率和配置效率分别提高0.5%和1.9%。说明政府的相关支持政策或对养殖主体受灾后进行的补偿一定程度上对生产者形成激励，有助于推动生产者进一步将资本和技术向肉牛生产倾斜，从而提升技术效率水平。世界许多国家重视畜禽生产保护，如德国针对性的畜禽种类补贴和生产经营性补贴，对生产者进行引导、扶持和激励，促进肉牛生产技术效率的提升。同时，政策补贴作为总收入的一部分，可以抵消掉一部分成本。而且对遭受灾害后的生产补贴，可以降低生产者的经济损失，如美国对受重大疫病影响而导致牲畜减少的生产者进行赔偿，在一定程度上优化了养殖主体的成本收益结构，促进配置效率的提高。

（2）信贷利率

信贷利率负向影响肉牛生产的技术效率和配置效率，且在5%的水平上显著，信贷利率每提高一个单位，技术效率和配置效率分别下降1.4%和15.1%。肉牛生产周期长，资金周转慢，负债利率的增加会提高生产经营者获得贷款资金的门槛，降低生产者进一步的资本、技术投入和规模扩张等生产意愿，还会增加已有负债的利息支出，阻碍技术效率的提高。信贷利率越高，配置效率越低。一方面，贷款利率的提高，抬高了贷款门槛，增大了养殖主体获得贷款用于生产的难度；另一方面，信贷利率的提高让已有负债的生产主体进一步增加了利息支出，增加了生产成本，明显降低配置效率。

（3）生物安全防控

生物安全防控的回归系数为正，对技术效率和配置效率的影响分别在5%和10%的水平上显著，表明生物安全防控水平的提高会促进肉牛生产经济效率的提升，且生物安全防控水平每提高1个单位，技术效率和配置效率分别提高11.4%和13.8%，相较之下，对肉牛生产经济效率的正向影响程度最大，说明生物安全防控水平的提升对肉牛生产经济效率至关重要。防疫投入侧重于事前的预防，生产者对防疫的投入说明其对生物安全的重视度较高，有利于阻断流行疫病的暴发和传播，从源头降低疫病暴发和传播的可能性，从而降低肉牛发病率和死亡率，稳定肉牛生产，提高技术效率。防疫投入对配置效率也产生显著正向影响。医疗防疫的投入是养殖主体自身对生物安全重视程度的直接表现，与疫病暴发带来的经济损失相比，防疫投入的成本可以说是微乎其微，可见生物安全重视程度的提高是促进肉牛生产配置效率提高的重要途径。

（4）饲草料种植

饲草料种植面积对技术效率和配置效率影响为正，均在1%的水平上显著，饲草料种植面积每提高1%，技术效率和配置效率分别提高5.5%和0.9%。表明养殖场种植一定面积的饲草料对肉牛生产经济效率的提高起到积极作用。究其原因，种植饲草料不仅在一定程度上保证了饲草料供应，还可以在饲草料价格上涨时稳定要素投入价格，而且种养结合还可以调整饲喂肉牛的精、粗饲料的配比，提高肉牛日增重，最终正向促进技术效率的提高。饲草料种植对肉牛生产配置效率也产生正向影响，一定程度上保证饲草料的供应，有助于养殖场合理安排配置投入，从而提高肉牛生产的配置效率。

（5）购买保险

保险投入正向促进配置效率的提高，且在1%的水平上显著，养殖场购买保险时，配置效率提高3.8%，但对技术效率无显著影响。究其原因，肉牛生产可能会面临自然灾害和疫情疫病等的风险，而购买保险是生产者规避风险的有效措施之一，通过保险投入使生产主体在遭受风险冲击后获得一定量的补偿，降低其经济损失程度，促进配置效率的提高。对技术效率影响为正但不显著，可能的原因是养殖场购买保险更倾向于风险规避，未达到可以提高肉牛生产技术效率的程度。

（6）生产规模

生产规模对肉牛生产技术效率和配置效率的影响均为正，并且均在5%的水平上显著，表明规模化生产一定程度上可以提高肉牛生产经济效率，且生产规模每提高1%，技术效率和配置效率分别提高0.6%和1.7%。为检验饲养规模与技术效率是否存在倒“U”型关系，加入饲养规模的二次项进行检验，结果呈负向影响，但未通过显著性检验，说明样本养殖场肉牛生产整体仍在规模技术效率递增阶段，但过度的规模扩大可能会影响效率的提升。随着饲养规模的扩大，配置效率有提高的趋势。一方面，随着规模化程度的提高，养殖场迫于成本压力，会更加重视各项投入要素的合理组合，且大规模养殖场依靠其资本实力在要素市场的“谈判能力”增强，仔畜和饲草料等投入物质要素价格有向高质低价优化的趋势；另一方面，随着规模的适度增大，养殖主体更容易“统一”配置要素，进行标准化安排，有利于降低投入要素冗余，从而促进配置效率的提高。

（7）其他变量

养殖场收入对肉牛生产的技术效率产生正向影响，说明随着收入的提高，养殖场可能会进一步对肉牛生产增加技术和资本投入等，对技术效率的提升起到积极作用。饲养肉牛品种类型中，西门塔尔牛对肉牛生产经济效率产生正向影响，说明在代表养殖场中该品种牛的经济效率水平更高。西门塔尔牛属于乳用兼用牛，产肉性能好，耐粗饲、适应性强，在世界各国广泛分布，在中国各省份也作为主要的品种用于本地黄牛的改良。相较之下，安格斯牛品种对肉牛生产经济效率的影响为正，但不显著，该品种在粗饲料利用能力上不占优势，并易于受惊，这可能是其对肉牛生产经济效率影响不显著的原因。平原和丘陵的地势类型对肉牛生产经济效率产生正向影响，可能的原因是平原和丘陵更易于放牧，通过放牧结合圈养，在提高肉牛生产性能的同时节省饲料成本。气候类型中，季风性气候对肉牛生产经济效率产生正向影响，干旱型气候产生负向影响，原因可能是干旱型气候十分不利于牧草生长，对肉牛生产经济效率的提升产生负向影响。

5.3.3 稳健性检验

（1）内生性问题处理

虽然本书采用固定效应一定程度上减少了遗漏变量所产生的内生性问题，但仍需要进一步对遗漏变量和双向因果等潜在内生性问题进行讨论。由前面分析可知养殖场种植饲草料面积对肉牛生产经济效率产生显著正向影响，考虑到经济效率提高的养殖场可能会增加饲草料种植面积，即饲草料种植面积和肉牛生产经济效率之间可能存在双向因果关系。参考李龙等（2016）和任天池等（2018）的研究，选择地区层面的工具变量来讨论内生性问题。所处地区是否适合种植多汁饲草对饲草料种植面积产生直接影响，但不会直接作用于肉牛生产经济效率。因此，选择养殖场所处地区是否适合多汁饲草生长①作为工具变量，该工具变量满足与解释变量有相关关系但对因变量是外生的条件。

估计方法上采用 CMP + IV – Tobit 模型对工具变量进行估计，该估计方法适用于对多方程、多层次、有条件的混合过程进行内生性检验并予以修正，同时可针对被解释变量和工具变量特点选取最合适的模型形式进行估计，增强估计结果的可靠性（公茂刚等，2021）。CMP + IV – Tobit 条件混合估计结果如表 5 – 15 所示。模型（1）和模型（2）的第一阶段内生性检验参数 atanhrho12 分别在 1% 的水平上显著，说明种植饲草料面积与肉牛生产技术效率和配置效率之间的内生性问题确实存在。根据模型（1）和模型（2）的第二阶段的估计结果，由工具变量（IV）——所处地区是否适合多汁饲草生长拟合以后，种植饲草料面积对肉牛生产技术效率和配置效率产生正向影响，均在 1% 的水平上显著，说明在纠正内生性偏误后，种植饲草料面积增加依旧会显著促进肉牛生产技术效率和配置效率的提升。

表 5 – 15　　CMP + IV – Tobit 条件混合估计结果

变量	（1）技术效率（TE）		（2）配置效率（AE）	
	第一阶段	第二阶段	第一阶段	第二阶段
种植饲草料面积		0.276*** （7.108）		0.156*** （2.956）

① 年均降水 1 000 毫米以上、温度在 22℃ ~ 25℃ 更适合多汁饲草生长（Hamilton et al.，2016；Mader et al.，2010；Miller，2011）。

续表

变量	（1）技术效率（TE）		（2）配置效率（AE）	
	第一阶段	第二阶段	第一阶段	第二阶段
所处地区是否适合多汁饲草生长	0.077 ** （2.416）		0.086 *** （2.783）	
控制变量	YES	YES	YES	YES
地区虚拟变量	YES	YES	YES	YES
常数项		0.693 *** （26.335）		0.547 *** （25.284）
atanhrho_12_cons	0.957 *** （26.736）		0.512 *** （2.892）	
wald - chi - sq - p - val	0.000	0.000	0.000	0.000

注：括号里为 z 值；***、** 分别表示在1%、5%的水平上显著。

资料来源：采用 STATA16.0 软件运用 CMP + IV - Tobit 条件混合估计的结果整理所得。

（2）稳健性检验

尽管前面克服了由于反向因果或遗漏变量等产生的内生性问题，但可能受制于数据误差等原因，需要对模型做进一步的稳健性检验。本书采用替换变量的方法检验模型的稳健性。选择“保险投入金额”代替解释变量“是否购买保险”，因变量、其他解释变量与控制变量均保持不变，具体的回归结果见表5-16。

表5-16　模型的稳健性检验结果

变量名称	技术效率（TE）	配置效率（AE）
政策补贴（ln*plo*）	0.005 * （1.944）	0.019 *** （2.717）
信贷利率（*deb*）	-0.013 ** （-2.179）	-0.152 ** （-2.004）

续表

变量名称	技术效率（TE）	配置效率（AE）
生物安全防控（*bio*）	0.114** (2.003)	0.138* (1.948)
饲草料种植（ln*fora*）	0.049*** (3.990)	0.010*** (3.044)
保险投入金额（ln*ins*）	0.085 (1.307)	0.040*** (3.579)
生产规模（ln*sca*）	0.006** (2.027)	0.017** (2.277)
生产规模二次项（ln*sca*)^2	-0.003 (0.094)	-0.017 (0.033)
自有土地面积（ln*lan*）	0.012 (0.499)	0.010 (0.040)
养殖场收入（ln*inc*）	0.002*** (2.671)	0.002 (0.335)
西门塔尔牛（*sim*）	0.070*** (3.029)	0.107* (2.001)
安格斯牛（*ang*）	0.005 (0.240)	0.094 (1.601)
平原（*pla*）	0.011** (2.500)	0.056** (2.395)
丘陵（*hil*）	0.009* (1.691)	0.112* (1.744)
山地（*mou*）	0.116 (0.155)	0.101 (0.979)
潮湿性气候（*wet*）	0.057 (0.592)	0.024 (0.587)
干旱型气候（*dro*）	-0.155*** (-6.385)	-0.154** (-2.477)
季风性气候（*mon*）	0.310** (2.257)	0.393** (2.452)

续表

变量名称	技术效率（TE）	配置效率（AE）
地区虚拟变量	YES	YES
个体效应	YES	YES
时间效应	YES	YES
Constant	0.949*** (10.673)	0.873*** (3.582)
Log likelihood	795.651	
wald - chi - sq - p - val	0.000	0.000

注：括号里为 z 值；***、**、*分别表示在1%、5%、10%的水平上显著。

资料来源：采用STATA16.0软件运用Bitobit模型对替换解释变量后的回归模型进行再估计的结果整理所得。

从模型的检验结果来看，各变量回归系数大小和方向与基准回归结果基本一致。政策补贴、信贷利率、生物安全防控、饲草料种植和生产规模依然同时显著影响肉牛生产的技术效率和配置效率，其中信贷利率的影响方向为负向，其余变量影响为正向；养殖场收入对肉牛生产技术效率产生显著正向影响，自有土地面积未通过显著性检验。其他控制变量除系数有较小变动外，对技术效率和配置效率的影响方向和显著性未发生变化，结论与前面一致。因此，可以证明基准回归结果具有稳健性。

5.4 本章小结

本部分基于研究团队长期作为参与者并共享应用的德国杜能研究所欧盟农业基准（Agri benchmark）数据库，对生猪、肉牛和肉羊生产效率的主要指标进行测算和统计描述分析；运用超越对数随机前沿函数模型对12个代表性国家肉牛生产的技术效率、配置效率和全要素生产率及变动进行深入分析与比较；采用 Bitobit 模型探究生产环境和其他管理特征在推动肉牛生产经济效率增长方面的作用，同时采用 CMP + IV - Tobit 模型和替换变量法进行潜在内生性讨论等稳健性检验。研究结论为以下四点：第一，从定性分析看，生产效率高至少包括三个方面，即畜禽个体生产能力高、单位劳动贡献的畜产品数量多以及投入产出水平高；总体看（统计描述性分析），中国生猪的生产效率仍然较低，肉牛和肉羊同样与发达国家相比差距较大，提升潜力很大。第二，从经济效率的国际比较来看，中国肉牛生产技术效率处于代表性国家中的偏低水平，仅为德国肉牛生产技术效率水平的 72.31%、美国技术效率水平的 74.45%，在 12 个代表性国家中排名第 9 位；成本高位和价格劣势导致中国肉牛生产配置效率处于低位，仅高于法国，处于代表性国家中的倒数第二位；近年各代表性国家肉牛全要素生产率平均增长速度为 0.328%，各国肉牛全要素生产率变动存在差异，美国增速最快，印度尼西亚降速最明显，中国肉牛全要素生产率缓慢增长，在代表性国家中处于中等偏低水平，年均增速 0.186%，属于技术进步和技术效率双驱动型，但技术进步缓慢、技术效率偏低不容忽视。第三，从影响肉牛生产经济效率的因素来看，种植饲草料、政策补贴和信贷扶持以及生物安全防控等对肉牛生产的技术效率和配置效率均产生显著正向影响，良好的生产管理特征可以显著促进各国肉牛生产经济效率的提高。第四，从国际经验借鉴来看，中国肉牛生产在养殖者素质水平、饲草料自给率、政府扶持力度与生物安全防控方面与优势国家存在明显差距，肉牛生产经济效率水平亟待进一步提升。

第6章

中国畜牧业生产经济效率测度与实证分析

——以肉牛为例

中国各区域畜牧业生产的经济效率如何，不同生产模式、区域和养殖规模下经济效率是否存在差异，哪个区域更适合哪种专业化生产模式，地区间差距是否趋于收敛等是本章关注的重点。已有学者对肉牛生产效率进行了一定的研究（石自忠等，2016；杨春等，2019；刘森挥，2019），但多以技术效率和全要素生产率为研究重点，较少考虑投入要素的配置效率，且缺少对中国各区域以及不同专业化生产模式下肉牛生产经济效率变动的深入分析。而且，以往研究对肉牛生产经济效率的测度多基于《全国农产品成本收益资料汇编》的数据，部分数据的区域范围有限，部分数据的详细程度有限，这些都在一定程度上限制了研究的进一步深入。本章将以肉牛生产为例，基于课题组承担的22个省（区、市）养殖场（户）肉牛生产长期定点监测的面板数据，从不同维度对中国肉牛生产的经济效率进行更为全面和深入的分析，以便为其他畜产品生产经济效率的分析提供示范。

6.1　研究方法与模型设定

6.1.1　研究方法

随机前沿函数模型不仅考虑了随机因素的影响，而且可以使结果具有经济意义上的弹性。本章对肉牛生产经济效率的实证研究仍然选择随机前沿函数法，通过构建随机前沿函数模型，对肉牛生产经济效率进行测度。函数形式选择考虑各投入要素之间相互影响的超越对数函数。基于超越对数生产函数的形式设定如下：

$$\ln y_{it} = \beta_0 + \sum_{g=1}^{m} \beta_{it} \ln x_{it} + t\beta_t + \frac{1}{2} \sum_{g=1}^{m} \sum_{s=1}^{m} \beta_{it} \ln x_{it} \ln x_{it} + \frac{1}{2} t^2 \beta_{tt} + \sum_{g=1}^{m} \beta_{it} t \ln x_{it} + \nu_{it} - \mu_{it} \quad (6-1)$$

其中，y_{it} 表示肉牛养殖主体 i 在 t 时期所得产出向量，x_{it} 为肉牛养殖主体 i 在 t 时期的各项生产投入要素组成的向量，如仔畜投入（或母畜投入）、饲草料投入和劳动力投入等；β 为待估参数；v_{it} 为统计噪声测量误差和其他随机不可控因素，服从期望为0、方差为 σ_v^2 的正态分布，与无效率项 μ_{it} 共同组成随机扰动项，μ_{it} 服从期望为 m_{it}、方差为 σ_v^2 的截断正态分布。基于超越对数形式的随机前沿成本函数形式如下：

$$\ln c_{it} = \alpha + \sum_{i=1}^{n} \beta_{it} \ln \omega_{it} + \varphi_{it} \ln y_{it} + \sum_{i=1}^{n} \sum_{k=1}^{n} D_{ikt} \ln \omega_{it} \ln \omega_{kt} + \delta_{it} \ln y_{it} \ln y_{it} + \sum_{i=1}^{n} \lambda_{it} \ln \omega_{it} \ln y_{it} + v_{it} + \mu_{it} \quad (6-2)$$

其中，c_{it} 为养殖主体 i 在 t 时期肉牛养殖总成本，ω_{it} 为第 i 个投入要素在 t 时期的价格，y_{it} 为养殖主体 i 在 t 时期的产出，β 为待估参数。

本章继续引入 SFA - Malmquist 指数对肉牛全要素生产率进行测度，具体估计过程在第 5 章已详细阐述，本章不再赘述。

6.1.2 数据来源

本书数据来源于课题组承担的农业农村部肉牛生产定点监测项目，时间跨度为 2013 ~ 2020 年。主要包括安徽省、甘肃省、广西壮族自治区、贵州省、河北省、河南省、黑龙江省、湖北省、湖南省、吉林省、江西省、辽宁省、内蒙古自治区、宁夏回族自治区、青海省、山东省、山西省、陕西省、四川省、新疆维吾尔自治区、云南省和重庆市共计 22 个省（区、市）的肉牛养殖场户。各省（区、市）按照典型代表性确定定点监测县，对定点监测县年出栏 100 头以上的规模场实行全覆盖监测；规模以下养殖场户实行抽样监测，按照对称等距抽样方法选择 5 个建制村进行生产监测，同时按养殖规模选择养殖场户开展成本收益的生产效益监测，主要以文化水平较高、精通生产经营、能够直联直报的肉牛养殖场户为优先选择对象，调查内容主要为肉牛养殖场户生产和效益情况。为增强年际间的可比性，剔除因增加样本省（区、市）或样本监测场户调换导致年际间不连续的监测场户，构建平衡面板数据，最终获得 273 个专业繁育养殖场户和 317 个专业育肥场户，2013 ~ 2020 年连续 8 年，得到专业繁育生产模式 2 184 个样本、专业育肥生产模式 2 536 个样本，合计 4 720 个样本量。

6.1.3 变量选择

基于已有学者研究（杨春等，2019）并结合两种专业化肉牛生产的实际，测度肉牛生产经济效率的变量选择如表 6 - 1 所示。

①专业繁育肉牛生产的产出指标为出售犊牛架子牛头均活重（千克/头），投入指标分别为母畜投入（元/头）、饲草料投入（元/头）和劳动

力投入（元/头），对应的投入要素价格分别为母畜价格（元/千克）、饲草料价格（元/千克）和劳动力价格（元/日）。

②专业育肥肉牛生产的产出指标选择出栏肉牛头均活重（千克/头），投入指标分别为仔畜投入（元/头）、饲草料投入（元/头）和劳动力投入（元/日），对应的投入要素价格为仔畜价格（元/千克）、饲草料价格（元/千克）和劳动力价格（元/日）。其中，根据当前肉牛生产实际、实地调研并咨询行业内权威产业专家，饲草料价格按照精、粗饲料7∶3的比例进行折算。同时，选择可能影响肉牛生产经济效率的因素作为控制变量，主要为肉牛出栏价格和肉牛养殖所在产区。

表6－1　变量选择及描述性统计

养殖方式	指标	变量定义	数据选择	均值	标准差	最小值	最大值
专业繁育	产出指标	产品产出	出售犊牛、架子牛头均活重（千克/头）	314.98	118.78	40.00	395.00
	投入指标	母畜投入	母牛价值摊销和母牛养殖成本摊销（元/头）	3 134.53	1 338.34	726.54	9 581.80
		饲草料投入	包括精饲料、干草、秸秆以及青绿饲料在内的饲草料费用（元/头）	2 534.49	2 487.87	350.50	10 264.20
		劳动力投入	人工费用（元/头）	273.98	905.02	19.29	3 708.52
	投入要素价格指标	母畜价格	能繁母牛的平均价格（元/千克）	19.03	9.04	5.09	39.54
		饲草料价格	饲喂母牛和犊牛架子牛的精饲料和粗饲料购进的平均价格（元/千克）	2.61	1.40	0.50	9.33
		劳动力价格	家庭和雇工投入折算后的价格（元/日）	100.88	43.80	24.01	495.25

续表

养殖方式	指标	变量定义	数据选择	均值	标准差	最小值	最大值
专业育肥	产出指标	产品产出	出栏肉牛头均活重（千克/头）	506.44	95.80	458.00	900.00
	投入指标	仔畜投入	犊牛架子牛费用（元/头）	5 887.84	3 292.27	1 000.00	14 249.55
		饲草料投入	包括精饲料、干草、秸秆以及青绿饲料在内的饲草料费用（元/头）	1 999.11	1 490.10	107.47	9 600.23
		劳动力投入	人工费用（元/头）	286.73	268.10	20.07	2 736.49
	投入要素价格指标	仔畜价格	养殖场户购进犊牛架子牛的平均价格（元/千克）	21.22	12.67	5.38	200.00
		饲草料价格	购进肉牛精饲料和粗饲料的平均价格（元/千克）	2.96	2.25	0.14	9.31
		劳动力价格	家庭和雇工投入折算后的价格（元/日）	72.58	15.36	37.06	200.4
控制变量		肉牛价格	肉牛出栏平均价格（元/千克）	22.93	7.56	15.53	48.50
		地区虚拟1	东北产区（1=是，0=否）	0.32	0.47	0	1
		地区虚拟2	中原产区（1=是，0=否）	0.35	0.49	0	1
		地区虚拟3	西北产区（1=是，0=否）	0.13	0.34	0	1

资料来源：根据农业农村部对全国22个省（区、市）100个监测县500个监测村肉牛养殖户统计信息整理所得。

6.1.4 模型设定检验

对模型进行适用性检验。专业繁育和专业育肥得到的模型结果见表6-2和表6-4，对应的模型适用性检验结果见表6-3和表6-5。

从专业繁育估计结果（见表6-2）可以看出，一次项变量和二次项以及交互项变量均通过了显著性检验，初步说明采用随机前沿超越对数函数来贴合肉牛专业繁育生产的表示是合适的。利用模型（1）~模型（5）的对数似然值构建似然比检验LR（表6-3），得出结论：第一，γ不为

0，且通过显著性检验，说明存在无效率项，采用 OLS 直接估计会存在偏误，因此采用随机前沿模型更适用；第二，超越对数函数的形式适用于肉牛专业繁育生产模式；第三，样本期内，专业繁育肉牛生产存在技术变化；第四，样本期内，肉牛专业繁育存在希克斯非中性技术进步；第五，样本期内，肉牛专业繁育生产技术效率随时间变化。

表 6－2　　专业繁育随机前沿生产函数模型参数估计结果

变量类型	变量	参数	模型（1）	模型（2）	模型（3）	模型（4）	模型（5）
投入产出变量	$\ln m_{it}$	β_1	0.655*** (0.054)	0.731*** (0.003)	0.648*** (0.040)	0.881*** (0.043)	0.695*** (0.052)
	$\ln f_{it}$	β_2	0.531*** (0.079)	－0.009*** (0.002)	0.159** (0.063)	0.155*** (0.050)	0.384*** (0.078)
	$\ln l_{it}$	β_3	3.441*** (0.511)	－0.877*** (0.034)	3.263*** (0.199)	3.947*** (0.340)	4.250*** (0.591)
	t	β_4	2.831*** (0.294)	－0.011 (0.010)		－0.033*** (0.012)	0.104 (0.070)
	$\frac{1}{2}t^2$	β_5	0.009*** (0.003)			0.011*** (0.003)	0.004 (0.003)
	$\frac{1}{2}(\ln m_{it})^2$	β_6	0.004*** (0.001)		0.007*** (0.001)	0.005*** (0.001)	0.008*** (0.002)
	$\frac{1}{2}(\ln f_{it})^2$	β_7	－0.006*** (0.002)		0.001 (0.002)	－0.001 (0.002)	－0.002 (0.002)
	$\ln m \times \ln f_{it}$	β_8	0.006*** (0.001)		－0.001 (0.001)	－0.001 (0.001)	－0.001 (0.001)
	$\ln m \times \ln l_{it}$	β_9	0.017*** (0.004)		0.008* (0.004)	0.008** (0.004)	0.029*** (0.007)
	$\frac{1}{2}(\ln l_{it})^2$	β_{10}	－0.411*** (0.006)		－0.631*** (0.033)	－0.650*** (0.027)	－0.544*** (0.049)
	$\ln f \times \ln l_{it}$	β_{11}	－0.055*** (0.013)		－0.021*** (0.007)	－0.014*** (0.006)	－0.045*** (0.007)

续表

变量类型	变量	参数	模型（1）	模型（2）	模型（3）	模型（4）	模型（5）
投入产出变量	$t\times\ln m_{it}$	β_{12}	0.001 (0.001)				0.000 (0.001)
	$t\times\ln f_{it}$	β_{13}	-0.004 ** (0.002)				-0.006 *** (0.002)
	$t\times\ln l_{it}$	β_{14}	-0.045 *** (0.008)				-0.011 (0.008)
	常数项	β_0	-18.710 *** (1.339)	2.201 *** (0.234)	-24.363 *** (1.099)	-23.771 *** (1.450)	-17.344 *** (1.679)
γ			0.800 *** (0.031)	0.272 *** (0.032)	0.189 *** (0.023)	0.197 *** (0.026)	0.565 *** (0.126)
log likelihood function			707.542	484.677	677.609	691.689	634.751

注：括号里为 z 值；***、**、* 分别表示在 1%、5%、10% 的水平上显著。

资料来源：采用 FRONTIER4.1 软件对估计方法和函数模型进行适用性检验的结果整理所得。

表 6-3　　专业繁育随机前沿超越对数生产函数适用性检验

检验	原假设	L（H_0）	LR	自由度 k	$\chi^2_{1-0.05}(k)$
①	H_0：$\gamma=0$	707.542	46.264	7	13.40
②	H_0：$\beta_5=\beta_6=\beta_7=\beta_8=\beta_9=\beta_{10}=\beta_{11}=\beta_{12}=\beta_{13}=\beta_{14}=0$	484.677	444.646	7	13.40
③	H_0：$\beta_4=\beta_5=\beta_{12}=\beta_{13}=\beta_{14}=0$	677.609	59.866	7	13.40
④	H_0：$\beta_{12}=\beta_{13}=\beta_{14}=0$	691.689	31.707	7	13.40
⑤	H_0：$\eta=0$	634.751	144.498	2	5.14

资料来源：采用 FRONTIER4.1 软件对估计方法和函数模型进行适用性检验的结果整理所得。

从专业育肥估计结果（见表 6-4）可以看出，一次项变量和二次项以及交互项变量均通过了显著性检验，初步说明采用随机前沿超越对数函数来贴合肉牛专业育肥生产的表示是合适的。利用模型（1）~模型（5）的对数似然值构建似然比检验 LR（见表 6-5），得出结论：第一，γ 不为

0，且通过显著性检验，说明存在无效率项，采用OLS直接估计会存在偏误，因此采用随机前沿模型更适用；第二，超越对数函数的形式适用于肉牛专业育肥生产模式；第三，样本期内，专业育肥肉牛生产存在技术变化；第四，样本期内，肉牛专业育肥存在希克斯非中性技术进步；第五，样本期内肉牛专业育肥生产技术效率随时间变化。

表6-4　　专业育肥随机前沿生产函数模型参数估计结果

变量类型	变量	参数	模型（1）	模型（2）	模型（3）	模型（4）	模型（5）
投入产出变量	$\ln z_{it}$	β_1	-0.533*** (0.166)	0.549*** (0.027)	-0.844*** (0.106)	-0.892*** (0.301)	-0.632** (0.259)
	$\ln f_{it}$	β_2	0.152 (0.156)	0.331*** (0.010)	-0.147 (0.161)	-0.182 (0.129)	0.050 (0.159)
	$\ln l_{it}$	β_3	4.210*** (0.241)	-0.177*** (0.045)	3.942*** (0.393)	3.566*** (0.245)	3.770*** (0.402)
	t	β_4	-0.079 (0.088)	0.042*** (0.006)		-0.059*** (0.027)	-0.311* (0.101)
	$\frac{1}{2}t^2$	β_5	0.003*** (0.001)			0.020*** (0.002)	0.020*** (0.002)
	$\frac{1}{2}(\ln z_{it})^2$	β_6	0.185*** (0.014)		0.300*** (0.009)	0.162*** (0.005)	0.211*** (0.042)
	$\frac{1}{2}(\ln f_{it})^2$	β_7	0.147*** (0.009)		0.150*** (0.012)	0.133 (0.016)	0.126 (0.019)
	$\ln z_{it}\times\ln f_{it}$	β_8	-0.173*** (0.019)		-0.166*** (0.017)	-0.121 (0.079)	-0.102 (0.063)
	$\ln z_{it}\times\ln l_{it}$	β_9	0.075*** (0.021)		0.036* (0.021)	0.043** (0.020)	0.088*** (0.026)
	$\frac{1}{2}(\ln f_{it})^2$	β_{10}	-0.311*** (0.020)		-0.470*** (0.016)	-0.259*** (0.018)	-0.249*** (0.027)
	$\ln f_{it}\times\ln l_{it}$	β_{11}	0.041** (0.019)		0.066*** (0.013)	-0.056*** (0.014)	0.041*** (0.015)

续表

变量类型	变量	参数	模型（1）	模型（2）	模型（3）	模型（4）	模型（5）
投入产出变量	$t \times \ln z_{it}$	β_{12}	-0.039 *** (0.005)				-0.041 *** (0.006)
	$t \times \ln f_{it}$	β_{13}	0.006 (0.004)				-0.009 (0.009)
	$t \times \ln l_{it}$	β_{14}	0.044 ** (0.018)				0.024 ** (0.012)
	常数项	β_0	-18.800 *** (1.794)	-6.320 *** (0.375)	-23.441 *** (0.992)	-21.969 *** (1.432)	-20.566 *** (2.110)
γ			0.185 *** (0.041)	0.283 *** (0.053)	0.193 *** (0.042)	0.459 *** (0.062)	0.595 *** (0.050)
log likelihood function			-778.520	-923.125	-941.278	-1 057.937	-1 126.391

注：括号里为 z 值；***、**、* 分别表示在1%、5%、10%的水平上显著。
资料来源：采用 FRONTIER4.1 软件对超越对数函数的随机前沿模型估计结果整理所得。

表 6-5　　专业育肥随机前沿超越对数生产函数适用性检验

检验	原假设	L（H_0）	LR	自由度 k	$\chi^2_{1-0.05}(k)$
①	$H_0: \gamma=0$	-778.52	171.29	7	13.40
②	$H_0: \beta_5=\beta_6=\beta_7=\beta_8=\beta_9=\beta_{10}=\beta_{11}=\beta_{12}=\beta_{13}=\beta_{14}=0$	-923.12	289.21	7	13.40
③	$H_0: \beta_4=\beta_5=\beta_{12}=\beta_{13}=\beta_{14}=0$	-941.28	81.38	7	13.40
④	$H_0: \beta_{12}=\beta_{13}=\beta_{14}=0$	-1 057.94	139.71	7	13.40
⑥	$H_0: \eta=0$	-1 126.39	173.94	2	5.14

资料来源：采用 FRONTIER4.1 软件对估计方法和函数模型进行适用性检验的结果整理所得。

6.2 中国畜牧业生产技术效率的实证分析

6.2.1 不同生产模式生产技术效率分析

考察期内，肉牛专业繁育和专业育肥生产技术效率均值为0.581和0.748（见表6-6），分别与效率前沿存在41.91%和25.20%的距离，两种专业化生产模式下的肉牛生产未达到最优状态，均存在产出不足，技术效率水平仍有明显提升空间。

表6-6　　　　2013~2020年两种生产模式技术效率及变动

年份	专业繁育	专业育肥
2013	0.568	0.644
2014	0.573	0.651
2015	0.573	0.692
2016	0.579	0.724
2017	0.574	0.779
2018	0.596	0.818
2019	0.582	0.825
2020	0.593	0.852
均值	0.581	0.748

资料来源：采用FRONTIER4.1软件对超越对数生产函数的随机前沿模型估计结果整理所得。

从年际变动趋势来看，专业繁育生产技术效率小幅上升，增长不明显，个别年份存在下降，以家庭散养经营为主、较低的规模化程度阻碍了专业繁育生产方式的技术吸纳与推广应用。相较于专业繁育户，专业育肥生产规模化程度相对较高，有利于规模效率的提高和纯技术效率的改善。随着近年牛肉消费需求增长，牛肉价格持续走高，产业生产效益逐渐向好，吸引了大批资本的流入。再加上专业育肥养殖周期短，资金回笼快，“公司+农户”“公司+家庭农场”和“企业一体化养殖”等模式相继推广，有利于技术效率的提高。

6.2.2 不同区域生产技术效率分析

中国东北、西北、西南和中原肉牛优势区基本形成，由于专业化生产模式与地区资源禀赋和天然优势密切相连，因此本部分基于不同生产模式进一步分析不同区域的肉牛生产技术效率。

测度结果显示，不同区域不同专业化生产模式下的技术效率水平存在差异（见表6-7）。

①中原产区。中原产区专业繁育技术效率处于四个区域中的低位（0.557），该区域属于中国“北牛南养”中的“南养”，繁育养殖少，技术效率不高，但该产区专业育肥生产的技术效率最高（0.897），已形成专业的育肥养殖模式，规模化程度相对较高，有利于规模效率提升和集约生产的效率改善。

②东北产区。东北产区专业繁育肉牛生产的技术效率为0.654，虽然与技术效率前沿还存在一定差距，但在四个区域中最高，说明该产区具备继续发展专业繁育的基础。同时，该产区专业育肥生产也具有一定优势，技术效率水平（0.859）仅次于中原产区，有综合发展专业繁育和专业育肥的潜力。

③西北产区。西北产区专业繁育技术效率为0.559，处于较低水平，主要的原因是该产区肉牛养殖主要以家庭分散养殖为主，规模化程度低，经济发展水平相对滞后，养殖水平不高；同时，该产区专业育肥的技术效率为0.609，两种生产模式的效率水平均有较大提升空间。

④西南产区。西南产区作为新兴产区，近年肉牛产业发展较快，但由于产业基础相对薄弱，生产技术效率不高，该产区专业繁育和专业育肥生产技术效率分别为0.552和0.600，与生产前沿存在一定差距。

表6－7　　　　2013～2020年不同区域肉牛生产技术效率

区域	专业繁育	专业育肥
中原产区	0.557	0.897
东北产区	0.654	0.859
西北产区	0.559	0.609
西南产区	0.552	0.600

资料来源：采用FRONTIER4.1软件对超越对数生产函数的随机前沿模型估计结果整理所得。

6.2.3　不同养殖规模生产技术效率分析

不同养殖规模肉牛生产技术效率结果见表6－8，规模化程度提升提高了肉牛生产技术效率水平。

①随着规模的扩大，专业繁育生产的技术效率提高。散养技术效率最低，仅为0.397，与前沿技术效率水平差距明显，散户经营的专业繁育养殖技术效率低位徘徊，随着规模的提升，技术效率有明显上升，小规模和中规模的繁育技术效率分别为0.650和0.689，虽仍与前沿技术效率水平存在一定差距，但规模水平的提升明显提高了繁育的技术效率水平。

②随着规模化的提升，专业育肥生产的技术效率先上升后下降，技术效率水平由低到高为散养（0.551）、小规模（0.690）、大规模（0.839）和中规模（0.855），即倒“U”型非线性关系。可见，技术效率实际上并不一定随着养殖规模扩大而无限提升（闫振宇等，2012），在一定程度上，生产规模的扩大会提升综合技术效率，但盲目过度扩大规模会影响整体效率的提升（李谷成等，2008）。

表 6-8　　2013~2020 年不同养殖规模肉牛生产技术效率

规模	专业繁育	专业育肥
散养	0.397	0.551
小规模	0.650	0.690
中规模	0.681	0.855
大规模		0.839

注：样本主体中无同时符合“专业繁育生产模式”和“大规模”的样本。

资料来源：采用 FRONTIER4.1 软件对超越对数生产函数的随机前沿模型估计结果整理所得。

6.3 中国畜牧业生产配置效率分析

6.3.1 不同生产模式生产配置效率分析

配置效率体现的是生产者对投入组合进行优化配置而达到成本最小化的目标。考虑投入要素价格的配置效率可充分考虑要素市场的价格和生产成本约束，与现实联系更加密切（刘俊华等，2021）。考察期内，肉牛专业繁育和专业育肥生产配置效率均值分别为 0.737 和 0.757（表 6-9），分别与效率前沿存在 26.30% 和 24.30% 的差距，专业育肥生产的配置效率略优于专业繁育。

表 6-9　　2013~2020 年两种生产模式配置效率及变动

年份	专业繁育	专业育肥
2013	0.714	0.759
2014	0.718	0.716
2015	0.735	0.757

续表

年份	专业繁育	专业育肥
2016	0.744	0.671
2017	0.737	0.739
2018	0.747	0.765
2019	0.755	0.818
2020	0.744	0.834
均值	0.737	0.757

资料来源：采用 FRONTIER4.1 软件对超越对数生产函数的随机前沿模型估计结果整理所得。

专业繁育以母牛养殖为主，多为散养经营，对饲料配比及劳动力投入的安排掌握能力不足。而专业育肥多以短期“赚快钱”为目的，能够在短期内降低成本增加利润是专业育肥场户的首要目标之一，这也促使专业育肥场户提高对各项要素投入进行合理搭配和安排的能力，甚至形成了饲喂的“标准模式”。据实地调查，部分专业育肥规模场决策者或管理主体可以清晰计算每日每头育肥牛的精、粗饲料量投入及单位成本，再加上全混合日料（total mixed rations，TMR）等现代机械的投入，更加有利于精、粗饲料配比的合理化、营养均衡化、稳定化和标准化，有助于减少饲料要素投入冗余和浪费，促进配置效率的提升。

6.3.2　不同区域生产配置效率分析

测度结果显示，不同区域不同生产模式下的配置效率水平存在差异（见表6-10）。

①中原产区。中原产区专业繁育配置效率处于四个区域中的低位（0.721），而专业育肥生产的配置效率最高（0.823），规模程度较高的育肥方式有利于配置效率改善。

②东北产区。东北产区专业繁育肉牛生产的配置效率在四个区域中最高（0.775），该产区草地资源和丰富的饲料原料优势给专业繁育生产奠定基础，饲草料价格和人工价格优势也为配置效率的改善提供支撑。同时，该产区专业育肥配置效率仅次于中原产区，也具有较强的优势。

③西北产区。西北产区专业繁育配置效率为0.754，专业育肥配置效率为0.697，低于专业繁育的配置效率。该产区不属于粮食主产区，气候较为干旱，较高的饲草料要素价格是专业育肥配置效率不高的重要原因。

④西南产区。西南产区专业繁育配置效率为0.697，专业育肥配置效率为0.687，与生产前沿存在一定差距。

表6－10　　2013～2020年不同区域肉牛生产配置效率

区域	专业繁育	专业育肥
中原产区	0.721	0.823
东北产区	0.775	0.821
西北产区	0.754	0.697
西南产区	0.697	0.687

资料来源：采用FRONTIER4.1软件对超越对数成本函数的随机前沿模型估计结果整理所得。

6.3.3　不同养殖规模生产配置效率分析

不同养殖规模肉牛生产的配置效率结果如表6－11所示。

①随着规模的扩大，专业繁育生产的配置效率提高。具体而言，散养配置效率最低，为0.444，专业繁育养殖周期长，随着近年青壮年劳动力向城市转移，散户养殖多为妇女和老人，对生产要素配置能力较低，配置效率普遍不高。随着规模的提升，配置效率呈上升趋势，即平均配置效率水平从低到高为散养、小规模和中规模，中规模繁育的配置效率最优。

②随着规模化程度的提升，专业育肥生产的配置效率先上升后下降。

配置效率水平由低到高为散养（0.606）、小规模（0.701）、大规模（0.861）和中规模（0.874），配置效率亦呈现随着规模增大先上升后下降的倒“U”型非线性关系。

表6－11　2013～2020年不同养殖规模肉牛生产配置效率

年份	专业繁育	专业育肥
散养	0.444	0.606
小规模	0.873	0.701
中规模	0.891	0.874
大规模		0.861

注：样本主体中无同时符合“专业繁育生产模式”和“大规模”的样本。

资料来源：采用FRONTIER4.1软件对超越对数成本函数的随机前沿模型估计结果整理所得。

6.4 中国畜牧业全要素生产率分析

6.4.1 不同生产模式全要素生产率及要素弹性分析

从全要素生产率的角度，由技术进步主导还是效率改善主导有着不同的政策含义，前者表示一个国家、地区或产业对新技术的局部创新，后者则强调生产单元对现有技术的消化、吸收和利用程度（史常亮等，2017）。本部分结合随机前沿模型与Malmquist指数对肉牛全要素生产率进行测度与分解，两种模式下肉牛全要素生产率变动（ΔTFP）、技术效率变化（ΔTE）、技术进步（TP）结果如表6－12所示。

表 6 - 12　　2013 ~ 2020 年两种模式肉牛全要素生产率变动与分解

年份	专业繁育			专业育肥		
	ΔTFP	ΔTE	TP	ΔTFP	ΔTE	TP
2013 ~ 2014	-0. 630	0. 090	-0. 720	0. 905	0. 090	0. 815
2014 ~ 2015	-0. 070	0. 021	-0. 091	1. 131	0. 629	0. 502
2015 ~ 2016	0. 994	0. 050	0. 944	0. 971	-1. 046	2. 017
2016 ~ 2017	-0. 030	-0. 893	0. 863	0. 855	0. 475	0. 380
2017 ~ 2018	0. 976	0. 890	0. 086	0. 920	0. 050	0. 870
2018 ~ 2019	1. 265	-0. 644	1. 909	0. 711	0. 085	0. 626
2019 ~ 2020	1. 310	0. 580	0. 730	1. 243	0. 354	0. 889
平均值	0. 545	0. 013	0. 532	0. 962	0. 091	0. 871

资料来源：采用 FRONTIER4. 1 和 STATA16. 0 软件对超越对数函数的随机前沿模型估计结果整理所得。

样本期内，第一，专业繁育全要素生产率年均增长 0. 545%，年际间存在波动变化，在 2013 ~ 2014 年、2014 ~ 2015 年和 2016 ~ 2017 年呈负增长；技术进步整体表现出逐年递增的趋势，年均增长 0. 532%，对全要素生产率的贡献逐渐凸显，技术效率小幅增长（ΔTE = 0. 013）。整体上，肉牛专业繁育生产倾向于技术进步带动型。

第二，专业育肥肉牛全要素生产率小幅上升，年均增长 0. 962%，高于专业繁育的平均增长速度，由粗放型生产方式向集约型生产方式缓慢发展，增长幅度波动变化；技术效率变动和技术进步均值为正（ΔTE = 0. 091、TP = 0. 871），属于技术效率和技术进步双驱动，但技术效率贡献较小。一方面，与专业繁育相比，专业育肥的规模化程度较高，有利于对先进技术的推广与扩散；另一方面，相较于专业繁育，育肥方式的养殖技术门槛相对较低，养殖场户对技术的采纳与吸收相对容易。

综上所述，两种专业化生产模式全要素生产率增长，但速度缓慢，距离生产方式的转型升级仍有明显差距。肉牛生产主要由技术进步驱动，技术效率处于低位仍是抑制肉牛全要素生产率增长的因素，若能将先进的科研成果予以转化和应用，进一步促进技术进步和提高技术效率，对肉牛全要素生产率的增长具有重要意义。

肉牛要素产出弹性反映的是肉牛产出相对投入要素变化的敏感程度，是指在一定的技术水平下，一种投入要素数量的变化所引起的产出数量的变化程度，用数量关系表示就是，当投入要素增加或减少1%时所引起的产出数量增加或减少的百分比，肉牛生产的转型升级实质上是由过去主要依靠投入要素的增加转变到依靠提高生产要素的使用效率上来。根据SFA回归结果得到不同生产方式下的投入要素平均产出弹性如表6－13所示。

表6－13　　肉牛生产投入要素的产出弹性

项目	专业繁育			专业育肥		
	母畜	饲草料	劳动力	仔畜	饲草料	劳动力
平均值	0.4094	0.3013	0.3596	0.4215	0.3616	0.3033

资料来源：采用FRONTIER4.1和STATA16.0软件对超越对数函数的随机前沿模型结果计算整理所得。

样本期内，两种肉牛生产方式仍主要依靠要素投入的贡献。专业繁育生产中，母畜投入的产出弹性最大，为0.4094，即在其他要素投入不变时，平均每增加1单位的母畜投入，肉牛产出将增加0.4094个单位，做好母畜的投入工作，对专业繁育的产出贡献最大。饲草料投入的产出弹性为0.3013，每增加1单位的饲草料投入，产出增加0.3013个单位。劳动力投入产出弹性为0.3596，可见专业繁育生产下的肉牛养殖仍为劳动密集型。专业育肥生产方式的仔畜投入产出弹性为0.4215，保持其他投入要素不变，仔畜投入每增加1%，产出增加0.4215个单位，仔畜投入是肉牛育肥最为重要的基础，该项成本的快速上涨会动摇肉牛产业的基础，直接影响中国肉牛产业的可持续发展（石自忠等，2016）；其次是饲草料投入的产出弹性为0.3616，劳动力投入的产出弹性为0.3033，与专业繁育相比，专业育肥的劳动力密集程度有所减弱。

6.4.2 不同区域全要素生产率及收敛性分析

不同区域肉牛全要素生产率变动及来源均存在差异（见表6－14）。

①中原产区。中原产区肉牛专业繁育全要素生产率年均下降0.004%，由技术进步减缓所致（TP＝－0.009）；专业育肥全要素生产率呈增长趋势，年均增长1.731%，由技术效率（ΔTE＝0.578）和技术进步（TP＝1.153）共同作用，其中，技术进步的贡献更大，再次印证中原产区更具有发展专业育肥生产的优势和潜力。该产区作为粮食主产区，为育肥肉牛所需的精饲料原料提供较好支撑。

表6－14　2013～2020年不同区域肉牛生产全要素生产率及分解

区域	专业繁育			专业育肥		
	ΔTFP	ΔTE	TP	ΔTFP	ΔTE	TP
中原产区	－0.004	0.005	－0.009	1.731	0.578	1.153
东北产区	1.497	0.011	1.486	1.629	0.680	0.949
西北产区	0.694	－0.003	0.697	－0.002	－0.799	0.797
西南产区	－0.001	－0.002	0.001	0.519	－0.099	0.618

资料来源：采用FRONTIER4.1和STATA16.0软件对超越对数函数的随机前沿模型估计结果计算整理所得。

②东北产区。东北产区专业繁育和专业育肥全要素生产率分别年均增长1.497%和1.629%，由技术进步（TP＝1.486、0.949）和技术效率提高（ΔTE＝0.011、0.680）共同驱动，该产区能够结合自身资源和生产能力综合发展育肥和繁育养殖。

③西北产区。西北产区专业繁育全要素生产率年均增长0.694%，由技术进步推动，技术效率年均下降0.003%；专业育肥全要素生产率年均

下降0.002%，主要由于技术效率下降导致，即技术效率损失仍是抑制西北产区肉牛全要素增长的主要原因，该产区肉牛养殖主体在吸纳和掌握养殖技术方面的能力仍需进一步提升。

④西南产区。西南产区专业繁育全要素生产率的下降（ΔTFP = -0.001）主要由于技术效率下降导致（ΔTE = -0.002），技术进步程度（TP = 0.001）不足以弥补技术效率损失；专业育肥全要素生产率的增长（ΔTFP = 0.519）由技术进步驱动，同样存在技术效率下降抑制全要素生产率的增长。可见，各区域不同生产模式肉牛全要素生产率来源存在明显异性，技术效率损失仍不容忽视，应因地制宜、增强补弱来推动肉牛生产的转型升级。

前述结果表明，中国各区域肉牛全要素生产率水平存在明显差异，那么这种差距的变化趋势如何，是否会趋于收敛？本小节基于新古典经济增长理论，采用收敛方法探究不同养殖主体间以及区域间肉牛养殖水平的动态变化趋势。收敛性表现落后经济单元向发达经济单元不断追赶的过程（李谷成，2009），收敛性主要包括σ收敛和β收敛两种收敛趋势（Barro，1991）。

σ收敛是对收敛趋势较为直观的解读，揭示不同养殖主体之间肉牛生产率的差距随着时间的推移而趋于减小的过程，侧重于横向角度的比较。借鉴腾泽伟等（2017）的研究，采用变异系数检验2013～2020年肉牛生产率指数的σ收敛特征：$CV = \delta / \overline{TFP}$，其中，$CV$为TFP的变异系数，$\delta$为TFP指数的标准差，$\overline{TFP}$为TFP指数的平均值。

β收敛是不同区域生产率相对于初始水平收敛的反映，侧重于纵向角度的比较。根据前提条件不同，又进一步被分为绝对β收敛和条件β收敛。

绝对β收敛是指不考虑地区经济增长条件和资源禀赋差异下发生的收敛，即各区域肉牛生产率变化趋于收敛，其收敛速度与初始水平呈负相关关系，低生产率水平地区增长速度快于高水平地区，最终不同区域肉牛生产率变动将达到完全相同的稳态增长速度和增长水平。

肉牛养殖 TFP 绝对β收敛模型如下：

$$\frac{\ln TFP_{it} - \ln TFP_{i0}}{T} = \alpha + \beta_{TFP}\ln TEP_{i0} + \varepsilon_{it} \qquad (6-3)$$

其中，TFP 为肉牛 TFP 指数，α、β_{TFP} 为待估参数，ε_{it} 为误差项。

β_{TFP} 为收敛系数，与收敛速度 λ 的关系表达式为：

$$\beta_{TFP} = \frac{-(1 - e^{-\lambda t})}{T} \qquad (6-4)$$

其中，e 为常熟，T 为考察时间。

条件β收敛指在考虑地区差距和资源禀赋影响下的收敛趋势，在不同区域的生产特征和条件存在差异时，低水平地区和高水平地区的差距不会缩小，但最终收敛于各自的稳态水平上，即向自身均衡水平发展（Liberto et al.，2008；潘丹，2013）。肉牛 TFP 条件β收敛模型表达式为式（6－5）：

$$d(\ln TFP_{it}) = \ln TFP_{it} - \ln TFP_{it-1} = \alpha + \beta_{TFP}\ln TFP_{it-1} + \varepsilon_{it},\quad t = 1, \cdots, 8 \qquad (6-5)$$

收敛速度 λ 与收敛系数 β_{TFP} 的关系表达式为：

$$\beta_{TFP} = -(1 - e^{-\lambda T})$$

专业繁育和专业育肥肉牛生产率指数的变异系数和标准差趋势如图 6－1 和图 6－2 所示。2013～2020 年，专业繁育生产 TFP 的变异系数和标准差呈上升态势，表明专业繁育生产率的离散度逐渐增大，不存在 σ 收敛，即各区域专业繁育养殖场户的肉牛生产率水平仍存在一定的差异。这与杨春等（2019）的研究结果相反，主要由于杨春等（2019）的研究中养殖主体为牧区和半牧区的专业繁育生产，基本以农牧户分散养殖为主，养殖技术较为一致。而本书的繁育生产主体同时涉及农区和牧区，生产环境和技术等方面差距明显，各项投入成本差异较大。专业育肥场的 TFP 的变异系数和标准差整体呈下降趋势，由此表明，专业育肥 TFP 的离散度会逐步趋小，存在 σ 收敛，也就是说，生产率较低的区域将不断追赶生产率高的区域，各区域专业育肥场户的肉牛生产率将趋于一致。与专业繁育生产相比，专业育肥生产的规模化程度相对较高，随着规模化程度的缓慢推进以及技术扩散效应，不同区域的育肥养殖技术差距将存在逐步缩小的趋势。

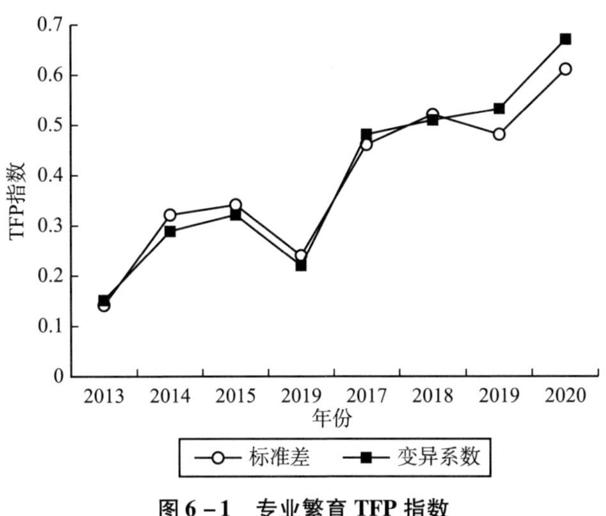

图6－1　专业繁育TFP指数

资料来源：采用EXCEL软件对两种肉牛生产模式的TFP结果计算整理所得。

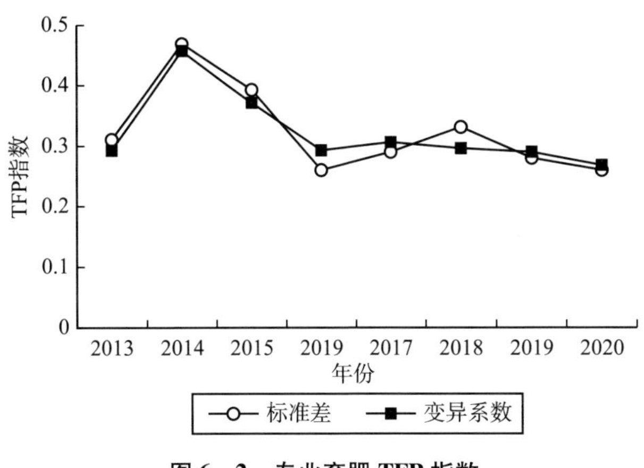

图6－2　专业育肥TFP指数

资料来源：采用EXCEL软件对两种肉牛生产模式的TFP结果计算整理所得。

专业繁育和专业育肥的 TFP 指数 β 收敛结果如表 6－15 所示。绝对 β 收敛结果显示，专业繁育和专业育肥肉牛养殖 TFP 的收敛速度分别为 3.7% 和 4.1%，但回归系数不显著，收敛的假设不成立，两种生产方式不存在明显的绝对 β 收敛，其原因可能是区域之间肉牛养殖方面存在较大差距，而绝对 β 收敛是建立在具有相同基础条件的假设，由此使得绝对 β 收敛不显著。而条件 β 收敛结果显示，专业繁育和专业育肥肉牛 TFP 参数 β_{TFP} 均为负，在 1% 的水平上显著，收敛速度分别为 17.4% 和 25.5%，即各区域专业繁育和专业育肥肉牛养殖生产率将向其自身均衡水平发展，可通过适当的政策措施促进生产水平的稳态值趋于一致，缩小区域差距，达到产业内生产水平的协同发展。

表 6－15　　专业繁育与专业育肥的 TFP 指数 β 收敛检验结果

收敛	生产方式	β_{TFP}	λ	T 统计量	P 值	$\overline{R^2}$	S. E.
β 绝对收敛	专业繁育	－0.044	0.037	－1.19	0.146	0.017	0.069
	专业育肥	－0.039	0.041	－1.73	0.222	0.043	0.122
β 条件收敛	专业繁育	－1.199	0.174	－5.69	0.000	0.565	0.236
	专业育肥	－1.351	0.255	－7.93	0.000	0.497	0.172

资料来源：采用 STATA16.0 软件运用收敛性模型对两种肉牛生产模式的 TFP 收敛性估计结果整理所得。

6.4.3　不同养殖规模的全要素生产率分析

不同养殖规模肉牛全要素生产率变动及来源存在异性（见表 6－16）。

①散养专业繁育全要素生产率呈下降趋势，技术效率和技术进步均抑制全要素生产率的增长。小规模和中规模专业繁育表现出明显的优势，全要素生产率分别年均增长 1.241% 和 0.061%，均由技术效率和技术进步同时推动，其中，小规模专业繁育技术效率和技术进步更具优势，说明小

规模专业繁育养殖较适合当前中国肉牛生产的总体环境。

②从不同规模专业育肥的全要素生产率变动及其来源来看，散养专业育肥肉牛全要素生产率下降，技术效率下降起主导影响，虽然存在技术进步，但散养育肥户可能未能较好地把先进技术融入生产环节，从而导致技术效率损失。小规模、中规模、大规模专业育肥的生产率均呈增长趋势，但中规模和大规模增速基本趋同，其中，中规模技术效率和技术进步均增长，大规模存在一定程度的技术效率下滑。规模化程度的提升提高了两种生产方式的生产水平，小规模专业繁育和中规模专业育肥的规模经营更适合当前中国肉牛生产环境，即年出售 50 ~ 99 头的专业繁育和年出栏 100 ~ 499 头的专业育肥是当前中国肉牛两种生产模式的最佳规模范围。

表 6 - 16　　2013 ~ 2020 年不同养殖规模肉牛全要素生产率及分解

区域	专业繁育			专业育肥		
	ΔTFP	ΔTE	TP	ΔTFP	ΔTE	TP
散养	-0.427	-0.051	-0.376	-0.039	-0.474	0.435
小规模	1.241	0.061	1.180	0.755	0.003	0.752
中规模	0.799	0.004	0.795	1.568	1.210	0.358
大规模				1.561	-0.313	1.874

注：样本主体中无同时符合“专业繁育生产方式”和“大规模”的样本。

资料来源：采用 FRONTIER4.1 和 STATA16.0 软件对超越对数函数的随机前沿模型估计结果整理所得。

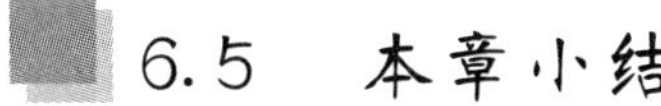

6.5　本章小结

本章基于随机前沿函数模型从生产模式、区域和规模三个维度对中国肉牛生产经济效率进行测度与剖析，进一步探究了投入要素弹性和区域间的收敛性，得出以下结论。

第一，2013～2020年，中国肉牛两种生产模式均存在明显的效率损失，样本期内专业繁育与专业育肥技术效率均值分别为0.581和0.748，配置效率均值分别为0.737和0.757，全要素生产率增速分别为0.545%和0.962%，转型升级缓慢，仍有明显提升空间。专业繁育生产倾向于技术进步带动型，专业育肥生产属于技术效率和技术进步双驱动；从各投入要素弹性来看，两种生产模式仍主要依靠要素投入，属于资源密集型。第二，中国肉牛生产经济效率存在明显的区域和规模差异。综合考虑生产模式、区域和规模，中原产区具备继续发展专业育肥生产的潜力，东北产区具备发展专业繁育生产的潜力，家庭散养仍是适应当前西北产区要素禀赋和饲养环境的主要方式，西南产区的生产经济效率仍需进一步挖掘。小规模专业繁育和中规模专业育肥的规模经营更适合当前中国肉牛生产环境，即年出售50～99头的专业繁育和年出栏100～499头的专业育肥是最佳规模范围。第三，地区间生产率的收敛性检验结果表明，专业繁育生产率不存在σ收敛，各区域专业繁育肉牛生产率仍存在差距；专业育肥生产率存在σ收敛，各区域专业育肥肉牛生产率将趋于一致。两种生产模式均存在条件β收敛，即各区域专业繁育和专业育肥肉牛养殖生产率将向其自身均衡水平发展，不存在绝对β收敛，即地区间差异仍将继续存在。对于肉牛生产布局，需要结合生产方式、区域优势以及规模化程度来综合权衡，因地区、因资源、因生产能力而异。

第7章

中国畜牧业生产经济效率影响因素分析

——以肉牛为例

前面从不同维度对中国肉牛生产的经济效率做出科学和全面的判断，得到中国肉牛生产端最为明显的特征是存在一定的技术进步，但生产环节的效率损失严重，专业繁育生产模式下效率损失更为明显。大部分农业生产表现出的技术无效与生产主体的生产管理能力偏弱有关（高雪萍等，2015），可能表现为养殖主体未能把先进的技术较好的融入生产过程，造成生产管理水平不足。要有针对性地采取措施，有效提升生产水平，就必须在准确估计经济效率后离析出影响经济效率的关键因素。本章将主要基于实地调研数据从生产主体视角探究影响生产经济效率的因素，同时为后续探究经济效率提升路径奠定基础。

7.1 理论基础与分析框架

7.1.1 技术培训与经济效率

舒尔茨（1987）在论述改造传统农业这一问题时，就强调提升农民人力资本投资的重要性。在中国，开展农业技术培训是对农民进行人力资本投资具有更强操作性的举措，对农民开展实用的技术培训已成为政策界的共识（何安华等，2014）。中国长期的分配制度、城乡差异和区域差异导致农村人才匮乏，多数农民对农业生产的基本知识掌握不足，缺乏对新技术吸收和应用的能力，甚至难以驾驭基础的农业生产技术，制约农业科技成果的进一步转化和应用，难以达到实用技术的较好推广和扩散，最终阻碍农业生产经济效率的提高，一定程度上影响农民收入（乔慧等，2016）。面对农村人力资本缺乏、劳动力素质不高和生产技能欠缺等一系列制约，技术培训的较强针对性和高效率性，使其成为提高农民内在生产能力的可行途径（高雪萍等，2015）。许多国家通过激励措施来鼓励农民参与培训，如通过补贴和优惠信贷支持等（杜妍妍，2005）。技术培训作为人力资本投资的非正规教育手段，对提高农户农业生产能力和经济价值起到重要的工具性作用，使农户更加了解农业技术特点，提高其掌握应用技术的能力（黄祖辉等，2010）。养殖主体参与农业技术培训对肉牛生产经济效率的作用过程主要体现在两个方面：一是养殖主体通过参加技术培训将新的经营理念和与时俱进的现代化生产方式融入生产过程，改变传统的、粗放的饲养方式，运用现代机械设备等提高技术效率；二是技术培训能够促使生产经营者进一步掌握先进技术和现代设备使用，更加注重要素的合理配置和集约利用，改善过去盲目增料等的非理性、不经济行为，降低生产资料投入成本。而且，养殖机械等对人力的替代在提高运作效率的同时降低劳动力成本，改善配置效率。肉牛养殖主体参与技术培训对生产经济效率的影响机制如图7－1所示。

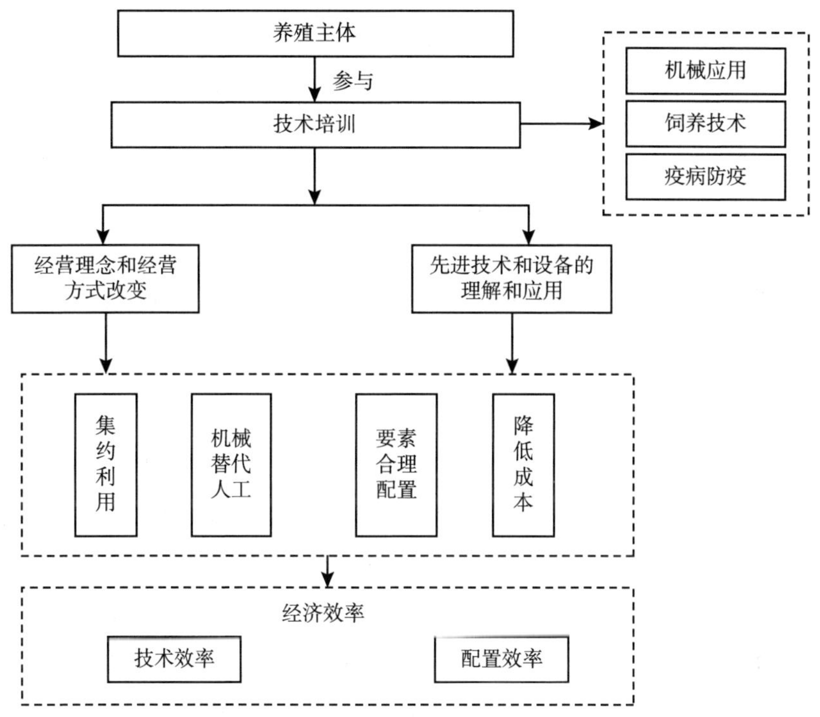

图7－1 养殖主体参与技术培训对肉牛生产经济效率的影响机制

资料来源：笔者结合已有文献及实地调研分析整理所得。

假说1：养殖主体参与技术培训能够同时提高肉牛生产的技术效率和配置效率。

7.1.2 补贴政策与经济效率

补贴政策在一定程度上对农业生产行为产生激励，大量研究表明，农业补贴政策会直接或间接通过财富效应、保险效应或预期效应在不同层面对农业经营主体的生产行为产生影响（Baffes et al，1998；OECD，2001）。学者以脱钩收入补贴为例，发现在部分国家如美国、加拿大和墨西哥实施该项补贴，可以促使部分粮食种植的农户购买农业保险，做出继续扩大生产规模的行为决策，最终增加粮食产量（Burfisher et al.，2000）。同时，该项补贴政策的实施也明显提高了美国玉米、大豆和小麦的产量（Goodwin et al.，2006）。农业补贴与家庭农场的经济效率之间的关系是显著正向的，补贴政策不仅能够给农场主形成稳定的收入预期，调节收入结构，还能在一定程度上调动家庭农场主生产经营的积极性（孔令成等，2016；梅运田，2017）。对于肉牛养殖的补贴政策支持，从国家层面主要包括良种补贴、农机购置补贴和标准化规模养殖场补贴。肉牛良种补贴自 2009 年开始实施，养殖场户从政府部门认定的良种冻精供应单位采购肉牛冻精，按照每头能繁母牛每年 2 剂冻精的标准，以每剂优惠 5 元价格补贴的形式获得补贴。随后补贴范围和金额动态调整，各省冻精供应单位按照补贴后的优惠价格向养殖主体提供良种精液。2004 年开始实施的农机购置补贴，原则上按照补贴金额为同档农机上年市场价格的 30% 的份额予以补贴，各省确定具体补贴标准。如调研的内蒙古自治区农机购置补贴在中央 30% 的补贴份额基础上，追加省级 20% 的补贴，总补贴比例达到 50%，明显调动养殖主体购买畜牧业机械的积极性。标准化规模养殖场补贴对年出栏育肥牛 500 头以上或存栏能繁母牛 50 头以上的规模养殖场进行补贴，调研区补贴金额 30 万～80 万元不等，多采取先建后补的方式。肉牛养殖的相关补贴政策，一方面，是对养殖主体生产积极性的调动，增强肉牛养殖的生产意愿，使其主动学习新技能和采纳新技术；另一方面，养殖主体得到补贴后会进一步扩大养殖规模，从而继续增强养殖意愿，进行技术和知识的学习。同时，政策补贴作为养殖主体家庭收入的一部分，可以调节收入结构，保证生活质量，有利于养殖主体进一步学习生产知识和技术从而提高肉牛生产的经济效率。补贴政策对肉牛生产经济效率的机制如图 7－2 所示。

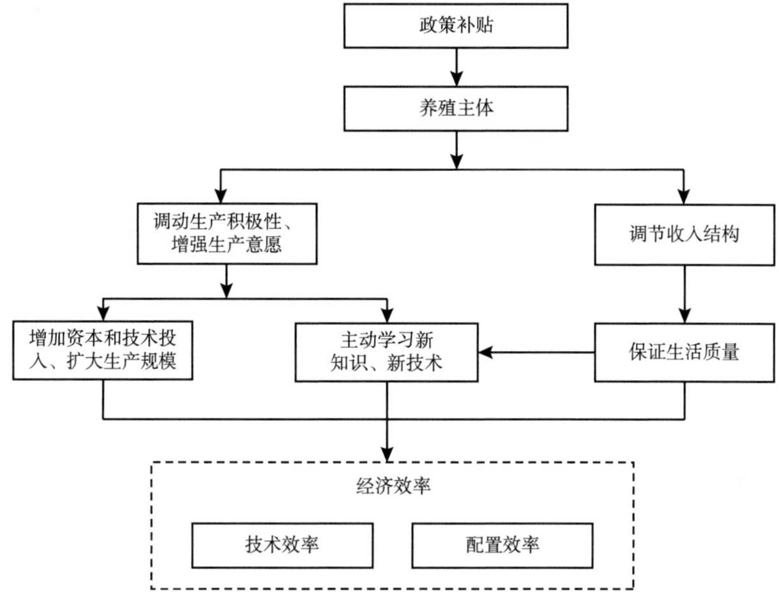

图7-2　政策补贴对肉牛生产经济效率的影响机制

资料来源：笔者结合已有文献及实地调研分析整理所得。

假说2：补贴政策能够同时促进肉牛生产技术效率和配置效率的提高。

7.1.3　合作组织与经济效率

产业组织通过社会化服务体系这一表现形式发挥作用来促进农业生产效率的提高（李刚等，2022）。多样化的组织服务能够显著促进农业新技术的研发和推广，提升农户生产技术效率，从而提高农产品产量和质量，明显降低农户生产风险，最终带动农民增收（黄祖辉等，2016）。大多数合作组织资本力量雄厚，可以以较强的资本优势来推动先进的技术和现代化设备的投入（杨万江等，2017），有效提高生产技术效率。若能实现小规模经营主体与新型农业经营主体社会化服务体系的较好结合，通过提高农业生产方式的组织化程度，可以达到提高要素配置效率的效果（赵晓峰等，2018；陈超等，2018）。组织化经营在规范小农户的经营方式方面起到积极作用，可以推动小农户加大对现代机械技术的投入，利用机械代替劳动来迭代生产方式（应瑞瑶等，2017）。合作组织还会在技术投资方面对小农户起到引导作用，推动其实现技术效率提升（Shrestha et al.，2016）。合作组织对养殖主体所提供的产前、产中和产后的帮助和服务，在调动养殖主体积极性和增强专业化生产意愿方面产生积极影响（梁巧等，2014）。肉牛养殖主体参与合作组织，首先，可能会得到合作组织的定期培训和技术指导，帮助其掌握养殖新知识和新技术，从而促进生产技术效率的提高；其次，合作组织可能为养殖户提供人工授精、饲料供应、肉牛收购等方面的帮助，一定程度上为养殖主体解决“后顾之忧”，调动其生产积极性；最后，合作组织通过疾病防控指导或定期的疫病检测，降低肉牛养殖的生产风险，从而保证养殖主体的生产效益和生产质量，进一步调动生产积极性，增强其主动学习养殖新技术和新知识的意愿。养殖主体参与合作组织对肉牛生产经济效率的影响机制如图 7－3 所示。

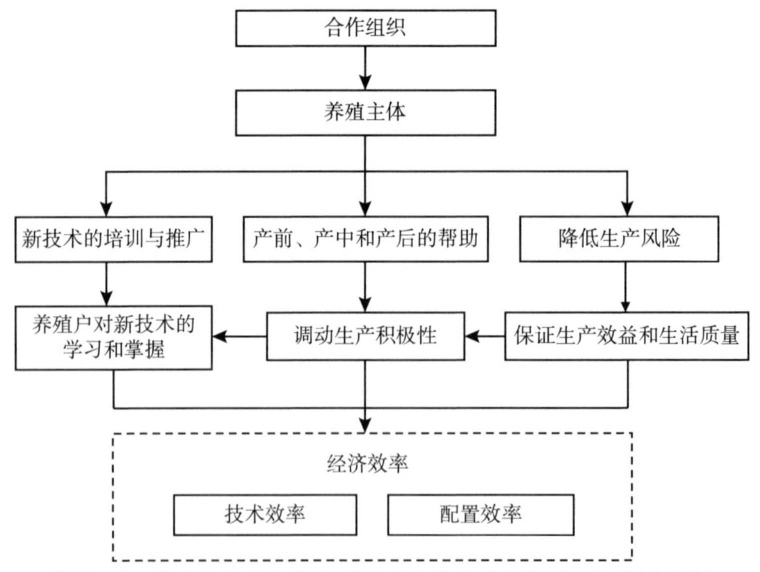

图 7－3 养殖主体参与合作组织对肉牛生产经济效率的影响机制

资料来源：笔者结合已有文献及实地调研分析整理所得。

假说3：养殖主体参与合作组织可以同时提高肉牛生产的技术效率和配置效率。

7.2　研究设计

本章基于实地调研数据，在科学评估样本地区肉牛生产经济效率水平基础上探究影响肉牛生产经济效率的因素。测度经济效率的方法仍然选择将随机因素纳入的随机前沿法。考虑到在分别对技术效率和配置效率构建模型时可能存在各方程扰动项之间相关的情况（本章为横截面数据，指的是同一个体在不同回归方程中的对应扰动项之间可能存在相关性），故对样本区肉牛生产经济效率进行回归时，继续选择采用似不相关回归（SURE）模型进行回归估计。方法介绍在第5章已详细阐述，本章不再赘述。

7.2.1　模型构建

基于前述理论分析，结合数据可获得性，考虑技术培训、补贴政策（畜牧业机械购置补贴、肉牛良种补贴、标准化规模养殖场补贴）、合作组织、其他生产管理特征以及个人和家庭特征作为可能影响肉牛生产经济效率的因素。基于此，肉牛生产经济效率的基本决策方程具体设定如下：

式（7－1）为肉牛生产技术效率决策方程：

$$TE_i = \alpha_0 + \alpha_1 tra_i + \alpha_2 pol_i + \alpha_3 ass_i + \alpha_4 man_i + \alpha_5 per_i + \varepsilon_{ite} \quad (7-1)$$

式（7－2）为肉牛生产配置效率决策方程：

$$AE_i = \beta_0 + \beta_1 tra_i + \beta_2 pol_i + \beta_3 ass_i + \beta_4 man_i + \beta_5 per_i + \varepsilon_{iae} \quad (7-2)$$

其中，下角标 i 表示第 i 个养殖主体；TE_i 表示第 i 个养殖主体的肉牛生产技术效率变量，AE_i 为肉牛生产配置效率变量，均由SFA模型测算结果所得；tra、pol、ass、man 和 per 分别表示技术培训、补贴政策、合作组织、其他管理特征和个人及家庭特征。$\alpha_1 \sim \alpha_5$、$\beta_1 \sim \beta_5$ 为待估参数；ε_{ite}、ε_{iae} 表示随机误差项。

7.2.2 变量选择

测度经济效率的变量选择。根据学者以往研究（杨春等，2019；马晓萍等，2021），结合肉牛繁育生产实际情况，兼顾考虑数据可得性与数据质量，测度样本区养殖场户肉牛生产经济效率的变量指标选择为三个：第一，产出指标：选择养殖主体出售肉牛头均活重作为产出指标；第二，投入指标：选择母畜投入、饲草料投入和劳动力投入作为投入指标，其中母畜投入为母牛价值摊销和养殖成本，饲草料投入包括精饲料和粗饲料费用。精饲料主要包括玉米、豆粕、棉粕、大麦、小麦等；粗饲料包括干草、秸秆、青贮饲料和青饲料（主要为牧草和青饲作物）等；第三，对应的投入要素价格分别为母畜价格、饲草料价格和劳动力价格，其中，劳动力价格为本地雇工的日工资价格，家庭劳动投入以此标准折算。测算养殖场户肉牛生产投入产出及所需的投入要素价格指标及描述性统计见表 7－1。

表 7－1　肉牛生产经济效率相关指标及统计

指标	变量名称	单位	平均值	标准差	最小值	最大值
产出指标	出售头均活重	千克/头	309.45	120.50	60.00	405.00
投入指标	母畜投入	元/头	3 040.61	2 636.00	900.00	8 960.00
	饲草料投入	元/头	2 037.21	2 191.09	486.00	9 043.00
	劳动力投入	元/头	839.19	751.67	18.00	7 600.00
投入要素价格指标	母畜价格	元/千克	23.44	9.96	6.35	40.00
	饲草料价格	元/千克	2.56	0.49	0.71	4.32
	劳动力价格	元/天	105.84	33.91	33	367

资料来源：根据 2021 年 9 月～2021 年 11 月对内蒙古自治区、宁夏回族自治区、四川省、重庆市和山西省 5 个省（区、市）10 个县（市、区）的肉牛养殖户的微观调研数据整理所得。

影响因素的变量选择。除前述重点关注的变量外，结合肉牛生产特征，养殖者素质、资源禀赋情况、所处区位等其他社会经济条件和生产管理特征都有可能对肉牛生产经济效率产生影响，但由于数据获得及部分因素难量化的限制，很难将所有因素都考虑进来。对此本书参考以往学者研究，结合前述理论分析，根据肉牛实际生产过程并结合实地调研，选取养殖主体个人和家庭特征以及其他可能的影响因素，包括决策者（户主）文化程度、年龄、养殖年限、是否有家庭成员担任村干部、饲养规模、种养结合（养殖主体养牛的同时种植饲草料）、购买养殖保险、距离县市距离和生物安全防控等其他可能影响肉牛生产经济效率的因素。变量设置及描述性统计如表7－2所示。

表7－2　肉牛生产经济效率的影响因素变量设置及描述性统计

<table>
<tr><th>变量类型</th><th colspan="3">变量名称</th><th>变量说明</th><th>平均值</th><th>标准差</th></tr>
<tr><td rowspan="2">被解释变量</td><td colspan="3">技术效率（TE）</td><td>由SFA测出的技术效率值</td><td>0.599</td><td>0.440</td></tr>
<tr><td colspan="3">配置效率（AE）</td><td>由SFA测出的配置效率值</td><td>0.645</td><td>0.371</td></tr>
<tr><td rowspan="5">解释变量</td><td rowspan="5">①产业与政策环境</td><td>技术培训（tra）</td><td>养殖主体参加技术培训</td><td>养殖主体参加技术培训次数（次）</td><td>0.742</td><td>0.565</td></tr>
<tr><td rowspan="3">补贴政策（pol）</td><td>畜牧业机械购置补贴政策</td><td>养殖主体是否享受畜牧业机械购置补贴（1＝是，0＝否）</td><td>0.576</td><td>0.380</td></tr>
<tr><td>肉牛良种补贴政策</td><td>养殖主体是否享受肉牛良种补贴（1＝是，0＝否）</td><td>0.639</td><td>0.447</td></tr>
<tr><td>标准化规模养殖场补贴政策</td><td>养殖主体是否享受标准化规模养殖场补贴（1＝是，0＝否）</td><td>0.281</td><td>0.494</td></tr>
<tr><td>合作组织（ass）</td><td>参与合作组织</td><td>养殖主体是否参加合作社等合作组织（1＝是，0＝否）</td><td>0.283</td><td>0.465</td></tr>
</table>

续表

<table>
<tr><th>变量类型</th><th colspan="2">变量名称</th><th>变量说明</th><th>平均值</th><th>标准差</th></tr>
<tr><td rowspan="13">解释变量</td><td rowspan="5">②其他生产管理特征（man）</td><td>购买养殖保险</td><td>养殖主体是否购买养殖保险（1 = 是，0 = 否）</td><td>0. 507</td><td>0. 494</td></tr>
<tr><td>正规信贷</td><td>是否获得正规金融机构贷款（1 = 是，0 = 否）</td><td>0. 49</td><td>0. 520</td></tr>
<tr><td>生物安全防控程度</td><td>肉牛免疫率实际值</td><td>0. 733</td><td>0. 259</td></tr>
<tr><td>种养结合</td><td>养殖主体是否选择种养结合（1 = 是，0 = 否）</td><td>0. 612</td><td>0. 284</td></tr>
<tr><td>养殖经验</td><td>肉牛饲养实际年限（年）</td><td>6. 360</td><td>7. 420</td></tr>
<tr><td rowspan="8">③个人和家庭特征（per）</td><td>决策者（户主）年龄</td><td>决策者的实际年龄（岁）</td><td>51. 34</td><td>9. 730</td></tr>
<tr><td>决策者（户主）受教育程度</td><td>决策者的受教育年限（年）</td><td>6. 710</td><td>0. 770</td></tr>
<tr><td>是否有家庭成员为村干部</td><td>是否有家庭成员为村干部（1 = 是，0 = 否）</td><td>0. 040</td><td>0. 220</td></tr>
<tr><td>距离县市距离</td><td>距离最近的县市距离（公里）</td><td>16. 55</td><td>11. 66</td></tr>
<tr><td>饲养规模</td><td>养殖主体饲养肉牛实际数量（头）</td><td>52. 21</td><td>54. 50</td></tr>
<tr><td>家庭人口规模</td><td>家庭人口总数（人）</td><td>4. 57</td><td>1. 53</td></tr>
<tr><td>家庭年收入</td><td>家庭年收入（万元）</td><td>13. 8</td><td>49. 90</td></tr>
</table>

资料来源：根据 2021 年 9 月 ~2021 年 11 月对内蒙古自治区、宁夏回族自治区、四川省、重庆市和山西省 5 个省（区、市）10 个县（市、区）的肉牛养殖户的微观调研数据整理所得。

养殖决策者文化程度的高低，影响了其获取技术和相关生产知识的速度、深度和灵活性，受教育程度越高，越有助于其吸收和应用新知识、新技术（Bojnec et al.，2009；Khai et al.，2011）。养殖决策主体的年龄会在一定程度上影响其对技术的学习和吸纳能力，甚至影响其对养殖过程的创新，肉牛生产的技能掌握以及经验获取需要时间过程的积累，养殖主体作为“理性经济人”，会为了获得利益而不断的探索和积累生产经验，养殖主体的年龄和养殖年限为这种经验的获取和探索提供了时间维度的基础。家庭成员中担任村干部可能会增加其及时获取最新的技术培训信息和市场新动态等的途径，一定程度上也会影响肉牛生产的经济效率。种植饲草料的生产方式不仅可以为肉牛养殖提供优质饲草来提高肉牛生产性能以增加产出水平，还能在由于干旱等自然灾害导致饲草料短缺市场价格上涨的情况下，保证自身饲草供应和成本优势，从而对肉牛生产经济效率产生影响。购买农业保险可以在生产受到冲击时减缓冲击力度，有助于生产者恢复生产能力，会促使农户扩大生产规模（刘兆军等，2019），改变农户的生产行为，影响农业生产的经济效率（Fang et al.，2021）。同时，农业保险能调动农户专业化生产的积极性（付小鹏等，2017），促使他们主动学习相关的农业生产知识，包括生产技术、投融资、市场和产品等，积极更新生产经营方式方法，吸收和采纳现代农业技术，提高农业经营效率和技术效率。距离县（市、区）距离远近可能影响养殖主体对市场信息的获取难度和时滞性，由于生产与需求紧密联系，县（市、区）距离的远近也可能影响其销售价格，从而影响经济效率。较高的免疫率水平一定程度上阻断流行疫病的暴发和传播，从源头降低疫病暴发和传播的可能性，是肉牛生产主体对生物安全重视程度的表现，对肉牛生产经济效率产生影响。

7.2.3　数据说明

本章所使用的数据来源于课题组 2021 年 9 月 ~2021 年 11 月对内蒙古自治区、宁夏回族自治区、四川省、重庆市和山西省五个省（区、市）的实地调查问卷。根据肉牛主要生产区及县市的代表性，样本县（市、区）选择宁夏回族自治区的海原县和西吉县、内蒙古自治区的阿鲁科尔沁旗和巴林右旗、山西省的孝义市和晋中市、重庆市的合川区和丰都县以及四川省的筠连县、平昌县，共计对5个省（区、市）10个县（市、区）的肉牛养殖场户进行实地调查与问卷填写。每个县（旗）选择1～3个乡（镇、苏木），每个乡（镇、苏木）选取1～2个村（嘎查），每个村（嘎查）按照养殖规模选取样本养殖场户。调研样本具体的区域分布如表7－3所示。

表7－3　　调研样本区域分布

产区	代表省（区、市）	代表县（市、区）	样本量
西北产区	宁夏回族自治区	海原县、西吉县	90
西南产区	重庆市	合川区、丰都县	39
	四川省	筠连县、平昌县	43
中原产区	山西省	晋中市、孝义市	50
东北产区	内蒙古自治区	阿鲁科尔沁旗、巴林右旗	42

资料来源：根据2021年9月～2021年11月对内蒙古自治区、宁夏回族自治区、四川省、重庆市和山西省5个省（区、市）10个县（市、区）的调研样本域分布情况整理所得。

调研采用与农户一对一面对面访谈的方式进行，被访谈人为户主或主要决策者的样本占总样本量的95%以上，而户主和主要决策者对肉牛养殖情况有较清晰的认知，因此问卷具有较高的可信度和准确性。调查问卷涉及养殖场户的家庭基本特征、肉牛养殖的成本收益情况、生产经营管理特征、社会经济条件、设施条件以及政策环境等内容。这5个省（区、市）分别作为肉牛生产的东北产区（内蒙古自治区）、西北产区（宁夏回族自治区）、西南产区（重庆市、四川省）和中原产区（山西省）的典型省份，具有显著的代表性。调研共计收回317份有效调查问卷，剔除专业育肥生产和混合生产场户，最终获得264份专业繁育场户数据。

7.3　实证结果分析

7.3.1　经济效率分析

对经济效率的测度方法继续选择随机前沿超越对数函数法，需要首先计算似然率检验统计量 $LR = -2[\mathrm{Ln}L_0 - \mathrm{Ln}L_1]$ 对方法以及函数形式的适用性进行检验，其中，$\mathrm{Ln}L_0$ 为零假设（H_0）的对数似然函数值，$\mathrm{Ln}L_1$ 为备择假设（H_1）的对数似然函数值。若似然比检验统计量 LR 大于给定检验水平下的临界值，则拒绝原假设，否则接受原假设。首先对是否存在无效率项进行检验，得到广义似然比检验（LR）值为61.30，明显大于13.40的临界值，即以5%显著性水平拒绝无效率项为0的原假设，说明无效率性存在，即存在技术效率损失，随机前沿法适用。其次检验超越对数函数形式的广义似然比检验（LR）值为169.65，也同样大于13.40的临界值，说明超越对数生产函数形式适用于测度样本区养殖场户肉牛生产经济效率。

根据随机前沿超越对数函数得到调研地区肉牛养殖主体的生产技术效率具体分布如图7－4所示。调研地区养殖主体肉牛生产技术效率水平均值为0.599，技术效率值由0.297～0.981不等。在样本总体中，仅有2.21%的养殖主体肉牛生产技术效率大于0.900，5.05%的技术效率大于0.800。79.50%的肉牛生产技术效率在0.700以下，其中，38.49%的养殖主体技术效率在0.5～0.6，占据总体样本的最大比重。整体上，调研地区肉牛生产的技术效率水平还较低，多数养殖主体技术效率距离生产前沿的差距在40%以上，说明调研区肉牛生产的技术效率水平仍有显著的提升空间，养殖主体在提高肉牛日增重等精细化的饲养管理技术方面需要加强。

调研地区养殖主体肉牛生产的配置效率具体分布见图7－5。调研地区养殖主体肉牛生产配置效率均值为0.645，配置效率分布在0.314～

0.911。与技术效率分布区间相比，配置效率分布较集中。样本总体中，配置效率在0.5～0.7的养殖主体比重最高，占据总样本主体的70.66%的份额。仅有2户养殖主体肉牛生产配置效率高于0.9，18.61%的配置效率高于0.8。配置效率小于0.5的养殖主体占比在4.10%左右。虽然当前样本区配置效率与最优配置前沿还存在明显差距，但效率水平分布相对较集中，整体上要优于技术效率水平。

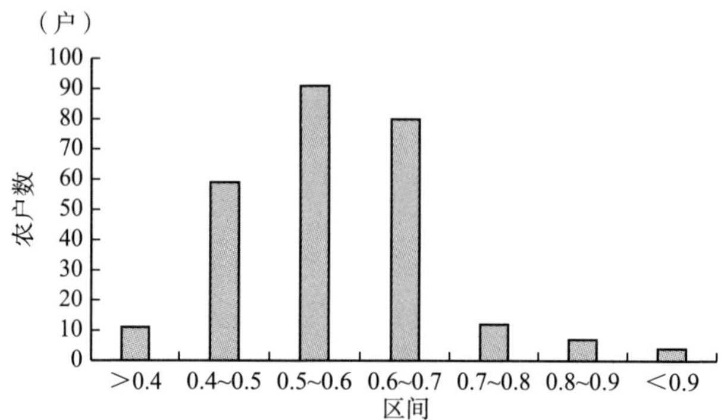

图7－4　调研点肉牛生产技术效率区间分布

资料来源：采用FRONTIER4.1软件运用超越对数生产函数的随机前沿模型对内蒙古自治区、宁夏回族自治区、四川省、重庆市和山西省5个省（区、市）10个县（市、区）的肉牛养殖户生产技术效率的估计结果整理所得。

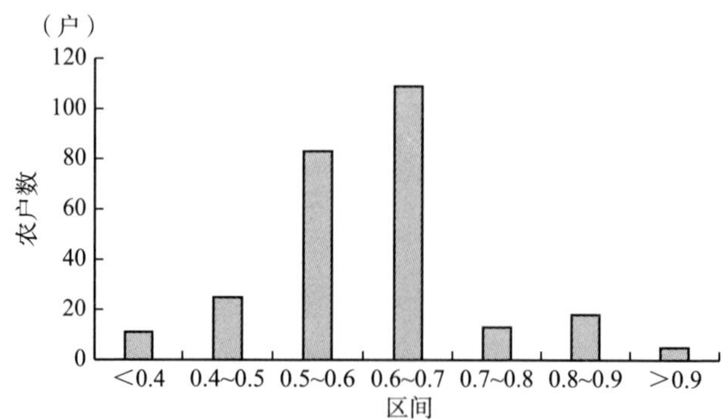

图7－5　调研点肉牛生产配置效率区间分布

资料来源：采用FRONTIER4.1软件运用超越对数生产函数的随机前沿模型对内蒙古自治区、宁夏回族自治区、四川省、重庆市和山西省5个省（区、市）10个县（市、区）的肉牛养殖户生产技术效率的估计结果整理所得。

7.3.2 模型适用性检验

本书继续采用BP检验对似不相关回归（SURE）模型各方程扰动项之间是否存在同期相关进行检验，*LM*统计量计算过程见第5章，此处不再赘述。

在SURE模型中，Stata17软件同时给出了各方程扰动项之间“无同期相关”的BP独立性检验结果，显示卡方值为208.992，$P=0.0000<0.001$，故可以拒绝各方程的扰动项相互独立（即无同期相关）的原假设，即两个方程之间具有同期相关性，从而证明了使用SURE模型估计的回归较之单方程更加合理。SURE模型能够有效解决联立性偏误，控制方程扰动项之间的相关性，同时针对遗漏变量的影响，本书选取了养殖主体个人及家庭特征变量等控制变量，并加入产区虚拟变量，以此来消除可能因为遗漏变量而带来的参数估计偏误，检验结果如表7-4所示。

表7-4　似不相关回归（SURE）模型估计的适用性检验结果

变量名称	SURE	
	技术效率（TE）	配置效率（AE）
养殖主体参加技术培训	0.038** (2.480)	0.053** (2.029)
畜牧业机械购置补贴政策	0.021** (1.971)	0.033* (1.772)
肉牛良种补贴政策	0.006** (2.015)	0.007 (0.297)
标准化规模养殖场补贴政策	0.048 (1.376)	0.032 (1.594)
参与合作组织	0.019 (1.083)	0.023 (1.188)

续表

变量名称	SURE	
	技术效率（TE）	配置效率（AE）
购买养殖保险	0.031** (2.122)	0.017** (1.995)
正规信贷	0.063*** (2.739)	0.017* (1.785)
生物安全防控程度	0.076** (2.046)	0.088** (2.168)
种养结合	0.009** (1.969)	0.004** (1.999)
养殖经验	0.002* (1.720)	0.001** (1.963)
决策者（户主）年龄	0.016 (0.438)	-0.073 (-1.175)
决策者（户主）受教育程度	0.011** (2.015)	0.024** (1.984)
是否有家庭成员为村干部	0.022 (0.542)	-0.064 (-1.095)
距离县市距离	-0.000 (-0.695)	0.002 (1.603)
饲养规模	0.037** (1.983)	0.099* (1.788)
家庭人口规模	-0.011 (-0.756)	0.024 (0.638)
家庭年收入	0.000 (0.361)	0.000 (0.032)
地区虚拟变量	YES	YES
Constant	0.953*** (14.715)	0.691*** (6.389)
R-squared	0.304	0.671
chi-sq-p-val	0	0
Breusch-Pagan test	chi2（1）=208.992	
	Pr=0.0000	

注：括号里为z值；***、**、*分别表示1%、5%、10%的水平上显著。

资料来源：采用STATA16.0软件对回归模型各方程扰动项之间是否存在同期相关性进行BP检验。

7.3.3 基准回归结果分析

为提高估计效率和克服部分内生性偏误，本章在运用 Tobit 模型对技术效率与配置效率的影响因素进行单方程考察的基础上，继续运用 Bitobit 联立模型进行估计，估计结果如表 7－5 所示。表中分别汇报了单一方程 Tobit 和似不相关 Bitobit 模型的估计结果，Wald 检验结果说明了采用 Bitobit 模型进行估计的必要性。因此，本章重点对 Bitobit 的估计结果进行分析。同样为便于直接比较，表中输出估计的边际效应。

表 7－5　Tobit 和 Bitobit 模型估计结果

变量名称	Tobit		Bitobit	
	技术效率（TE）	配置效率（AE）	技术效率（TE）	配置效率（AE）
养殖主体参加技术培训	0.022* (1.666)	0.033* (1.780)	0.024*** (2.674)	0.082*** (2.843)
畜牧业机械购置补贴政策	0.019 (0.762)	0.032** (2.131)	0.027** (2.211)	0.028** (2.429)
肉牛良种补贴政策	0.016 (1.238)	0.003 (1.162)	0.019** (2.132)	0.011 (1.219)
标准化规模养殖场补贴政策	0.013 (0.969)	0.021 (1.376)	0.014 (1.251)	0.009 (1.473)
参与合作组织	0.047 (1.075)	0.018 (1.630)	0.046 (1.472)	0.035 (1.559)
购买养殖保险	0.007* (1.930)	0.001* (1.710)	0.008** (1.920)	0.011** (1.981)
正规信贷	0.017* (1.857)	0.014 (1.403)	0.059*** (2.747)	0.011** (2.044)
生物安全防控	0.057* (1.900)	0.062* (1.829)	0.093*** (2.668)	0.070*** (2.996)

续表

变量名称	Tobit		Bitobit	
	技术效率（TE）	配置效率（AE）	技术效率（TE）	配置效率（AE）
种养结合	0.001 (1.055)	0.002 (1.082)	0.005 * (1.764)	0.009 ** (2.001)
养殖经验	0.008 * (1.960)	0.001 ** (2.148)	0.006 ** (2.045)	0.007 ** (2.032)
决策者（户主）年龄	0.001 (0.811)	0.002 (1.085)	0.001 (0.750)	0.004 (1.070)
决策者（户主）受教育程度	0.020 (0.549)	0.071 (1.082)	0.018 *** (2.845)	0.045 *** (2.626)
是否有家庭成员为村干部	0.002 (0.641)	-0.001 (-1.033)	0.000 (0.561)	-0.001 (-0.931)
距离县市距离	-0.000 (-0.547)	0.001 (1.029)	-0.000 (-0.334)	0.001 (0.845)
饲养规模	0.042 ** (2.397)	0.033 * (1.706)	0.041 * (1.993)	0.002 ** (2.150)
家庭人口规模	-0.009 (-1.384)	0.005 (1.027)	-0.010 (-1.467)	0.023 (1.414)
家庭年收入	0.021 (1.364)	0.016 (1.321)	0.020 (1.364)	0.001 (0.120)
地区虚拟变量	YES	YES	YES	YES
Constant	0.916 *** (13.397)	0.760 *** (9.897)	0.813 *** (11.620)	0.650 *** (10.320)
Pseudo R^2	-0.28	-0.31		
Log likelihood	287.804	156.897	575.848	
wald-chi-sq-p-val	—	—	0.000	0.000

注：括号里为 z 值；***、**、* 分别表示 1%、5%、10% 的水平上显著。表中报告的是估计的边际效应。

资料来源：采用 STATA16.0 软件运用 Tobit 模型和 Bitobit 联立模型对技术效率与配置效率的影响因素进行估计的结果整理所得。

（1）技术培训

估计结果显示养殖主体接受养殖技术培训促进肉牛生产技术效率和配置效率的提高，在1%的水平上显著，即表明接受技术培训的养殖主体，其肉牛生产经济效率明显高于未接受技术培训的养殖主体，且接受技术培训每增加1个单位，技术效率和配置效率分别增加2.4%和8.2%。调研区养殖主体接受的培训包括机械应用、饲养技术和疫病防疫等，培训的组织方多为政府部门、合作社或龙头企业。多数养殖主体主观表示技术培训有效果，可应用在生产实践过程中。技术培训作为一种非正规教育手段，是对肉牛生产主体人力资本投资的重要内容，对养殖技术的推广与扩散起到重要工具性作用，使养殖主体更加了解养殖技术特点，良好的技术培训环境有利于肉牛养殖主体生产经济效率的提高。

（2）补贴政策

肉牛养殖主要享受的生产性补贴政策主要有三个方面。

①畜牧业机械购置补贴对肉牛生产技术效率和配置效率同时产生显著正向影响，在5%的水平上显著，享受此项补贴政策后，技术效率和配置效率分别提高2.7%和2.8%。说明畜牧业机械购置补贴在肉牛生产过程中起到明显的积极作用。机械运作效率和质量高于人力和畜力，养殖主体通过应用机械提高肉牛生产的技术效率，同时，以机械投入代替价格较高的劳动力投入，改善要素配置结构，提高了配置效率。

②肉牛良种补贴政策对肉牛生产的技术效率产生显著正向影响，在5%的水平上显著，获得肉牛良种补贴使技术效率提高1.9%，但对配置效率无显著影响。可能的原因是，肉牛良种补贴政策的实施，提高肉牛良种化水平增加产出的同时，带动肉牛养殖相关技术扩散，对技术效率的提高起到辐射作用。但由于良种补贴标准较低，从理论上规定每年每头能繁母牛享受10元良种补贴，而2020年平均每头肉牛养殖成本达到5 917.01元，补贴占比不及成本的0.02%，对配置效率的改善作用微乎其微。

③标准化规模养殖场补贴正向影响肉牛生产技术效率和配置效率的提高，但未通过显著性检验，可能的原因是，标准化规模养殖场的标准较高，政策覆盖面较小，对肉牛生产经济效率的影响不显著。从针对肉牛的独特影响因素来看，畜牧业机械购置补贴对肉牛生产经济效率的正向影响程度更大。

（3）购买养殖保险

养殖主体购买养殖保险显著提高了肉牛生产的技术效率和配置效率，均在5%的水平上显著。购买养殖保险分别使技术效率和配置效率提升0.8%和1.1%，可能的原因是，购买养殖保险增强养殖主体专业化生产的意愿，促使养殖主体主动学习融资、生产、经营、销售等知识，积极迭代生产方式，采用现代养殖技术，提高技术效率。实地调研中，养殖主体表示购买保险使其“心里有底”，在肉牛因意外和疫病死亡后，可以得到一定的补偿，可以使其将资本和精力放心投入到肉牛生产过程中，减少了“后顾之忧”。同时，肉牛养殖主体购买保险对于减缓风险冲击和降低损失方面有明显作用，有助于养殖主体在灾后恢复生产能力，提高配置效率。

（4）正规信贷

正规信贷显著促进肉牛生产技术效率和配置效率的同时提高，分别在1%和5%的水平上显著。养殖主体获得正规信贷使技术效率和配置效率分别提高5.9%和1.1%，相较于其他因素，正规信贷对肉牛生产技术效率的影响程度最大，说明获得正规信贷可以明显促使养殖主体将资本投入养殖环节，增加机械投入，扩大养殖规模，追求规模效率，采用机械替代劳动，优化要素结构，提高配置效率，即同时提高技术效率和配置效率。

（5）合作组织

养殖主体参加合作组织对肉牛生产的技术效率和配置效率均无显著影响。当前肉牛产业的组织化程度较低，调研主体中71.70%的养殖主体未参加包括合作社型、企业带动的契约型以及与龙头企业签约的买卖型等在内的任何合作性组织。而且，参与的主体中，55.43%的养殖主体表示合作组织基本未提供任何与肉牛生产环节相关的社会性生产服务，说明调研区的合作组织未实现养殖主体与农业经营主体社会化服务体系的较好结合，对帮助农户实现经济效率提升还存在明显差距。

表7-5中还显示了其他因素变量和对个人家庭特征肉牛生产经济效率的影响。

①种养结合。种养结合对肉牛生产技术效率和配置效率的提高均产生显著正向影响，分别在10%和5%的水平上显著，选择种养结合方式使技术效率和配置效率分别提高0.5%和0.9%。一方面，肉牛养殖主体通过种植青贮玉米、苜蓿等优质饲草，有效调整了肉牛精、粗饲料结构，由传统的“秸秆+精料”饲喂模式向“优质饲草+精料”的饲喂模式转变，可以在土地资源利用效率提高的同时，合理安排饲草料投入，提高配置效率；另一方面，肉牛产生的粪便及时还田提高土壤肥力的同时，又能为肉牛提供相对干净的生活环境，提高肉牛的生产性能，得到更大产出，促进技术效率的提升。

②饲养规模。饲养规模的扩大显著正向影响肉牛生产的技术效率和配置效率，分别在10%和5%的水平上显著，饲养规模每增加1个单位，技术效率和配置效率分别提高4.1%和0.2%，即对技术效率的正向影响程度更大。随着肉牛养殖规模的扩大，养殖主体会增加资本和技术投入，而现代化机械等的投入有助于提高肉牛生产的技术效率，而且，随着规模的扩大，养殖户会更加重视合理安排各项投入，降低要素冗余和浪费，统一化、标准化安排要素，在要素市场价格已知下，提高合理分配要素的能力，促进配置效率的提高。进一步检验饲养规模与效率是否存在倒“U”型关系，加入生产规模的二次项进行检验，结果呈负向影响，但未通过显著性检验，说明样本区肉牛生产整体仍在规模效率递增阶段，但过度的规模扩大可能会影响效率的提升。

③生物安全重视程度。生物安全重视程度的提高对肉牛生产的技术效

率和配置效率均产生显著正向影响，生物安全重视程度每提高 1 个单位，肉牛生产技术效率和配置效率分别提高 9.3% 和 7.0%。免疫率的提高在一定程度上阻断流行疫病的暴发和传播，从源头降低疫病暴发和传播的可能性，降低肉牛的发病率与死亡率，对提高肉牛生产的经济效率产生积极影响。

④决策者受教育程度。决策者受教育程度对肉牛生产技术效率和配置效率均有显著正向影响。人力资本水平的提升有助于肉牛生产技术吸收和新知识、新技术的应用，对效率产生积极的正向影响。

⑤养殖经验。养殖经验促进肉牛生产技术效率和配置效率的提升，说明具有养殖经验的养殖主体肉牛生产的技术效率和配置效率要高于经验不足的养殖主体，养殖经验每提高 1 个单位，肉牛生产技术效率和配置效率分别提高 0.6% 和 0.7%。肉牛生产的技能掌握以及经验获取需要时间过程的积累，养殖主体作为“理性经济人”，会为了获得利益而不断的探索和积累生产经验，养殖年限为这种经验的获取和探索提供了时间维度的基础，获得技术效率和配置效率的提升。

7.4 稳健性检验

似不相关回归估计在一定程度上克服了潜在内生性偏误，但可能受制于数据、变量等因素，仍需要对模型做进一步的稳健性检验。

(1) 内生性问题处理

虽然本书从个体和家庭特征等多个方面尽可能考虑了影响肉牛生产经济效率的控制变量，但仍然可能存在遗漏变量所导致的内生性问题。参考李龙等（2016）和任天池等（2018）的研究，继续选择采用地区层面的工具变量来讨论内生性问题，并借助 IV – Tobit 纠正基准回归可能存在的内生性偏误。在工具变量的选择上，本书选择所在地区是否有养殖保险作为养殖主体购买保险的工具变量，主要的理由是：第一，地区层面是否有保险会影响养殖主体是否购买生产保险，只有该地区有保险，养殖主体才能有机会购买到养殖保险，否则无法购买，即地区是否有保险与养殖主体是否购买保险这两个变量之间有明显的相关关系，满足工具变量的相关性假设；第二，宏观地区层面是否有保险并不会对微观层面养殖主体的生产行为产生直接的影响，因此，所在地区是否有保险这一变量同时满足工具变量的外生性要求。

估计方法继续采用 CMP + IV - Tobit 模型对工具变量进行估计。CMP + IV - Tobit 条件混合估计结果如表7-6所示。模型（1）和模型（2）的第一阶段内生性检验参数 atanhrho12 分别在5%和1%的水平上显著，说明购买养殖保险与肉牛生产技术效率和配置效率之间的内生性问题确实存在。根据模型（1）和模型（2）的第二阶段的估计结果，由工具变量（IV）——所在地区是否有保险拟合以后，购买养殖保险对肉牛生产技术效率和配置效率产生正向影响，均在5%的水平上显著，说明在纠正内生性偏误后，购买养殖保险依旧会显著促进肉牛生产技术效率和配置效率的提升。

表7-6　　CMP + IV - Tobit 条件混合估计结果

变量	（1）技术效率（TE）		（2）配置效率（AE）	
	第一阶段	第二阶段	第一阶段	第二阶段
养殖户购买保险		0.025** （2.144）		0.183** （2.737）
所在地区是否有保险	0.064** （2.347）		0.091*** （2.906）	
控制变量	YES	YES	YES	YES
地区虚拟变量	YES	YES	YES	YES

续表

变量	（1）技术效率（TE）		（2）配置效率（AE）	
	第一阶段	第二阶段	第一阶段	第二阶段
常数项		0.956*** (3.424)		0.850*** (5.581)
atanhrho_12_cons	0.287** (2.980)		0.272*** (5.391)	
wald－chi－sq－p－val	0.000	0.000	0.000	0.000

注：括号里为 z 值，***、** 分别表示在 1%、5% 的水平上显著。

资料来源：采用 STATA16.0 软件运用 CMP＋IV－Tobit 条件混合估计的结果整理所得。

（2）稳健性检验

本书使用倾向评分匹配（propensity score matching，PSM）法对回归结果进行稳健性检验。解释变量中是否采用种养结合方式为二值选择变量，可以区分为种养结合组和非种养结合组，那么养殖主体究竟选择种养结合还是非种养结合，是样本主体自己做出的选择，可能存在样本的自选择偏误。因此，本书采用 PSM 方法，通过估计处理组与控制组的平均处理效应，来纠正样本自选择偏误，结果如表 7－7。

表 7－7　　　　PSM 估计下的平均处理效应结果

因变量	自变量	处理组	控制组	ATT	标准误	t 值
技术效率	是否种养结合	0.819	0.865	0.047**	0.026	2.07
配置效率		0.724	0.684	0.039*	0.023	1.70

注：**、* 分别表示在 5%、10% 的水平上显著。

资料来源：采用 STATA16.0 软件运用 PSM 估计的结果整理所得。

由估计结果可得，第一，技术效率 ATT 平均处理效应为正，且在 5% 的水平上显著，说明选择种养结合生产方式的养殖主体相较于不选择种养结合生产方式的养殖主体技术效率更高。第二，配置效率ATT平均处理效应也为正，且在10%的水平上显著，说明选择种养结合生产方式的养殖主体相较于不选择种养结合生产方式的养殖主体配置效率更高。稳健性检验的结果支持基准回归结论，即种养结合方式促进肉牛生产经济效率的提高。

 7.5 异质性分析

对于异质性的讨论，本节选择前述设定的计量经济模型来实证分析不同经营类型即专业和兼业肉牛生产经济效率的影响因素。经济实践经验表明，若只了解整个养殖主体经济效率的影响因素，容易造成政策发力不精准的问题，因此需要将养殖主体进一步划分为不同经营类型做深层次的探讨。对于影响不同经营类型养殖主体的因素，既有共性也有异性，而异性更有助于政策的精准调控。本书讨论的“兼业”是指肉牛养殖主体在现有经营环境中基于收入最大化目标，通过比较农业和非农行业的相对收入，从而做出如何在肉牛生产经营与从事非农行业间进行配置劳动力要素的决策，主要为工业与农业之间的兼业，表现为在经营肉牛生产的同时，生产决策者或家庭成员做出劳动力转移外出务工、经商的行为决策。专业肉牛生产与兼业肉牛生产的影响因素回归结果如表7-8所示。

表7-8 养殖主体类型分组估计结果

变量名称	专业生产者		兼业生产者	
	技术效率（TE）	配置效率（AE）	技术效率（TE）	配置效率（AE）
养殖主体参加技术培训	0.009** (2.314)	0.083*** (3.414)	0.049* (1.659)	0.103* (1.955)

续表

变量名称	专业生产者		兼业生产者	
	技术效率（TE）	配置效率（AE）	技术效率（TE）	配置效率（AE）
畜牧业机械购置补贴政策	0.010** (1.975)	0.018** (1.978)	0.036 (0.968)	0.041 (1.531)
肉牛良种补贴政策	0.014* (1.661)	0.021 (0.998)	0.014* (1.791)	-0.024 (-0.572)
标准化规模养殖场补贴政策	0.019 (1.043)	0.019 (0.593)	0.010 (0.558)	0.008 (0.307)
参与合作组织	0.052 (1.720)	0.021 (2.386)	0.027 (0.780)	0.047 (0.952)
购买养殖保险	0.015** (2.091)	0.023** (1.997)	0.012 (1.283)	0.031 (1.311)
正规信贷	0.063*** (2.738)	0.041*** (2.656)	0.195** (1.998)	0.486** (2.035)
生物安全防控	0.092*** (2.729)	0.031*** (2.584)	0.041*** (2.805)	0.047*** (2.649)
种养结合	0.010* (1.964)	0.006** (2.310)	0.011 (1.173)	0.020 (1.449)
养殖经验	0.009* (1.985)	0.002** (1.993)	0.001* (1.680)	0.002* (1.852)
决策者（户主）年龄	0.000 (0.185)	0.002 (1.193)	0.001 (1.180)	0.002 (1.252)
决策者（户主）受教育程度	0.110* (1.009)	0.271* (1.459)	0.033 (0.915)	0.036 (0.696)
是否有家庭成员为村干部	0.001 (1.117)	0.003 (1.513)	0.000 (0.368)	0.001 (0.858)

续表

变量名称	专业生产者		兼业生产者	
	技术效率（TE）	配置效率（AE）	技术效率（TE）	配置效率（AE）
距离县市距离	0.026 （1.103）	0.004 （1.339）	0.009 （0.479）	0.013 （0.395）
饲养规模	0.015* （1.691）	0.023* （1.711）	-0.012 （1.283）	-0.031** （-2.311）
家庭人口规模	0.064 （1.337）	0.087 （1.011）	0.012 （1.283）	-0.031 （-1.311）
家庭年收入	0.077 （1.092）	0.045 （1.032）	0.033 （1.052）	-0.042 （-1.321）
地区虚拟变量	YES	YES	YES	YES
Constant	0.890*** （9.025）	2.001*** （7.563）	0.732*** （5.329）	1.427*** （7.403）
Log likelihood	327.41679		371.07391	
wald-chi-sq-p-val	0.0000		0.0000	

注：括号里为 z 值；***、**、*分别表示在1%、5%、10%的水平上显著。

资料来源：采用STATA16.0软件运用Bitobit模型进行分组再估计的结果整理所得。

（1）技术培训

养殖技术培训对肉牛专业生产主体和兼业生产主体的技术效率及配置效率均有显著正向影响，说明技术培训对肉牛生产经济效率的提高具有重要作用，是在生产者主体层面提高肉牛生产经济效率的重要途径。

（2）补贴政策

补贴政策中，肉牛良种补贴对专业和兼业肉牛生产技术效率均有显著影响，说明肉牛良种补贴提高整体肉牛良种化水平的同时，技术辐射作用兼顾专业和兼业养殖。畜牧业机械购置补贴政策仅对专业肉牛养殖技术效率产生正向影响，对兼业肉牛生产无显著影响。可能的原因是专业生产者更倾向于投入畜牧业机械来提高生产水平，而兼业生产者更倾向于非农劳动，较少关注畜牧机械的投入。

（3）购买养殖保险

专业生产者购买保险能够显著提高其肉牛生产的技术效率和配置效率，但购买保险对肉牛兼业生产者的经济效率无显著影响。说明购买保险能够降低专业生产者的灾害冲击，降低损失，并促使其将技术和资本投入到肉牛生产过程中。但对于兼业生产者来说，肉牛生产可能不是其主要的收入来源，购买保险得到的有限的保险补偿，既不能对恢复其生产能力产生积极影响，又不能增强其专业化生产的意愿。

（4）正规信贷

正规信贷同时促进肉牛专业生产和兼业生产的技术效率和配置效率，对专业生产的影响更显著。说明良好的信贷支持可以继续促进肉牛专业生产主体将资本进一步向肉牛生产投入，增加机械设备或技术等来提高生产经济效率。同时，信贷支持还会刺激兼业生产主体的“回头”，即在有良好的信贷支持下，兼业生产主体也可能再进一步增加肉牛生产的意愿，将资本、精力和技术向肉牛生产倾斜，从而促进肉牛生产经济效率的提高。

（5）种养结合

种养结合显著促进肉牛专业生产的经济效率的提高，对兼业生产的经济效率无显著影响。说明专业生产者会结合生产需要，较好地将肉牛养殖与饲草种植结合，促进生产经济效率的提高，但这一种养模式并未提高兼业生产的经济效率，可能的原因是兼业生产者对种养结合技术关注不足，未能较好应用。

（6）生产规模

生产规模同时显著提高专业生产者的技术效率和配置效率，但对兼业生产者的配置效率产生显著负向影响，随着生产规模的扩大，有利于专业生产者合理配置各项投入要素，使其标准化和稳定化，更加倾向于将技术和资本投入到肉牛生产过程，提高技术效率的同时提高配置效率；但对于兼业生产者来说，随着规模的扩大，配置效率下降，说明兼业生产可能会因为规模的增大而对投入要素的安排“顾及不暇”，所以适度规模是肉牛兼业生产者的合理选择。

（7）生物安全防控

生物安全防控程度同时显著提高专业生产和兼业生产的经济效率，即生物安全重视程度的提高不论对于肉牛的专业生产还是兼业生产，都是提高肉牛生产经济效率的必要途径，生物安全防控水平的提高对肉牛生产经济效率的提高产生重要的积极影响。

7.6　本章小结

本章基于生产主体视角，从技术培训、补贴政策和合作组织对肉牛生产经济效率影响的理论分析基础上，构建分析框架，并提出待检验假说，结合微观实地调研数据，在准确估计经济效率后构建计量经济学模型离析出影响经济效率的关键因素，通过 Bitobit 模型得到基准回归结果，并进一步进行稳健性检验和异质性分析，得到如下结论。第一，样本地区养殖主体肉牛生产技术效率和配置效率水平均值分别为 0. 599 和 0. 645，与效率前沿存在 40. 1% 和 35. 5% 的差距，整体上样本地区肉牛生产的经济效率水平距离生产前沿还存在较大差距，仍有显著的提升空间。第二，养殖主体接受技术培训同时促进肉牛生产技术效率和配置效率的提高；补贴政策对促进肉牛生产经济效率的提高产生正向影响，但各补贴政策类型的影响存在差异，畜牧业机械购置补贴对肉牛生产技术效率和配置效率同时产生显著正向影响，且影响程度最为明显；而肉牛良种补贴政策仅对肉牛生产的技术效率产生显著正向影响，对配置效率无显著影响；标准化规模养殖场补贴政策对样本区肉牛生产经济效率的影响不显著。参与合作组织对肉牛生产经济效率无显著影响，样本区的合作组织还未实现与养殖主体在社会化服务等方面的紧密结合。此外，正规信贷、种养结合、购买养殖保险、规模扩大、生物安全防控程度、决策者文化程度和养殖经验显著促进肉牛生产经济效率的提高。第三，进一步分析发现，不同经营类型肉牛生产经济效率的影响存在异质性。接受养殖技术培训、良种补贴政策、生物安全防控和信贷支持可以同时显著促进肉牛专业生产和兼业生产经济效率的提高，而购买养殖保险的风险规避行为、畜牧业机械购置补贴、种养结合模式和规模扩大仅促进专业肉牛生产主体的经济效率，对兼业生产经济效率无积极影响，其中饲养规模的扩大反而降低肉牛兼业生产的配置效率。应进一步整合资源向肉牛专业生产倾斜或借助兼业生产促进专业生产达到协同发展。

第 8 章 中国畜牧业生产经济效率的提升路径分析

前面章节结合理论分析和实证检验分析出影响肉牛生产经济效率的因素，为本章提供了逻辑起点。本章将在前面计量经济分析的逻辑基础上，结合微观调研具体案例，从组态视角出发，对前述计量分析检验中的显著影响变量进行归属度标定，引入定性比较分析方法，更细致深入地探讨影响肉牛生产经济效率的因素组合及其综合效应，进而获得提升肉牛生产经济效率的实现机理与等效路径。

8.1 理论分析与策略选择

8.1.1 理论分析

理论视角是构建理论基础的前提，揭示研究的逻辑基础。在探讨肉牛生产经济效率各因素的综合影响效应之前，首先通过对基本理论分析视角的适用性比较，选择契合本书的理论分析视角。

（1）理论视角比较

通用视角、权变视角和组态视角是管理学研究中最为广泛应用的三种基本理论视角（Delery et al.，1996）。具体而言，通用视角主要用于建立自变量与因变量间较为简单和直观的线性因果关系；权变视角在前述基础上进一步关注自变量间的交互效应与因变量间相对复杂的线性或非线性关系；相比之下，组态视角不仅可以分析自变量与因变量直观的因果关系，还可以阐述要素组态与结果变量间更为复杂的因果关系（Ragin，2000）。基于不同角度重点对权变视角和组态视角的差异进行比较。从研究模式来看，权变视角旨在采用如多元线性回归、分组比较和交互项等的传统计量经济学方法，通过边际效应等来获得单个变量对结果变量的净影响；组态视角在此基础上以整体分析为框架，以布尔代数与集合分析为方法，将结果变量视为由构成要素组成的集合和系统，考虑了要素间复杂的双向因果和非线性关系（Fiss，2011；Ragin，2014）。从分析层次来看，权变视角基于单一变量层次，而组态视角综合变量和案例两个层次，认为各影响因素并非仅单一作用于结果变量，而是彼此间存在相互联系，并共同作用于结果变量，由此得到达到既定目标的因素组合的综合影响效应。

（2）理论视角选定

本章旨在讨论肉牛生产经济效率提升的路径，即在承认前述计量统计分析得出的稳健性结果的基础之上，更进一步讨论和模拟实现肉牛生产高经济效率的路径。因此，结合前述研究视角的比较，本章选定组态视角作为分析视角，认为肉牛生产经济效率的提高可以在一系列的因素组合作用下达成，某个因素单独作用的结果存在，但实现目标的路径不唯一。如若想提高养殖主体肉牛生产的经济效率，仅扩大生产规模实现的“净效应”存在，但可能有限，若和其他如良好的技术培训环境、政策补贴扶持或对生物安全的高重视程度来配合或传导，产生组态影响效应，可进一步提升生产的经济效率水平。因此，采取整合的组态视角对这些复杂的因果关系和组态影响效应予以解释，是十分必要的。

8.1.2 策略选择

本章基于组态理论视角下的定性比较分析策略源于以下考量：

一是现有对肉牛生产经济效率的研究，多关注单独变量的独立作用，然而，结合一线实践调研和已有研究，对于各因素变量对肉牛生产经济效率的影响机理，必须从整体分析策略出发，进一步探讨多种因素间更为复杂的联合效应。定性比较分析方法在此颇具优势，一定程度上结合纯传统定量分析和纯定性分析两种方法的特点和优势，以模糊集合代替对变量的精确性测量，使研究结论更贴近客观事实。因此，定性比较分析方法将辅助本书识别出实现肉牛生产高经济效率水平的路径。

二是由于养殖主体自身禀赋与所处环境的不同，在一定条件下追求高生产经济效率水平时重点考虑的因素和影响偏向不同，往往难以实现多个积极因素的同时提升。同一养殖主体在考虑高技术效率路径时结合现实情况所考虑和倾向的变量因素，很大可能与该养殖主体考虑高配置效率时所关注的变量因素存在明显的不同。而且，即使同一养殖主体所关注或重点考虑的变量因素完全相同，实现高技术效率路径的因素组合也不一定是实现高配置效率的因素组合的补集。可见，传统计量分析中的自变量与因变量二元对称关系缺少解释现实中这一普遍存在的因变量与自变量间的非对称集合关系，而以集合隶属关系为主导的定性比较分析能够刻画和处理多个实际案例涵盖的普遍特征。

三是本书中的264个样本量完全可以进行传统的计量分析，且已经在

第七章中得到具有稳健性的结果，但仍然难以处理3个以上交互项与结果变量之间的复杂关系，而对于两两条件变量的所谓调节效应也无法解释与结果变量具体的因果关系。反过来，若采用个别或小样本的案例分析，又难以避免所分析的结果缺乏普遍适用性（Ragin，2006）。本书的养殖主体既包括散养、不同规模养殖以及专业和兼业养殖等类型，在考虑样本主体对代表性个体的覆盖率下，基于一定样本量的定性比较分析，再次有效权衡了前述两种方法的优劣势。因此，将量化分析与定性案例分析相结合的方法，关注条件变量组合而非单一变量，是适合本章主题的分析策略。

8.2 研究设计

8.2.1 研究方法

定性比较分析方法（qualitative comparative analysis，QCA）始于1987年拉金的开创性研究，早期的QCA方法主要致力于在社会学、政治学等研究领域对小样本案例的定性比较分析。近年来，该方法在管理学领域受到广泛关注，在分析大样本和处理复杂组态问题方面的优势受到管理学者青睐，成为管理学等领域解决因果关系复杂性的重要工具。该方法采用布尔代数和集合分析，较好地将组态理论分析与方法相匹配的同时，有效解决复杂的因果关系问题，被认为是揭示各因素间结合效应的策略优选。该方法以集合概念为分析框架，将条件变量和结果变量概念化为集合，即不同于传统相关分析所关注的单个变量（Mahoney，2010），而是通过梳理和阐释不同子集合间的关系，来契合组态视角，最终达到结合分析的目的（Fiss，2011）。该方法需要从两个方面进行适用性检验，即充分性和必要性。其中，充分性是检验在案例中，包含条件变量或条件变量组合的情况下，是否能够获得一致性的结果，实际上是检验对条件或条件组合（即自变量或自变量组合）是否构成结果变量（即因变量）的一个子集。必要性是检验在案例中给定结果变量的情况下，是否共同应用了一致的条件变量或条件变量组合，实际上是检验结果变量（即因变量）是否是条件变量或条件组合（即自变量或自变量组合）变量的一个子集。若检验的一致性达到或超过规定的某一阈值标准，即共有条件组合的案例，在获得同一结果时所达到的一致性程度通过检验标准的经验值，也即说明这一共有条件组合是构成结果的前提，与计量回归分析中的显著性异曲同工。同时，QCA 还报告覆盖度，用来反映这一组态关系对整体结果的覆盖程度和解释程度。

根据所应用的具体条件和情况，QCA 分析具体在清晰集定性比较分析（csQCA）、多值定性比较分析（mvQCA）和模糊集定性比较分析（fsQCA）中权衡，其中，模糊集定性比较分析不仅可以处理条件和结果变量属于类别变量的问题，也在处理连续变量进行隶属度标定的问题中具备优势。本书样本的变量既有连续变量也有分类变量，因此采用模糊集定性比较分析来进行检验分析更契合本书需要。具体分析步骤如下：首先，基于理论分析结合案例（本书指调研样本），采用合适的分析方法进行探索性研究，离析和识别出获得结果变量的关键因素（在第 7 章已完成）；其次，基于现有分析视角和策略以及研究目标，进一步结合案例对各条件变量以及结果变量进行校准和标定，直接将影响结果变量的关键因素纳入归属分类分析；再次，对各条件变量和结果变量之间的必要性和充分性关系进行检验；最后，获得达到同一结果变量的多个等效组合。本章基于第 7 章离析出的影响肉牛生产经济效率的关键因素，进行组态视角的考察，主要分析框架如图 8 -1 所示。

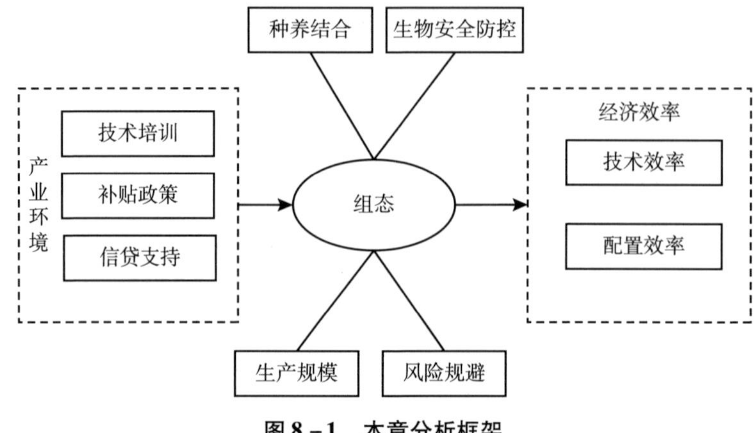

图 8-1　本章分析框架

资料来源：笔者结合已有文献及实地调研分析整理所得。

8.2.2　数据说明

本章数据来源为课题组实地调查的 5 个省（区、市）10 个县（市、区）的肉牛养殖主体的 264 份微观调研数据。在定性比较分析时，样本的选择要考虑案例背景或特征相似性和多样化程度，既要包括正面案例（即肉牛生产经济效率高的样本），也要涵盖负面案例（即肉牛生产经济效率低的样本）。前述计量经济分析中所使用的微观调研样本满足本章对案例背景和特征的实际考量，即第 7 章计量经济分析所使用的样本数据满足本章定性比较的要求。相关条件变量的具体描述性统计与分析此处不再赘述。

8.2.3　变量选取

结合前述分析逻辑和聚焦研究主题，本章条件变量的选取严格限定于前文分析框架，重点关注第 7 章计量分析中的显著影响结果变量（即肉牛生产技术效率和配置效率）的关键解释变量。因此，本章的条件变量为：技术培训、补贴政策、信贷支持、风险规避（购买保险）、生产规模、生物安全防控、种养结合以及决策者文化程度和养殖经验；结果变量为基于 SFA 测度的肉牛生产的技术效率和配置效率。参考菲斯（Fiss，2011）的研究，将结果变量——肉牛生产技术效率和配置效率的目标集合分别设定为样本数据的四分位数、平均值和下四分位数 3 个锚点；将条件变量各自按照选定的代理指标重新赋值，再设定 3 个锚点转化为模糊数值。具体的变量及标定如表 8－1 所示。

表 8－1　　变量选取与校准锚点

变量类型	变量名称	目标集合	变量赋值与校准锚点		
			完全不隶属	中间点	完全隶属
结果变量	技术效率	高技术效率	上四分位数	平均值	下四分位数
	配置效率	高配置效率	上四分位数	平均值	下四分位数
条件变量	技术培训	高技术培训强度	1（未接受）	2（一年一次）	3（一年 2 次及以上）
	风险规避	高风险规避	1（未购买保险）	2（购买一种生产保险）	3（购买两种或两种以上生产保险）
	政策补贴	高政策补贴扶持	1（未接受政策补贴）	2（接受一种政策补贴）	3（接受两种或两种以上政策补贴）
	信贷支持	低贷款利率	1（贷款利率高于 1%）	2（贷款利率大于 0.01% 小于 1%）	3（免息或小于 0.01%）
	生产规模	高生产规模	1（小于 20 头）	2（大于等于 20 头小于 50 头）	3（大于等于 50 头）
	生物安全	高生物安全重视程度	1（免疫率为 0）	2（免疫率大于 0 但小于 60%）	3（免疫率大于等于 60%）
	种养结合	高种养结合水平	1（完全不种植饲草料，粪便不还田）	2（种植饲草料面积占比小于 30%，粪便还田）	3（种植饲草料面积占比大于等于 30%，粪便还田）

续表

变量类型	变量名称	目标集合	变量赋值与校准锚点		
			完全不隶属	中间点	完全隶属
条件变量	文化程度	决策者具备高文化程度	1（受教育年限为0）	2（接受小学或初中教育）	3（接受高中及以上教育）
	养殖经验	高养殖年限	1（养殖年限低于3年）	2（养殖年限为3到10年）	3（养殖年限高于10年）

资料来源：根据2021年9月~2021年11月对内蒙古自治区、宁夏回族自治区、四川省、重庆市和山西省5个省（区、市）10个县（市、区）的肉牛养殖户的微观调研数据整理所得。

8.3 实证检验与路径分析

8.3.1 实证检验

对充分性和必要性检验的标准经验阈值，参考拉金（Ragin，2006）和斯卡尼格（Skanig，2011）的研究，当覆盖率达到0.9和一致率等于或高于0.75时，即认为单项条件变量对结果变量的解释力是通过检验和考量的。也就是说，当覆盖率达到0.9，一致率不小于0.75时，条件变量构成结果变量的充分和必要条件。基于此经验标准，下面首先对肉牛生产的高技术效率和高配置效率目标集合进行各单项前因条件的必要性和充分性检验，得到的检验结果如表8-2所示。

表8-2　　单项条件变量的必要性与充分性

前因条件	前因条件必要性覆盖率		前因条件充分性一致率	
	高技术效率	高配置效率	高技术效率	高配置效率
高技术培训强度 *tra*	0.8751	0.8630	0.6205	0.6341

续表

前因条件	前因条件必要性覆盖率		前因条件充分性一致率	
	高技术效率	高配置效率	高技术效率	高配置效率
低技术培训强度 ~*tra*	0.7099	0.6369	0.7176	0.6137
高风险规避 *ins*	0.5848	0.7199	0.5635	0.7286
低风险规避 ~*ins*	0.5944	0.7254	0.5635	0.7441
高政策补贴扶持 *plo*	0.7953	0.7125	0.6319	0.6306
低政策补贴扶持 ~*plo*	0.5050	0.6062	0.7020	0.6225
高生产规模 *sca*	0.7326	0.7762	0.6331	0.6464
低生产规模 ~*sca*	0.4791	0.5027	0.7308	0.6903
高生物安全重视程度 *saf*	0.9460	0.9229	0.8923	0.8577
低生物安全重视程度 ~*saf*	0.6479	0.6771	0.5096	0.4096
高种养结合水平 *com*	0.7020	0.6225	0.7210	0.6243
低种养结合水平 ~*com*	0.6113	0.6038	0.6434	0.5111
高文化程度 *edu*	0.7130	0.6242	0.4712	0.7385
低文化程度 ~*edu*	0.7421	0.5667	0.6923	0.5077
高养殖经验 *years*	0.7233	0.6438	0.5113	0.5028
低养殖经验 ~*years*	0.6326	0.6251	0.5536	0.4033
高信贷支持 *deb*	0.6741	0.7920	0.7137	0.7583
低信贷支持 ~*deb*	0.5835	0.6494	0.6336	0.6485

资料来源：表中结果由 fsQCA3.0 软件估算得出，其中“~”为逻辑非。

从检验结果来看，仅有“高生物安全重视程度”这一条件变量在通过了覆盖率达到0.9的标准，该项条件变量分别在高技术效率和高配置效率的目标集合中的覆盖率为0.9460和0.9229，表明该条件变量构成结果变量的必要条件，也印证了在前面的回归分析中该条件变量对技术效率和配置效率的显著影响。其余各条件变量在高技术效率和高配置效率集合中的覆盖率未超过0.9，即单个因素对结果变量的影响有限，未构成结果变量的必要条件。从充分性来看，除了条件变量“高生物安全重视程度”

的一致率超过0.8并构成结果变量的充分条件外，其余条件变量的一致率均小于0.75，对结果变量均不构成充分条件。

前因条件的必要性检验分析表明，除高生物安全重视程度这一条件变量具有较强必要性外，其余条件变量对肉牛生产技术效率和配置效率的单独解释力有限，因此有必要对因素组合进行构型分析，以得到促进肉牛生产技术效率和配置效率提升的多个条件构型和因素组合。值得特别说明的是，在必要性检验中，高生物安全重视程度是检验得出的达到结果变量的绝对必要条件，即该项条件变量是实现肉牛生产高技术效率水平和高配置效率水平的所有因素组合中隐含的默认条件。所以在接下来的构型和组合分析中，将该条件变量予以合理简化，即不将该条件变量纳入接下来的条件构型分析，但认为以下的组态和构型分析是在该项条件变量作为潜变量的前提下进行，即“高生物安全重视程度”作为潜在必要条件，是不可忽视的重要条件变量。基于上述合理简化，本书对其余条件变量，分别就肉牛生产的高技术效率和高配置效率两个目标集合进行条件构型与因素组合分析。采用fsQCA3.0软件分析得到提高肉牛生产经济效率的优化路径。

8.3.2 路径分析

虽然已知各关键因素对目标变量具有显著的影响，但在现实生产实践中，由于某种条件所限（如生产成本、生产环境局限等），往往难以实现各条件变量的同时提升，因此，探究多条可行路径来模拟情景，有助于在特定条件下的分类施策。

表8-3和表8-4分别给出实现肉牛生产高技术效率和高配置效率的因素组合和构型，这些组合的总体一致率分别为0.9251和0.9103，大于0.9的经验检验阈值，可认为是具有较强解释能力的条件组合。总体覆盖率分别达到0.7926和0.7733，表明这些条件构型和组合形式对实现高技术效率和高配置效率的解释能力超过70%。其中，实现高技术效率的条

件构型或组合形式有3组，实现高配置效率的条件构型或组合形式有3组，亦即实现肉牛生产高技术效率或高配置效率分别有3种情景或组合路径，虽然路径不同却均构成实现肉牛生产高经济效率的可行路径。

（1）高技术效率构型

高技术效率构型如表8-3所示。

表8-3　肉牛生产高技术效率的构型

构型结果	技术效率		
	构型 *a*	构型 *b*	构型 *c*
高技术培训环境（*tra*）	●	●	
高政策补贴扶持（*plo*）		●	⊗
高风险规避（*ins*）		•	•
高信贷支持（*cre*）		⊗	●
高种养结合水平（*com*）	⊗	●	⊗
高生产规模（*sca*）	⊗	⊗	●
决策者具备高文化程度（*edu*）	●		
高养殖年限（*years*）		⊗	●
一致率（*Consistency*）	0.8421	0.8191	0.8701
覆盖率（*Raw Coverage*）	0.5132	0.4432	0.6007
净覆盖率（*Unique Coverage*）	0.2223	0.1323	0.1340
总体覆盖率（*Overall Solution Coverage*）		0.7926	
总体一致率（*Overall Solution Consistency*）		0.9251	

注：●表示核心因果条件变量存在，•表示辅助因果条件变量存在，⊗表示核心因果条件变量缺席，⊗表示辅助因果条件变量缺席，“空白”表示此构型中该条件变量可存在，也可不存在。

资料来源：表中信息根据fsQCA结果整理所得。

构型 *a*（*tra* ∗ ~*sca* ∗ ~*com* ∗ *edu*）① ——技术培训支持结合人力资本

① “~”是逻辑非；“∗”是条件变量的链接符号，意为“并且”，表示所连接变量一起形成一个条件组合。

的技术效率提升路径。该构型为高生产规模（*sca*）和高种养结合水平（*com*）条件缺失下，养殖主体可以围绕高技术培训这一核心因果性条件，辅助于一定的学习能力，借助自身和外部环境的弥补，从而实现肉牛生产的高技术效率水平。即虽然扩大规模和种养结合可以提高肉牛生产的技术效率水平，但对于肉牛养殖主体来说，如果自身资本、劳动力或土地规模有限，并不具备规模化和种养结合的生产条件，即高生产规模和高种养结合水平作为核心因果性条件缺失的情况下，可以选择产业技术培训环境支持为主的技术效率提升路径，这实质上是生产环节技术外溢效应和人力资本效应的强强联合。以下为该构型（即构型 *a*）的代表性案例：

“我本身就这些牛，不打算扩大了，一是我没有多余的地来养牛，二是我的人手也不够，就我和我妻子，养多了也顾不过来。再说我也没有自家土地来种植青贮玉米，饲草料都靠外购，一直就是在圈里养，饲料成本也高，再扩大规模就资金也周转不过来。镇上组织技术培训我有时间都会去，忙不过来就让我妻子去，政府请老师给指导。技术培训讲的东西还是很有用的，就比如说我家之前从外地买回来的牛，一直就腹泻，后来听培训的老师讲，这是牛的应激反应，牛到了之后不能喂太多饲草料，最好在水里加一些葡萄糖，帮助它恢复体力，严重的话就配一些安乃近或头孢，还得注意驱虫。我本身上过高中，有时候培训发的册子我就自己拿回来再学习一遍，现在感觉养牛没有以前那么难了，掌握些规律了，几乎一年也死不了一头牛，算我们这里养得好的了，一年收入也可以了，我挺满意的。”（资料来源：对养殖户 A7 的访谈）

构型 *b*（*tra* * *plo* * *ins* * ~*cre* * *com* ~*sca* ~*years*）——政策和技术培训引导下的种养结合技术效率提升路径。该构型解释为在养殖主体缺乏养殖经验的情况下，不具备大规模养殖和正规信贷获得的基础，但所处地区具有较好的补贴政策和技术培训环境支持，再加上本身具备种养结合的条件，辅之一定的规避风险措施，可以实现肉牛生产高技术效率。即养殖户高养殖经验、高信贷支持和高生产规模作为核心因果条件缺失的情况下，养殖主体仍然可以通过选择种养结合的生产方式，辅之享受一定的生产政策补贴和技术培训支持来获得肉牛生产技术效率的提升。以下为该构型（即构型 *b*）的代表性案例：

“我原来是种地的，没养过牛，前两年听有的人说，养牛挣钱，我就自己跟亲戚朋友借了些钱，买了 20 头母牛，农业贷款不好批，商业贷款利息高，借的来还不起。正赶上国家“粮改饲”政策，让种饲草料呢，种青贮玉米的话，还给补贴，一亩补 150 块钱，我养牛就需要青贮玉米喂呢，种了二十几亩，省下不少饲料钱，还给补贴，多好啊。肉牛良种补贴也有，我们说买，人家给上门服务，政府现在支持养牛呢，组织技术培训，我正好没经验，就去听，也鼓励我们种养结合，说环保。我文化水平不高，但是能听得懂，也学到不少，但是刚开始养，不打算再多养。去年卖了 10 头架子牛，膘好，卖的价钱也好。怕有风险，给母牛买了保险，60 块钱，出事了的话给赔 6 000 块钱，以防万一呢。”（资料来源：养殖户 B13 的访谈）

构型 *c*（ ~*plo* * *ins* * *cre* * *com* ~*sca* * *edu*）——信贷支持和风险规避下的规模化技术效率提升路径。该构型解释为，在高种养结合水平和高政策补贴扶持分别作为核心和辅助因果条件缺失时，养殖主体可以通过信贷支持和扩大规模，辅之一定的保险投入规避风险的措施来获得高生产技术效率水平。即使所属地区缺乏良好的肉牛生产补贴政策，也没有可以种养结合的现实条件，但信贷支持力度较强，可以进一步扩大规模来实现肉牛生产的技术效率提升。以下为该构型（即构型 *c*）的代表性案例：

“我们场子是 2010 年建的，主要养母牛，在 300 头左右，场子自己没有地，现在地太难批了，周围租地的租金也贵，就没租地自己种植饲草料，饲草料靠外购，确实是一大笔开销。我们这养牛几乎没什么生产补贴，但是这几年可以用牛抵押贷款了，贷款支持力度挺大，我们跟农信社贷了款，用来买机械和饲草料了，我们买的都是好草料，价格贵一些但是能保证质量。母牛和牛犊分群饲养，去年卖了 100 多头架子牛，质量都不错，大多是省外的外地人过来买。现在机械设备、圈舍和管理人员也比较完备，下一步准备继续申请贷款，把规模扩大到500头左右。”（资料来源：养殖场B14的访谈）

（2）高配置效率构型

高配置效率构型如表8－4所示。

表8－4　　肉牛生产高配置效率的构型

构型结果	配置效率		
	构型 *d*	构型 *e*	构型 *f*
高技术培训环境（*tra*）	●		
高政策补贴扶持（*plo*）	●	⊗	●
高风险规避（*ins*）		●	⊗
高信贷支持（*cre*）	⊗		
高种养结合水平（*com*）	●		●
高生产规模（*sca*）		●	
决策者具备高文化程度（*edu*）	⊗	•	
高养殖年限（*years*）	●	⊗	⊗
一致率（*Consistency*）	0.8093	0.8385	0.8611
覆盖率（*Raw Coverage*）	0.5092	0.5890	0.5993
净覆盖率（*Unique Coverage*）	0.0317	0.0011	0.1414
总体覆盖率（*Overall Solution Coverage*）		0.7733	
总体一致率（*Overall Solution Consistency*）		0.9103	

注：●表示核心因果条件变量存在，•表示辅助因果条件变量存在，⊗表示核心因果条件变量缺席，⊗表示辅助因果条件变量缺席，“空白”表示此构型中该条件变量可存在，也可不存在。

资料来源：表中信息根据fsQCA结果整理所得。

构型 *d*（*tra* ∗ *plo* ∗ ～*cre* ∗ *com* ∗ ～*edu* ∗ *years*）——技术培训与政策引导下的种养结合配置效率提升路径。该构型解释为养殖主体在技术培训和政策环境支持下，同时具备种养结合的条件并选择种养结合的生产方式，即使在不具备高文化程度和高生产规模的条件下，也可以实现肉牛生产的高配置效率水平。即高文化程度和高生产规模分别作为核心因果性条件缺失的情况下，表现为养殖户自身经营禀赋条件较弱，不具备规模化生产条件，可以选择种养结合的生产方式，同时需要通过政策扶持和良好的技术培训环境引导实现高配置效率，即为技术培训与政策引导下的种养结合配置效率提升路径。以下为该构型（即构型 d）的代表性案例：

“我养牛有二十几年了，我家从老一辈就开始养牛，以前我们喂牛都是随便撒一把草，撒一把料，今天高兴就多喂点，明天不高兴就少喂点，也不管牛吃不吃饱或者吃不吃少，当时那个牛长得也不好，遇上一年，下牛犊就有难产的，或者牛犊一生下来就死的。近些年，开始对养殖技术有宣传了，政府组织培训，告诉我们饲料怎么配，牛能长得好，什么时期该加什么料，能给够牛营养。我们去年买了个青饲收获机，贷款不好贷，但是政府给补贴了 30%，家里有 20 几亩地，都用来种青贮玉米和玉米了，一年基本不用买什么饲草料，成本节省了太多，也不用雇人，忙的时候儿子儿媳过来帮忙。不打算扩大规模了，这些牛就够了，再扩大就得借钱，贷款又不好贷。”（资料来源：养殖户 B17 的访谈）

构型 e（$\sim plo*ins*sca*edu*\sim years$）——风险规避和人力资本辅助下的规模化配置效率提升路径。该构型解释为在政策补贴扶持作为辅助因果性条件缺失的情况下，养殖主体自身养殖经验不足，但具备一定学习能力，可通过扩大生产规模辅之以有效的风险规避行为（购买保险）来获得配置效率的提升，即养殖主体通过自身的学习效应，将风险“转嫁”来进行规模化生产，从而提高肉牛生产配置效率。以下为该构型（即构型 e）的代表性案例：

“我是前两年，从城里打工回来开始养牛的，养牛这两年还没享受过什么补贴政策，都是自己花钱自己养，我也没参加过什么培训，都是自己从网上查，我上过高中，会算账，不会就问别人或者用手机查互联网，管理的还行，成本不高，牛卖得也挺好，挺赚钱的。刚开始养牛，我就买了养殖保险，保费也不贵，买个放心，而且去年死了两头牛，保险给一头赔了一万二，没怎么损失，赔回来的钱，我又买了牛，今年我又买了保险，买个放心。准备继续扩大规模，多养一些，但这两年草料成本都涨得厉害，我得好好算一下，大概养多少头合适，不然资金周转不过来。”（资料来源：养殖户 C9 的访谈）

构型 *f*（*tra* ＊ ～*plo* ＊ *edu* ＊ ～*years*）——政策支持下种养结合配置效率提升路径。在不具备有效的风险规避措施条件下，养殖主体本身养殖经验不足，但可以在政策补贴扶持下，进行种养结合生产模式，实现高配置效率水平。即养殖经验作为核心因果性条件缺失的情况下，养殖主体虽然缺乏养殖经验但完全可以通过良好的政策支持和种养结合生产模式，达到肉牛生产配置效率提升的目的。以下为该构型（即构型 *f*）的代表性案例：

“我也是前年才开始养牛，养牛前就在考虑草料从哪里来，我家有几亩地，太少了，我就从周边又租了十几亩地，就用来种饲草料，种草养牛。赶上这两年政策挺好，冻精不花钱，种植饲草料也有补贴，我就多种了些。去年买了压青贮玉米的机械，政府也给补贴了一半，现在政策支持力度大了，说明国家开始重视养牛了，这两年饲草料涨价了，我们成本也高了，不好养，雇人的费用也贵，什么都在涨价，好在我们自己种了一些草料，能缓解些压力，较那些不种草的，我们节省了不少成本。没有买养殖保险，一来是觉得保险没多大用处，二来是我们这里也不流行买保险，也不像别的地方有保险补贴什么的，自己种些草，好好养，多费点心，也用不着保险给保了。”（资料来源：养殖户 A12 的访谈）

8.3.3 进一步讨论

前述结合具体案例的优化路径和情景分析，是建立在承认前述计量经济分析得出的关键影响因素的基础上，根据不同的情景和养殖主体所面临的具体环境来建立构型。由于现实情况复杂多样，本书遴选出的构型是覆盖率较高的核心构型。通过具体的6种目标集合构型发现，技术培训在高技术效率的2个构型（构型 a、构型 b）中发挥了核心作用，并与其他条件共同组合形成提升肉牛生产技术效率的等效路径；种养结合在高配置效率的2个构型（构型 d、构型 f）中发挥了核心作用并与其他条件共同组合形成实现肉牛生产高配置效率的可行路径。当然，不能忽略这些可行路径的共同前提是保证一定的生物安全防控水平。

为更清晰地分析肉牛生产高经济效率实现路径，在前述分析基础上，将生物安全防控水平引入汇总和进一步分析构型。表8－5显示，第一，若养殖户自身禀赋较强（文化程度较高或养殖经验较足），再加上良好的技术培训环境，则可以实现肉牛生产的高经济效率；但当养殖户自身禀赋较弱（文化程度较低和养殖经验不足），良好的技术培训环境和政策引导可以弥补养殖户自身禀赋的不足，同样可以实现肉牛生产的高经济效率。第二，即使产业环境支持力度较弱，若养殖户自身具备一定的禀赋优势（文化程度较高或养殖经验较足），在风险规避行为（购买养殖保险）下进行规模化生产，同样可以实现肉牛生产的高经济效率；但若养殖户自身禀赋较弱（文化程度较低和养殖经验不足），又无产业支持环境，则难以实现肉牛生产的高经济效率，所以产业支持环境对肉牛生产经济效率的提升至关重要。

表8－5　　高经济效率路径分析一

因素		养殖户自身禀赋	
		高	低
产业环境支持	高	良好的生物安全防控水平下，技术培训和人资资本效应的强强联合可以实现高经济效率	良好的技术培训环境和政策引导可以弥补自身禀赋的不足，再加上良好的生物安全防控水平，可实现高经济效率
	低	风险规避下的规模化生产，再加上养殖经验，配合良好的生物安全防控水平可以实现高经济效率	在养殖主体自身禀赋较弱，又没有良好的产业环境支持时，难以实现高经济效率，因此产业支持环境对肉牛生产经济效率的提升至关重要

资料来源：笔者根据 fsQCA 结果分析整理所得。

表8-6显示，结合生产管理特征来看，即使没有政策补贴支持，在信贷支持和良好的风险规避下，可以实现生产的高经济效率，信贷支持下的种养结合模式也可以实现高经济效率。有政策补贴引导的种养结合模式可以实现高经济效率，可见，种养结合比政策补贴更有助于实现肉牛生产的高经济效率。

表8-6　　　　高经济效率路径分析二

因素		生产管理特征	
		风险规避	种养结合
产业环境支持	信贷支持	在良好的生物安全防控水平下，即使没有政策补贴支持，在信贷支持和良好的风险规避下，可以实现高经济效率	在良好的生物安全防控水平下，即使没有政策补贴支持，信贷支持下的种养结合模式可以实现高经济效率
	政策补贴	在良好的生物安全防控水平下，政策补贴和风险规避可以起到相互替代的作用	在良好的生物安全防控水平下，政策支持引导下的种养结合可以实现高经济效率

资料来源：笔者根据 fsQCA 结果分析整理所得。

8.4　稳健性检验

采用张明等（2019）推荐的集合论特定检验方法，通过调整一致性门槛应对参数设定威胁，采用阈值0.85替换0.8，获得少于原有研究的路径组合。结果发现，除获得路径的数量发生了微小变化外，各因素作用关系和角色与原有研究无异，结果的解释上并没有发生本质变化。因此，可以证明在采用 fsQCA 得到的结果均是稳健的，获得的主要构型是可信的。

8.5　本章小结

本章立足组态理论视角，基于前面计量经济分析和数据基础以及实证检验结果，采用模糊定性比较分析法并结合具体案例探讨影响肉牛生产经济效率的因素组合及其提升路径，研究可得四个发现。第一，存在 3 条肉牛生产技术效率提升的可行路径，分别为技术培训支持结合人力资本的技术效率提升路径、政策和技术培训引导下的种养结合技术效率提升路径以及信贷支持和风险规避下的规模化技术效率提升路径。第二，存在 3 条肉牛生产配置效率提升的可行路径，分别为技术培训与政策引导下的种养结合配置效率提升路径、风险规避和人力资本辅助下的规模化配置效率提升路径以及政策支持下种养结合规模化配置效率提升路径。第三，技术培训在高技术效率的 2 个构型（构型 a、构型 b）中发挥了核心作用，并与其他条件共同组合形成提升肉牛生产技术效率的可行路径；种养结合在高配置效率的 2 个构型（构型 d、构型 f）中发挥了核心作用并与其他条件共同组合形成实现肉牛生产高配置效率的可行路径。第四，若养殖主体自身禀赋较强、养殖经验较足，再加上良好的技术培训环境，则可以实现肉牛生产的高经济效率；当养殖主体自身禀赋较弱时，良好的技术培训环境和政策引导可以弥补养殖主体自身禀赋的不足，同样可以实现肉牛生产的高经济效率。当然，以上实现肉牛生产高经济效率可行路径的共同前提是建立在良好的生物安全防控水平的基础上。

第9章

研究结论、政策启示及展望

本书选题基于当前中国畜牧业发展面临供需矛盾凸显、国际竞争力不高、资源约束趋紧、环保压力加大的现实背景，首先，在对国内外畜牧业发展基本情况进行比较分析的基础上，重点聚焦如何提高畜牧业生产经济效率这一问题导向。其次，从总体上进行描述性统计分析的基础上，进一步以肉牛为例，采用本课题组承担的全国肉牛生产长期定点监测数据、参与构建并完善的德国杜能研究所欧盟农业基准（Agri benchmark）国际标准农户数据库数据以及在定点监测范围内对典型区域实地调研的微观数据，运用超越对数随机前沿函数模型、收敛性模型、似不相关回归（SURE）、倾向得分匹配（PSM）、条件混合过程估计法 CMP 以及 Bitobit 模型等先进适用的计量经济学分析方法，对代表性国家畜牧业生产经济效率以及国内不同生产模式、不同区域和不同养殖规模下的经济效率进行测度和分析，并分别从宏观和微观层面对其影响因素进行实证研究。最后，在前述实证分析结果基础上，基于组态视角结合具体案例探究实现畜牧业生产经济效率提升的可行路径。本章在总结前面章节主要研究结论的基础上，得到相关政策启示，并对未来研究作出展望。

9.1　主要研究结论

第一，世界畜牧业生产稳定发展，国内畜牧业发展面临竞争力不强等突出制约。近年来，世界畜牧业生产稳定发展，生猪、肉牛等主要畜种存栏量稳步增长，生产效率不断提高，世界人均畜禽产品占有量不断增加；代表性国家畜牧业发展表现出持续提升规模养殖水平、饲养技术水平持续提高、重视发挥区域优势、积极实施疫病净化、提倡种养结合等发展特征；改革开放四十多年来中国畜牧业快速发展，主要畜产品生产有效保障了国内需求，同时畜产品供给结构逐步趋于合理、规模化程度稳步提升、生产效率不断提高、优质饲草的重要性得到认可，种养结合、农牧循环养殖模式开始推广，但也存在诸如资源和环境约束日趋严峻、产品质量和安全性问题仍然存在、生产效率和比较效益仍然不高、国际竞争力不强的突出制约。

第二，中国畜牧业生产成本呈现波动上升态势，仔畜成本是推动成本上升的主因。生猪生产成本总体呈波动上升势态，其中散养户成本始终最高；生产成本变动主要受仔畜成本变动的影响；生猪生产收益呈现出明显的周期性起伏特征，除个别年份外大规模的收益皆最高，头均收益在300元左右。肉牛生产成本总体呈上升趋势，其原因在于仔畜折价的增长而带动整体成本的增长，仔畜成本的增加是肉牛生产总成本增长的关键原因；从肉牛生产收益来看，头均总收入呈上升态势，但并不稳定，经历了大增小降、快增慢降的波动变化，从近年整体趋势来看，养殖成本的快速增加明显压制了肉牛生产利润的增加。肉羊生产成本总体呈上升趋势，2006～2020年间年均增长率为12.74%；仔畜成本的快速增长是生产成本上涨的主要原因；肉羊生产成本上升的速度远远快于价格上升的速度，成本上涨是推高近年羊肉价格的主要缘由。奶牛生产成本总体呈波动上升势态，目前散养和小规模养殖在成本具有较为明显的优势；饲料成本和人工成本快速猛涨，是奶牛生产成本大幅攀升的主要缘由；奶牛生产收益主要受奶价变动的影响。

第三，中国两种肉牛生产模式均存在明显的效率损失，专业繁育生产技术效率损失尤为明显。运用 2013 ~ 2020 年肉牛生产定点监测数据测算结果表明，中国专业繁育和专业育肥肉牛生产技术效率分别为 0.581 和 0.748，配置效率分别为 0.737 和 0.757，全要素生产率年均增速分别为 0.545% 和 0.962%。两种生产模式下肉牛生产均未达到最优状态，尚有明显提升空间。全要素生产率分解结果显示，专业繁育肉牛生产倾向于技术进步带动型，技术效率损失严重，与前沿存在 41.90% 的差距，以家庭散养经营为主、较低的规模化程度阻碍了专业繁育技术效率的提高；专业育肥肉牛生产属于技术效率和技术进步双驱动型。从投入要素产出弹性来看，两种肉牛生产模式仍主要依靠要素投入，均属于资源密集型。

第四，中国各区域肉牛生产经济效率差异显著，且区域间差异仍将继续存在。从不同区域经济效率水平综合分析结果来看，中原产区具备继续发展专业育肥规模化生产的潜力；东北产区具备发展专业繁育规模化生产的潜力；家庭散养仍是适应当前西北产区要素禀赋及饲养环境的主要方式；西南产区的生产经济效率潜力仍需进一步挖掘。全要素生产率的收敛性检验结果表明，中国各区域两种生产模式下的肉牛生产均存在条件 β 收敛，专业繁育和专业育肥全要素生产率收敛速度分别为 17.4% 和 25.5%，即各区域内肉牛生产将向其自身均衡生产水平发展；但中国各区域两种生产模式下的肉牛全要素生产率水平不存在绝对 β 收敛，即区域间肉牛生产水平的差异仍将继续存在。

第五，种养结合、信贷支持等是促进中国肉牛生产经济效率提升的重要因素，但对不同经营类型养殖主体肉牛生产经济效率的影响差异显著。基于 264 份样本数据的回归结果显示，养殖主体接受技术培训、补贴政策的实施、种养结合、信贷支持、购买保险的规避风险行为以及生物安全防控等显著促进肉牛生产经济效率的提高；是否参与合作组织对肉牛生产经济效率无显著影响，样本区的合作组织还未实现与养殖主体在社会化服务等方面的紧密结合。进一步分析发现，各因素对不同经营类型养殖主体肉牛生产经济效率的影响存在异质性，除技术培训、信贷支持和生物安全防控可以同时显著促进专业和兼业肉牛生产的经济效率外，规避风险行为、相关政策扶持和种养结合仅能促进专业肉牛生产的经济效率，对兼业肉牛生产经济效率无显著影响，且饲养规模的扩大反而降低肉牛兼业生产的配置效率。

第六，基于组态视角，促进肉牛生产技术效率和配置效率的提升存在多条可行路径。在前述计量经济分析结果基础上，结合具体案例，基于组态视角分析，得到影响肉牛生产经济效率的因素组合及提升路径。结果发现：在良好的生物安全防控水平下，存在技术培训结合人力资本的技术效率提升路径，政策和技术培训引导下的种养结合技术效率提升路径，信贷支持和风险规避下的规模化技术效率提升路径；存在技术培训与政策引导下的种养结合配置效率提升路径，风险规避和人力资本辅助下的规模化配置效率提升路径以及政策支持下的种养结合配置效率提升路径。技术培训和种养结合分别在高技术效率和高配置效率的构型中发挥核心作用，并与其他条件共同组合形成提升肉牛生产技术效率和配置效率的可行路径。进一步分析发现，若养殖主体自身禀赋较强（文化程度较高或养殖经验较丰富），再加上良好的技术培训环境，则可以实现肉牛生产的高经济效率；若养殖主体自身禀赋较弱（文化程度较低或养殖经验不足），良好的技术培训和政策引导可以弥补养殖主体自身禀赋的不足，同样有助于实现肉牛生产的高经济效率。可见，在未来的肉牛养殖中，实施有效的技术培训、及时出台相应的扶持政策和引导实施种养结合，是提升中国肉牛生产经济效率的最有效途径。

9.2 政策启示

第一，充分发挥各区域专业生产的比较优势。首先，应精准掌握各区域畜禽品种、饲草资源、劳动力资源等的禀赋特征，充分发挥本区域生产优势以降低生产成本。如在肉牛养殖过程中，中原产区应以其区域资源和禀赋优势继续发挥专业育肥肉牛生产潜力，东北产区充分发挥其专业繁育肉牛的生产潜力，推动形成科学的肉牛生产区域布局。其次，进一步整合资源，将临近分散的畜牧业养殖适度集中，建立规模化的养殖基地；破除区域间的行政壁垒，加强区域间产业联系，完善优势产业带建设。最后，促进区域间资源互补、技术共享和协调发展，特别是促进专业育肥和专业繁育优势区的协作，推动养殖技术进一步扩散和推广应用，在空间上实现良好的技术和信息溢出效应，利用区域间协作与竞争作用实现畜牧业生产经济效率的提高。

第二，应聚焦传统观念的转变来提升生产效率。在一定时期内，观念的转变胜于科技创新！当前，在畜牧业先进实用技术的创新方面，中国与畜牧业发达国家的差距不大，差距最大的是这些技术的有效应用。制约先进适用技术应用的很重要方面是一些传统观念的转变。第一，转变传统的粮食安全观念，转向“大食物安全观”。在当前及今后相当长的一个时期内，中国的粮食安全本质上是饲料粮的安全。解决饲料粮安全问题的思路很多，既可“算加法”，即增加面积和提升单产，也可“算减法”，即用优质牧草来适当替代（王明利，2015）。进入全面实现现代化的新时代，不断满足人民群众对美好生活的需要，不仅要吃得饱，还要吃得好、吃得营养；不仅需要口粮，还需要更多的安全优质的肉蛋奶。所以，提倡满足全部营养需要的“大食物安全观”更为科学合理。第二，转变传统的养殖观念，转向“健康养殖”理念。要将“有啥喂啥、以人为本”的传统养殖观念转向“根据动物的生产和生活习性来进行饲喂管理、以畜为本”的现代养殖理念。例如，饲草本就是草食家畜的“主食”，要尽量满足草食家畜对优质牧草的需求，这样既可以有效提升畜禽的健康水平、生产效率和产品质量，又可以有效提升水土资源的利用效率。再如，要根据动物的生产和生活习性来进行饲养管理，该粗放的环节一定要粗放管理，该精细的环节一定要精细化管理。畜禽需要生长在“阳光雨露、风吹日晒”的环境中。圈舍建设要充分考虑到这一点，过度追求“高大上”的豪华圈舍不一定适应动物生长，圈舍建设适度的“轻资产”是可行和经济的；而饲草料供应、饮水等方面却不能粗放，需要真正在营养和安全等方面达标的优质饲草料，更需要清洁的饮水，且在北方地区冬季需要供应温水。动物的舒适和健康是保障畜牧生产高效、产品优质安全的基础，而这却是中国传统养殖中比较忽视的。

第三，建立和完善粪污肥料化利用的相应机制。畜禽粪污全量还田模式是国际上畜牧业发达国家采用的主流模式，特别是在人均土地资源同样较少的西欧发达国家，种养结合、农牧循环是他们在20世纪90年代就开始实施粪污治理后最终被认可的最可行道路。中国尽管也提倡采用种养结合和农牧循环，但在实施深度和广度方面都很不够，特别是还没有真正实施以畜禽养分平衡管理为基础的种养结合制度。目前，种养结合与农牧循环只在林果、蔬菜等设施农业以及特色农产品生产中得到较多实施，而在大田作物生产中很难得到大面积采用。究其原因，粪肥虽然肥效长、改善地力的作用明显，但与化肥相比，仍存在见效慢、加工运输储存成本高、施用不方便等问题。必须构建起促进粪肥有效利用、种养结合得到有效实施的机制，确保种养结合制度顺利得到实施。具体包括以下三种：一是构建起农产品优质优价机制。强化绿色、有机农产品的认证力度和监管机制，扎实推进农产品质量安全追溯体系建设，确保施用有机肥生产的农产品在市场上得到明确识别和高价格回报。二是构建起畜禽粪污肥料化利用的财政补贴机制。粪肥虽然肥效长、改善地力作用明显，但见效慢、施用成本高，推动粪肥得到有效使用需要政府给予补贴，需要科学测算并弥补种植户使用粪肥带来的短期损失。三是在区域内构建起“分散收集、全量利用”的组织化服务机制。尽管中国畜牧业规模化发展较快，但中小规模散养户的体量仍然很大。必须根据不同区域的实际情况，以自然村或建制村为单元，构建起“村收集＋村服务＋全量还田”的组织化服务模式，使分散的养殖场（户）与分散的种植户实现有机融合，既减少中小规模养殖场（户）的粪污处理设施设备投资，又降低种植户对大型农业施肥机械的投资，实现小区域内的种养有效结合和良性循环。以上三种机制的构建，既可保障大规模养殖场所生产的有机肥有销路，又可保障中小规模养殖场（户）产生的粪污得到肥料化处理和有效利用，也保障了农田地力的提升，实现了种养良性循环。

第四，多方面提升疫病防控能力。受21世纪初发生禽流感疫情的巨大影响，中国曾经建立了较强的畜禽疫病防控体系，但这一体系在2018年以来的地方政府机构改革中受到了很大冲击。2018年8月暴发的非洲猪瘟疫情进一步暴露了这一体系存在的短板。必须全方位补齐短板，全面提升对畜禽疫病的应对能力，为畜牧业可持续发展保驾护航。一是从物质投入与制度两个方面夯实和稳固基层疫病防控体系。要尽快在县及以下职能部门专设畜牧业技术推广和动物疫病防控机构，恢复过去专门的畜牧兽医技术推广站点，充实专门的畜牧兽医技术推广人员和装备，平时开展技术示范推广，并及时发现和防范疫情，突发疫情时则成为防控疫情的主力军。建议以法律形式将这一机制固定下来，避免重复走“建了毁、毁了再建”的老路。二是亟须加强对国外已发生疫病的储备研究和技术普及。应深入贯彻党中央“人病兽防、关口前移”的要求，深刻汲取非洲猪瘟在国外已发生近一个世纪被传入中国时的开始阶段从上到下仍都“手忙脚乱、不知所措”的教训，强化对国外已发生疫病的储备研究，并加强对这些疫病感染特征、危害程度、传播途径等基本知识和相应防控技术的宣传普及。建议专门成立一个国家层面的国际动物疫病科学中心，专门负责与国际相关机构在国际重大疫情研究和监测等方面的合作事宜，专门从事国际重大动物疫病的储备研究，并承担起及时发布重大动物疫病预警以及制定相关防控策略的责任。三是强化大规模养殖企业的社会责任感培育及其在畜牧业高质量发展中的正向引导作用发挥。此次非洲猪瘟疫情传播实践表明，一旦发生突发事件，大规模养殖企业的“大进大出”会严重影响养殖业的稳定发展。尽管大规模养殖企业的生猪年出栏占比到目前还没有达到30%，但这些企业具有很强的带动性。所以，应尽快培育和弘扬大规模养殖企业的社会责任感，促使他们承担起引领产业发展、稳定产业运行、带动养殖场（户）共同致富的社会责任。由于中国人口众多、地域资源禀赋差距很大，小规模养殖场（户）在充分利用地方特定资源、稳定生产和有效实施种养结合等方面具有独特优势，因此，还需采取切实措施，引导大规模养殖企业承担起有效组织和引导小规模养殖场（户）转型升级和向现代畜牧业迈进的责任。

第五，加强科研创新和技术推广，增强养殖主体技术应用能力。现阶段中国肉牛生产科技支撑力不足、科技成果应用水平不高的问题比较突出。面对资源约束压力下的稳产保供目标，科技是最为重要的发力点和支撑点。一是应加强肉牛生产技术相关的科技创新力度，研发肉牛养殖先进的实用技术，尤其在肉牛品种选育和改良、不同区域饲草料的科学搭配以及饲养管理环节的先进技术方面加强研发和创新。二是应及时示范、切实推广成熟的养殖技术，实现科研成果的有效利用和精准对接。在养殖主体间进行全方位宣传、示范和推广，邀请科研人员或专家现场展示实用技巧和基本流程，扎实推进先进实用技术的应用。三是充分利用现代教育培训手段，提升人力资本质量，通过网上课堂、抖音等小视频培训，帮助养殖主体提高关键养殖技术环节和相关知识的理解和应用，实情实景解决其在养殖过程中面临的主要问题。四是引导养殖主体自主学习饲养技术和相关技能，及时了解市场和产品信息，培养其获取各方面科技信息的意识和能力，逐步引导其转变传统养殖理念和方式，接受新的理念和技能，提高养殖主体抗风险能力。

9.3 研究不足与未来展望

9.3.1 研究不足

本书从国际国内、宏观微观层面科学测度肉牛生产的经济效率并进行比较分析，揭示影响肉牛生产经济效率的主要因素，聚焦如何提高中国肉牛生产经济效率开展了全面深入的研究。虽然在分析过程中，本书力求客观严谨和进一步深入，但由于数据资料和研究时间的限制，再加上笔者水平有限，难免存在一定的不足之处。

第一，尽管本书尽可能从不同维度保证肉牛生产经济效率测算结果的准确性，但由于当前国内肉牛品种混杂，选育和改良正在推进，样本中多为杂交牛和土种黄牛，难以准确判断确切品种，本书在基于国内数据对中国肉牛生产经济效率及其影响因素的分析时，忽略了肉牛品种这一方面。

第二，由于数据所限，本书未能掌握到包括屠宰、销售等肉牛产业链后续环节的数据，故本书聚焦于肉牛生产环节的经济效率分析，未能对肉牛产业链各环节进行分析，同时也未能将非期望产出（如粪污和温室气体等）纳入具体模型予以考虑，研究视角稍显局限。若能将后续产业链和非期望产出纳入分析框架，将更能准确判断肉牛产业整体的经济效率水平。

9.3.2 未来展望

随着后续研究的进一步深入以及定点追踪监测数据和实地调查数据涵盖的区域、指标类型、产业链后续环节等数据进一步拓展、积累和丰富，将获得更为长期的大样本数据，在更加准确测度肉牛生产经济效率水平和变动趋势的同时，还可以将后续产业链各环节纳入整体分析框架，进一步拓展肉牛产业经济效率的研究框架。而且，随着国内肉牛改良进程的逐步推进，有助于在后续数据获得中准确判断肉牛品种，并将这一方面考虑进实证分析。同时，在未来的实地调研中，增加对农区、牧区和农牧交错带等不同区域肉牛养殖主体的调研数据，可以进一步聚焦不同类型区域肉牛生产经济效率进行研究，将有助于形成更为科学和普适性的研究结论。

参考文献

[1] 安海燕，洪名勇．四种农业生产经营组织的生产效率差异分析——基于贵州茶叶生产的投入产出数据［J］．山地农业生物学报，2014，33（1）：59－64.

[2] 安毅，方蕊．中国农产品市场风险变化与新型防控体系建设［J］．经济纵横，2018（10）：59－66.

[3] 白林，万忠，罗其友，林伟君，方伟．中国农业全要素生产率构成及区域趋同性分析——基于1996－2010年Malmquist指数法［J］．农业现代化研究，2012，33（5）：552－555.

[4] 蔡文聪，杨海钰，张强强，霍学喜．农户兼业是否导致农业生产低效率？——基于农业社会化服务视角［J］．干旱区资源与环境，2022，36（1）：26－32.

[5] 蔡晓琳，方凯，张倩秋．乡村振兴背景下农户产业组织模式的选择［J］．统计与决策，2021，37（15）：161－165.

[6] 曹明霞．农业全要素生产率时间演变及区域差异研究——基于江苏省的实证分析［J］．科技和产业，2017，17（6）：14－16，126.

[7] 陈超，陈亭，翟乾乾．不同生产组织模式下农户技术效率研究——基于江苏省桃农的调研数据［J］．华中农业大学学报（社会科学版），2018（1）：31－37，157－158.

[8] 陈坤，朱庆莹，陈银蓉．城镇非均衡发展对农业生产效率提升

的影响与空间效应分析［J］. 农业现代化研究，2022，43（1）：80－88.

［9］陈哲，李晓静，刘斐，夏显力. 自然灾害冲击对农村家庭非农就业选择的影响［J］. 西北农林科技大学学报（社会科学版），2020，20（2）：104－110.

［10］程申. 农户土地经营规模与粮食生产率的关系——来自全国农户的证据. 北京：中国农业大学，2019.

［11］程申. 农户土地经营规模与粮食生产率的关系［D］. 北京：中国农业大学，2019.

［12］程士国，普友少，朱冬青. 农业高质量发展内生动力研究——基于技术进步、制度变迁与经济绩效互动关系视角［J］. 软科学，2020，34（1）：19－24.

［13］崔海洋，卓雯君，虞虎，龙娇，刘玉芳. 基于三阶段 DEA 模型的农业生产效率及其时空特征研究——以长江经济带为例［J］. 中国生态农业学报（中英文），2021，29（7）：1243－1252.

［14］翟桂玉. 德国畜牧业发展见闻与启示（上）［J］. 农业知识，2012（6）：9－11.

［15］丁宇刚，孙祁祥. 农业保险可以减轻自然灾害对农业经济的负面影响吗？［J］. 财经理论与实践，2021，42（2）：43－49.

［16］丁志刚，王杰. 中国乡村治理 70 年：历史演进与逻辑理路［J］. 中国农村观察，2019（4）：18－34.

［17］杜妍妍，姜长云. 发达国家农民培训的特点与启示［J］. 宏观经济管理，2005（7）：57－58.

［18］杜吟棠. 农业产业化经营和农民组织创新对农民收入的影响［J］. 中国农村观察，2005（3）：9－18，80.

［19］方福前，张艳丽. 中国农业全要素生产率的变化及其影响因素分析——基于 1991～2008 年 Malmquist 指数方法［J］. 经济理论与经济管理，2010（9）：5－12.

［20］方鸿．中国农业生产技术效率研究：基于省级层面的测度、发现与解释［J］．农业技术经济，2010（1）：34－41.

［21］弗朗斯瓦·魁奈．经济表的分析．北京：商务印书馆，1766.

［22］付小鹏，梁平．政策性农业保险试点改变了农民多样化种植行为吗［J］．农业技术经济，2017（9）：66－79.

［23］盖庆恩，朱喜，史清华．劳动力转移对中国农业生产的影响［J］．经济学（季刊），2014，13（3）：1147－1170.

［24］高帆．中国区域农业全要素生产率的演变趋势与影响因素——基于省际面板数据的实证分析［J］．数量经济技术经济研究，2015，32（5）：3－19，53.

［25］高海秀，王明利．中国肉牛生产成本收益及国际竞争力研究［J］．价格理论与实践，2018（3）：75－78.

［26］高海秀，石自忠，王明利．生产与市场严重错位下的肉牛养殖：成因及路径选择［J］．农业经济与管理，2019（4）：45－52.

［27］高鸣，王颖．农业补贴政策对粮食安全的影响与改革方向［J］．华南农业大学学报（社会科学版），2021，20（5）：14－26.

［28］高雪萍，檀竹平．基于DEA－Tobit模型粮食主产区家庭农场经营效率及其影响因素分析［J］．农林经济管理学报，2015，14（6）：577－584.

［29］高玉强．农机购置补贴与财政支农支出的传导机制有效性——基于省际面板数据的经验分析［J］．财贸经济，2010（4）：61－68.

［30］公茂刚，张梅娇．农地“三权”分置对农村金融包容性发展影响研究——基于CMP方法的实证分析［J］．金融理论与实践，2021（4）：109－118.

［31］韩海彬，赵丽芬．环境约束下中国农业全要素生产率增长及收敛分析［J］．中国人口·资源与环境，2013，23（3）：70－76.

［32］郝海广，李秀彬，辛良杰．农业劳动力非农就业对农地利用的

影响：理论解析及其政策启示（英文）［J］. Journal of Resources and Ecology，2017，8（6）：595－604.

［33］何安华，刘同山，孔祥智. 农户异质性对农业技术培训参与的影响［J］. 中国人口·资源与环境，2014，24（3）：116－123.

［34］胡冰川. 中国农产品市场分析与政策评价［J］. 中国农村经济，2015（4）：4－13.

［35］华德亚，汤龙. 产业结构与就业结构协调性及地区趋同研究［J］. 统计与决策，2019，35（9）：145－149.

［36］黄国瑞，顾光. 欠发达地区农业要素生产效率评价与提升路径研究［J］. 青海师范大学学报（社会科学版），2021，43（1）：12－19.

［37］黄延廷. 中国农地规模化的路径——基于农场经营规模与农业生产效率、农地配置状态的关系的假说［J］. 农村经济，2010（11）：25－28.

［38］黄祖辉. 现代农业经营体系建构与制度创新——兼论以农民合作组织为核心的现代农业经营体系与制度建构［J］. 经济与管理评论，2013，29（6）：5－16.

［39］黄祖辉，朋文欢. 农民合作社的生产技术效率评析及其相关讨论——来自安徽砀山县5镇（乡）果农的证据［J］. 农业技术经济，2016（8）：4－14.

［40］黄祖辉，王建英，陈志钢. 非农就业、土地流转与土地细碎化对稻农技术效率的影响［J］. 中国农村经济，2014（11）：4－16.

［41］黄祖辉，俞宁. 新型农业经营主体：现状、约束与发展思路——以浙江省为例的分析［J］. 中国农村经济，2010（10）：16－26，56.

［42］季凯文，孔凡斌. 中国生物农业上市公司技术效率测度及提升路径——基于三阶段 DEA 模型的分析［J］. 中国农村经济，2014（8）：42－57，75.

［43］金鑫. 国际化趋势下中国农业生产效率的提升路径研究［J］. 内蒙古社会科学（汉文版），2014，35（2）：111－114.

[44] 柯炳生. 落实乡村振兴战略 提升农业发展质量 [J]. 农村工作通讯，2018 (2)：1.

[45] 孔令成，郑少锋. 家庭农场的经营效率及适度规模——基于松江模式的 DEA 模型分析 [J]. 西北农林科技大学学报（社会科学版），2016，16 (5)：107－118.

[46] 匡远凤. 技术效率、技术进步、要素积累与中国农业经济增长——基于 SFA 的经验分析 [J]. 数量经济技术经济研究，2012，29 (1)：3－18.

[47] 李刚，刘灵芝，赵佳佳. 合作组织参与对农户技术效率的影响——基于全国 6 省肉鸭养殖调查 [J/OL]. 农业现代化研究：1－14 [2022－10－26].

[48] 李谷成. 技术效率、技术进步与中国农业生产率增长 [J]. 经济评论，2009 (1)：60－68.

[49] 李谷成，陈宁陆，闵锐. 环境规制条件下中国农业全要素生产率增长与分解 [J]. 中国人口·资源与环境，2011，21 (11)：153－160.

[50] 李谷成，冯中朝. 中国农业全要素生产率增长：技术推进抑或效率驱动——一项基于随机前沿生产函数的行业比较研究 [J]. 农业技术经济，2010 (5)：4－14.

[51] 李谷成，冯中朝，占绍文. 家庭禀赋对农户家庭经营技术效率的影响冲击——基于湖北省农户的随机前沿生产函数实证 [J]. 统计研究，2008 (1)：35－42.

[52] 李国祥. 论中国农业发展动能转换 [J]. 中国农村经济，2017 (7)：2－14.

[53] 李鹏程，石自忠，王明利. 我国畜禽粪尿排放污染防治研究综述 [J]. 中国农业资源与区划，2020，41 (9)：37－44.

[54] 李杰，胡向东，王玉斌. 生猪养殖户养殖效率分析——基于 4 省 277 户养殖户的调研 [J]. 农业技术经济，2019 (8)：29－39.

［55］李俊茹，王明利，杨春，石自忠．中国肉牛产业全要素生产率的区域差异与影响因素——基于2013—2017年15省区的面板数据［J］．湖南农业大学学报（社会科学版），2019，20（6）：46－55.

［56］李龙，宋月萍．农地流转对家庭化流动的影响——来自流出地的证据［J］．公共管理学报，2016，13（2）：76－83，156.

［57］李平．提升全要素生产率的路径及影响因素——增长核算与前沿面分解视角的梳理分析［J］．管理世界，2016（9）：1－11.

［58］李乾，王玉斌，石自忠．中国肉牛良种补贴政策评价及反思［J］．中国农业大学学报，2019，24（11）：234－240.

［59］梁巧，吴闻，刘敏，卢海阳．社会资本对农民合作社社员参与行为及绩效的影响［J］．农业经济问题，2014，35（11）：71－79，111.

［60］林本喜，邓衡山．农业劳动力老龄化对土地利用效率影响的实证分析——基于浙江省农村固定观察点数据［J］．中国农村经济，2012（4）：15－25，46.

［61］林毅夫，沈明高．中国农业技术变迁的一般经验和政策含义［J］．经济社会体制比较，1990（2）：10－18.

［62］刘春明，郝庆升，周杨．中国散养奶牛养殖成本效率及其影响因素研究［J］．中国畜牧杂志，2018，54（11）：123－127. DOI：10. 19556/j. 0258－7033. 2018－11－123.

［63］刘建国．中国经济效率和全要素生产率的空间分异及其影响因素：1990－2009［M］//中国地理学会2012年学术年会学术论文摘要集．中国地理学会，2012：108－109.

［64］刘俊华，李丹阳，王福，苏红梅，韩丽萍．基于SFA的中国乳品上市公司配置效率及影响因素研究［J］．内蒙古大学学报（自然科学版），2021，52（1）：1－11.

［65］刘俊辉，刘静，王栋，范钦磊，郑增忍．德国畜禽产业发展及屠宰管理概述［J］．中国动物检疫，2015，32（7）：42－46.

[66] 刘莉，张文爱．中国农业全要素生产率增长与空间溢出效应——基于31个省市区2000—2014年数据的实证分析［J］．西部论坛，2017，27（6）：49－57.

[67] 刘庋．农业竞争力提升视域下的中国小农户发展：机理、效率与优化路径［D］．成都：四川大学，2021.

[68] 刘森挥．中国肉牛养殖业全要素生产率变动及提升路径研究［D］．长春：吉林农业大学，2019.

[69] 刘天军，蔡起华．不同经营规模农户的生产技术效率分析——基于陕西省猕猴桃生产基地县210户农户的数据［J］．中国农村经济，2013（3）：37－46.

[70] 刘豪兴．农村社会学（第三版）［M］．北京：中国人民大学出版社，2015.

[71] 刘亚洲，钟甫宁．风险管理VS收入支持：中国政策性农业保险的政策目标选择研究［J］．农业经济问题，2019（4）：130－139.

[72] 刘玉满，李静．荷兰以家庭农场为基础发展现代奶业［J］．中国农村经济，2005（9）：71－77.

[73] 刘颖，金雅，王嫚嫚．不同经营规模下稻农生产技术效率分析——以江汉平原为例［J］．华中农业大学学报（社会科学版），2016（4）：15－21，127.

[74] 刘兆军，汲春雨．土地流转与农业保险的互动关系研究［J］．农业经济与管理，2019（5）：56－63.

[75] 罗必良．人民公社失败的制度经济学解理——一个分析框架及其应用［J］．华南农业大学学报（社会科学版），2002（1）：34－41.

[76] 马晓萍，王明利．中国肉牛优势产区不同规模养殖成本效率变动趋势——基于2013—2019年的面板数据［J］．湖南农业大学学报（社会科学版），2021，22（6）：11－20.

[77] 梅运田．农业社会化服务对家庭农场经营效率的影响研究［D］.

杭州：浙江农林大学，2017.

[78] 聂辉华．最优农业契约与中国农业产业化模式［J］．经济学（季刊），2013，12（1）：313－330.

[79] 潘丹，孔凡斌．中国农业全要素生产率差异与收敛分析——基于环境污染视角［J］．江西社会科学，2013，33（9）：43－47.

[80] 庞巴维克．资本实证论［M］．北京：商务印书馆，1964.

[81] 恰亚诺夫．农民经济组织［M］．北京：中央编译出版社，1996.

[82] 乔慧，程郁，曾起艳，郑风田．农业技术培训对农户农业收入影响的实证研究——基于1123户农户的调研［J］．调研世界，2016（5）：13－17.

[83] 渠鲲飞．基于区域差异视角的中国农业供给效率优化路径［J］．晋中学院学报，2021，38（4）：41－45.

[84] 任继周，李发弟，曹建民，李秉龙，胥刚，唐增．中国牛羊肉产业的发展现状、挑战与出路［J］．中国工程科学，2019，21（5）：67－73.

[85] 任天驰，康丕菊，彭志远，褚力其．欠发达地区农户兼业对其土地转出行为的影响——基于云南省558户农户的调查［J］．中国农业大学学报，2018，23（7）：205－216.

[86] 萨伊．政治经济学概论［M］．北京：商务印书馆，1963.

[87] 石慧，吴方卫．中国农业生产率地区差异的影响因素研究——基于空间计量的分析［J］．世界经济文汇，2011（3）：59－73.

[88] 石守定，王明利，熊慧．非洲猪瘟疫情背景下俄罗斯生猪产业转型升级的经验及启示［J］．世界农业，2021（3）：80－89.

[89] 石自忠，王明利，崔姹．中国肉牛养殖成本收益与要素弹性分析［J］．中国畜牧杂志，2016，52（16）：54－61.

[90] 石自忠，王明利，胡向东，崔姹．中国肉牛养殖效率及影响因素分析［J］．中国农业科技导报，2017，19（2）：1－8.

[91] 史常亮，揭昌亮，石峰，温亚利. 中国林业技术效率与全要素生产率增长分解——基于 SFA - Malmquist 方法的估计 [J]. 林业科学，2017，53 (12)：126 - 135.

[92] 舒尔茨·W. 西奥多. 梁小民 译. 改造传统农业 [M]. 北京：商务印书馆，1987.

[93] 司伟，王济民. 中国大豆生产全要素生产率及其变化 [J]. 中国农村经济，2011 (10)：16 - 25.

[94] 孙香玉，吴冠宇，张耀启. 传统农业保险与天气指数保险需求：替代还是互补？——以新疆棉花农业保险为例 [J]. 南京农业大学学报（社会科学版），2016，16 (5)：116 - 126，157.

[95] 孙新华. 农业经营主体：类型比较与路径选择——以全员生产效率为中心 [J]. 经济与管理研究，2013 (12)：59 - 66.

[96] 滕泽伟，胡宗彪，蒋西艳. 中国服务业碳生产率变动的差异及收敛性研究 [J]. 数量经济技术经济研究，2017，34 (3)：78 - 94.

[97] 田杰. 中国林业生产要素配置效率研究 [D]. 杨凌：西北农林科技大学，2014.

[98] 托马斯·G·罗斯基. 经济效益与经济效率，经济研究，1993 (6)：38 - 40.

[99] 王力，韩亚丽. 中国棉花全要素生产率增长的实证分析——基于随机前沿分析法 [J]. 农业技术经济，2016 (11)：95 - 105.

[100] 王留鑫，洪名勇. 中国农业全要素生产率的区域差异及影响因素——基于 DEA - Malmquist 指数省际面板数据的实证分析 [J]. 郑州航空工业管理学院学报，2018，36 (3)：11 - 21.

[101] 王明利. 改革开放四十年中国畜牧业发展：成就、经验及未来趋势 [J]. 农业经济问题，2018 (8)：60 - 70.

[102] 王明利. “十四五”时期畜产品有效供给的现实约束及未来选择 [J]. 经济纵横，2020 (5)：100 - 108.

［103］王明利，李鹏程，马晓萍．规模化选择对畜牧业高质量发展的影响及其路径优化——基于生猪养殖规模化视角［J］．中国农村经济，2022（3）：12－35.

［104］王淑荣．人工智能赋能农业发展的路径探析——基于区域农业的产业集聚度、产业关联性与产业效率性［J］．技术经济与管理研究，2021（7）：120－123.

［105］王太祥，周应恒．“合作社＋农户”模式真的能提高农户的生产技术效率吗——来自河北、新疆两省区387户梨农的证据［J］．石河子大学学报（哲学社会科学版），2012，26（1）：73－77.

［106］王雪娇．中国肉羊生产的经济效率研究［D］．北京：中国农业大学，2018.

［107］王永昌，尹江燕．论经济高质量发展的基本内涵及趋向［J］．浙江学刊，2019（1）：91－95.

［108］威廉·配第．赋税论，配第经济著作选集［J］．北京：商务印书馆，1981.

［109］魏丹，王雅鹏．粮食主产省粮食生产要素配置效率评价［J］．统计与决策，2011（2）：60－63.

［110］魏巍，李万明．农业劳动生产率的影响因素分析与提升路径［J］．农业经济问题，2012，33（10）：29－35，110－111.

［111］翁贞林，程丹．农户特征、土地禀赋与农户代际分工［J］．农林经济管理学报，2018，17（4）：392－397.

［112］吴晨．不同农业经营主体生产效率的比较研究［J］．经济纵横，2016（3）：46－51.

［113］吴东立，谢凤杰．改革开放40年中国农业保险制度的演进轨迹及前路展望［J］．农业经济问题，2018（10）：24－32.

［114］辛岭，安晓宁．中国农业高质量发展评价体系构建与测度分析［J］．经济纵横，2019（5）：109－118.

［115］徐斌，孙蓉．粮食安全背景下农业保险对农户生产行为的影响效应——基于粮食主产区微观数据的实证研究［J］．财经科学，2016（6）：97－111.

［116］闫振宇，徐家鹏．生猪规模生产就有效率吗？——兼论中国不同地区生猪养殖适度规模选择［J］．财经论丛，2012（2）：3－7.

［117］杨春，王明利．基于 Malmquist 指数的农户肉牛养殖全要素生产率研究［J］．农业经济与管理，2013（3）：69－75，89.

［118］杨春，王明利．草原生态保护补奖政策下牧区肉牛养殖生产率增长及收敛性分析［J］．农业技术经济，2019（3）：96－105.

［119］杨浩然，刘悦．中国小麦和苹果生产的成本效率分析［J］．农业经济问题，2016，37（1）：16－25，110.

［120］杨朔．陕西省耕地生产效率研究［D］．杨凌：西北农林科技大学，2011.

［121］杨万江，李琪．新型经营主体生产性服务对水稻生产技术效率的影响研究——基于 12 省 1926 户农户调研数据［J］．华中农业大学学报（社会科学版），2017（5）：12－19，144.

［122］叶兴庆．中国农业支持政策转型：从增产导向到竞争力导向［J］．改革，2017（3）：19－34.

［123］尹朝静，李谷成，贺亚亚．农业全要素生产率的地区差距及其增长分布的动态演进——基于非参数估计方法的实证研究［J］．华中农业大学学报（社会科学版），2016（2）：38－46，135－136.

［124］应瑞瑶，朱哲毅，徐志刚．中国农民专业合作社为什么选择“不规范”［J］．农业经济问题，2017，38（11）：4－13，110.

［125］余泳泽，杨晓章，张少辉．中国经济由高速增长向高质量发展的时空转换特征研究［J］．数量经济技术经济研究，2019，36（6）：3－21.

［126］张朝辉．非农就业对农户退耕还林成果保持意愿的影响——基于 1132 个退耕农户的调查［J］．中国土地科学，2020，34（11）：67－

75.

[127] 张军扩，侯永志，刘培林，何建武，卓贤．高质量发展的目标要求和战略路径［J］．管理世界，2019，35（7）：1－7.

[128] 张利国，鲍丙飞．中国粮食主产区粮食全要素生产率时空演变及驱动因素［J］．经济地理，2016，36（3）：147－152.

[129] 张露，罗必良．中国农业的高质量发展：本质规定与策略选择［J］．天津社会科学，2020（5）：84－92.

[130] 张明，杜运周．组织与管理研究中QCA方法的应用：定位、策略和方向［J］．管理学报，2019，16（9）：1312－1323.

[131] 张启楠，张凡凡，麦强，伍国勇．中国粮食生产效率空间溢出网络及提升路径［J］．地理学报，2022，77（4）：996－1008.

[132] 赵黎．德国生猪产业组织体系：多元化的发展模式［J］．中国农村经济，2016（4）：81－90.

[133] 赵丹丹，周宏．农业生产集聚：如何提高粮食生产效率——基于不同发展路径的再考察［J］．农业技术经济，2020（8）：13－28.

[134] 赵晓峰，王晶晶．农户参与合作社的行为决策及其影响因素分析——基于村域社会资本视角［J］．中共福建省委党校学报，2018（12）：86－95.

[135] 赵自芳，史晋川．中国要素市场扭曲的产业效率损失——基于DEA方法的实证分析［J］．中国工业经济，2006（10）：40－48.

[136] 郑浩然．农业大省提升农业经济效率的路径研究［D］．兰州：兰州财经大学，2019.

[137] 钟钰．向高质量发展阶段迈进的农业发展导向［J］．中州学刊，2018（5）：40－44.

[138] 周宏，王全忠，张倩．农村劳动力老龄化与水稻生产效率缺失——基于社会化服务的视角［J］．中国人口科学，2014（3）：53－65，127.

［139］周江，胡静锋，宋彦，王晓煊．基于李嘉图贸易模型的中美产业竞争理论与实证分析［J］．宏观经济研究，2021（1）：79－95.

［140］周月书，俞靖．规模农户产业链融资对生产效率的影响研究［J］．农业技术经济，2018（4）：65－79.

［141］朱宁．畜禽养殖户废弃物处理及其对养殖效果影响的实证研究［D］．北京：中国农业大学，2014.

［142］ABED R，ACOSTA A. Assessing Livestock Total Factor Productivity：A Malmquist Index Approach［J］. African Journal of Agricultural and Resource Economics，2018，13（4）：297－306.

［143］ABIEC. Beef Report，Brazilian Livestock Profile［R］. ABIEC Brazilian Beef Exporters Association，Sao Paulo，Brazil，2019.

［144］ADEPOJU A. Technical Efficiency of Poultry Egg Production in Osun State［J］. Nigeria. International Journal of Agricultural Economics & Rural Development，2008，1（1）：7－14.

［145］AGUS A，MASTUTI W T S. Current Situation and Future Prospects for Beef Cattle Production in Indonesia－A Review［J］. Asian－Australasian journal of animal sciences，2018，31（7）：976－983.

［146］AIGNER D，LOVELL C A K，SCHMIDT P. Formulation and Estimation of Stochastic Frontier Production Function Models［J］. Journal of Econometrics，1977，6（1）：21－37.

［147］ARELOVICH H M. Tecnología disponible de potencial impacto en la ganadería. Academia Nacional de Agronomía y Veterinaria［J］. Buenos Aires，Argentina，2011：285－300.

［148］BAFFES J，MEERMAN J. Form Prices to Incomes：Agricultural Subsidization without Protection［J］. World Bank Research Observer，1998，13（2）：191－211.

［149］BANAEIAN N. Do the Cattle Farms of Iran Produce Economically

Efficient or Not? [J]. Asian Journal of Agricultural Sciences, 2011, 3 (2): 142 - 149.

[150] BARRO R. Economic Growth in a Cross Section of Countries [J]. Quarterly Journal of Economics, 1991, 106 (2): 407 - 443.

[151] BATTESE G E, RAO D, DONNELL C J. A Meta Frontier Production Function for Estimation of Technical Efficiencies and Technology Gaps for Firms Operating under Different Technologies [J]. Journal of Production Analysis, 2004, 21 (1): 91 - 103.

[152] BERDIKUL Q, JEFFREY G, KENNETH M. Meat Goat Enterprise Efficiency Analysis in the Southeast United States [J]. Journal of Agricultural & Applied Economics, 2016, 48 (1): 52 - 72.

[153] BERNDT E R, CHRISTENSEN L R. The Translog Function and the Substitution of Equipment, Structures, and Labor in U. S. Manufacturing 1929 - 1968 [J]. Journal of Econometrics, 1973, 1 (1): 81 - 113.

[154] BOJNEC S, FERTO I. Determinants of Agro - Food Trade Competition of Central European Countries with the European Union. China Economic Review, 2009, 20 (2): 327 - 337.

[155] BOUBACAR O, HUI QIU Z, RANA M A, GHAZANFAR S. Analysis on Technical Efficiency of Rice Farms and Its Influencing Factors in South-western of Niger [J]. Journal of Northeast Agricultural University (English Edition), 2016 (4): 24 - 36.

[156] BREUSCH T S, PAGAN A R. The LM Test and Its Application to Model Specification in Econometrics [J]. Review of Economic Studies XL VII, 1980, 47 (1): 239 - 253.

[157] BULECA J, VILIAM K, DENISA K. Cluster Analysis of Beef Production Distribution in Europe [J]. Potravinarstvo, 2018, 12 (1): 789 - 797.

[158] BURFISHER M E, ROBINSON S, THIERFELDER K. North American Farm Programs and the WTO [J]. American Journal of Agricultural Economics, 2000, 82 (3): 768 – 774.

[159] CASSON M C, GRILICHES Z, RINGSTAD V. Economies of Scale and the Form of the Production Function: An Econometric Study of Norwegian Manufacturing Establishment Data [J]. Journal of the Royal Statistical Society, 1971, 135 (1): 170.

[160] CAVES D W, CHRISTENSEN L R, DIEWERT W E. The Economic – Theory of Index Numbers and the Measurement of Input, output, and productivity [J]. Econometrica, 1982, 50 (6): 1393 – 1414.

[161] CHARNES A, COOPER W W, RHODES E. Measuring the Efficiency of Decision Making Units [J]. European Journal of Operational Research, 1978 (2): 429 – 444.

[162] CHIBANDA C, AGETHEN K, DEBLITZ C. The Typical Farm Approach and Its Application by the Agri benchmark Network [J]. Agriculture, 2020 (10): 646.

[163] COTTLE D J, PITCHFORD W S. Production Efficiency [M]// COTTLE D, KHAN L (Eds.). Beef Cattle Production and Trade. CSIRO Publishing, COLLING WOOD, Australia, 2014: 421 – 457.

[164] DEBREU G. Mathematical Economics: The Coefficient of Resource Utilization. Econometrics, 1951, 19: 273 – 292.

[165] DELERY J E, DOTY D H. Modes of Theorizing in Strategic Human Resource Management: Tests of Universalistic, Contingency, and Configurational Performance Predictions. Academy of Management Journal, 1996, 39 (4): 802 – 835.

[166] DELEVATTI L M, ROMANZINI E P, KOSCHECK J F W, REIRS R A. Forage Management Intensification and Supplementation Strategy:

Intake and Metabolic Parameters on Beef Cattle Production [J]. Animal Feed Science and Technology, 2019, 247 (11): 74 – 82.

[167] DERNER J D, HART R H. Grazing – Induced Modifications to Peak Standing Crop in Northern Mixed – Grass Prairie [J]. Range land Ecology & Management, 2007, 60 (3): 270 – 276.

[168] DROUILLARD J S. Current Situation and Future Trends for Beef Production in the United States of America Asian – Australasian [J]. Journal of Animal Sciences, 2018, 31 (7): 1007 – 1016.

[169] ELLIOTT F F. The Representative Firm Idea Applied to Research and Extension in Agricultural Economics [J]. Farm Econ, 1928, 10 (4): 483 – 498.

[170] ERIK M. Organizational Form and Technical Efficiency of Czech Slovak Farms [J]. Journal of Comparative economics, 1999, 9 (3): 331 – 344.

[171] FANG L A N. How Crop Insurance Influences Agricultural Green Total Factor Productivity: Evidence From Chinese Farmers [J]. Journal of Cleaner Production, 2021, 321 (7): 128 – 157.

[172] FÄRE R, GROSSKOPF S, LINDGREN B. Productivity Developments in Swedish Hospitals: A Malmquist Output Index Approach [M]// CHARNES A, COOPER W W, LEWIN A Y. Data Envelopment Analysis: Theory, Methodology, and Applications. Boston: Kluwer Academic Publishers, 1994: 253 – 272.

[173] FARRELL M J. The Measurement of Technical Efficiency [J]. J R Statist. Soc. Ser, 1957, 13: 120 – 123.

[174] FATIMA H, SHAHEEN S, ALMAS L K, HAROON S. Profit Efficiency Among Transplanting and Direct Seeded Rice Producers (Case Study of Certain Rice Growing Areas of Province Punjab, Pakistan) [R]. 2020.

[175] FISHER I. The Making of Index Numbers: A Study of Their Varieties, Tests, and Reliability [J]. Houghton Mifflin, 1923.

[176] FISS P C. Building Better Causal Theories: A Fuzzy Set Approach to Typologies in Organization Research [J]. Academy of Management Journal, 2011, 54 (2): 393 –420.

[177] FOSTER A D, ROSENZWEIG M R. Are There Too Many Farms in the World? Labor Market Transaction Costs, Machine Capacities, and Optimal Farm Size. Journal of Political Economy [J]. University of Chicago Press, 2022, 130 (3): 636 –680.

[178] GARTAULA H, NIEHOF A, VISSER L. Shifting Perceptions of Food Security and Land in the Context of Labour Out – Migration in Rural Nepal [J]. Food Security, 2012, 4 (2): 181 –194.

[179] GAUGHAN J B, SULLIVAN M L. Australian Feedlot Industry [M]//COTTLE L K (Eds.), Beef Cattle Production and Trade. CSIRO Publishing, 2014: 205 –233.

[180] GAUTAM M, AHMED M. Too Small to Be Beautiful? The Farm Size and Productivity Relationship in Bangladesh [J]. Food Policy, 2019, 84: 165 –175,

[181] GILL M W. Measuring Technical and Water Use Efficiency and Their Determinants for Wheat Production in Faisalabad [J]. Pakistan, 2015.

[182] GILSON J C. Proceedings Number, Discussion: Use of Representative Farms in Studies of Inter – Regional Competition and Production Response [J]. Journal of Farm Economics, 1963, 45 (5): 1445 –1447.

[183] GODFRAY H C J, Beddington J R, Crute I R, Haddad L, Lawrence D, Muir J F, Pretty J, Robinson S, Thomas S M, Toulmin C. Food Security: The Challenge of Feeding 9 Billion People [J]. Science, 2010, 327 (12): 812 –818.

[184] GOODWIN B K, MISHRA A K. Are "Decoupled" Farm Program Payments Really Decoupled? An Empirical Evaluation [J]. American Journal of Agricultural Economics, 2006, 88 (1): 73 – 89.

[185] GRANNIS J L, BRUCH M L. The Role of USDA APHIS in Livestock Disease Management Within the USA, The Economics of Livestock Disease Insurance [J]. Concepts, Issues and International Case Studies, 2005: 19 – 28.

[186] GREENWOOD P L, GARDNER G E, FERGUSON D M. Current Situation and Future Prospects for the Australian Beef Industry – A Review [J]. Asian – Australasian Journal of Animal Sciences, 2018, 31 (7): 992 – 1006.

[187] GREGG D, ROLFE J. Identifying Sources and Trends for Productivity Growth in a Sample of Queensland Broad – Acre Beef Enterprises [J]. Animal Production Science, 2011, 51 (5): 443 – 453.

[188] GU H Y, WANG C W. Impacts of the Covid – 19 Pandemic on Vegetable Production and Countermeasures from an Agricultural Insurance Perspective [J]. Journal of Integrative Agriculture, 2020, 19 (12): 2866 – 2876.

[189] HAMILTON T W, RITTEN J P, BASTIAN C T, DERNER J D, TANNKA J A. Economic Impacts of Increasing Seasonal Precipitation Variation on Southeast Wyoming Cow – Calf Enterprises Range [J]. Land Ecology & Management, 2016, 69 (6): 465 – 473.

[190] HELTBERG R. Rural Market Imperfections and the Farm Size – Productivity Relationship: Evidence from Pakistan [J]. World Development, 2004, 26 (10): 1807 – 1826.

[191] HERRING A D. North American Beef Production//COTTLE L K (Eds.), Beef Cattle Production and Trade, CSIRO Publishing, COLLING WOOD, Australia, 2014: 82 – 105.

[192] HOCQUETTE J F, ELLIESQURY M P, LHERM M, PINEAU C, DEBLITZ C L, FARMER L. Current Situation and Future Prospects for Beef Production in Europe [J]. Asian – Australasian Journal of Animal Sciences, 2018, 31 (7): 1017 – 1035.

[193] ISERMEYER F. Methodologies and Comparisons of Production Costs – A global Overview. In Sustainability and Production Costs in the Global Farming Sector: Comparative Analysis and Methodologies//LANGRELL S, CIAIAN P, GOMEZ P S (Eds.) [J]. European Commission: Brussels, Belgium, 2012.

[194] JASNY N. Tractor Versus Horse as a Source of Farm Power [J]. The American Economic Review, 1935, 25 (4): 708 – 723.

[195] JOSEPH K. Argentina Livestock and Products Annual, Foreign Agricultural Service Gain Report [R]. USDA Foreign Agricultural Service, Washington, 2018.

[196] JULIEN S A, COWIE J, MONIOS J. Efficiency, Productivity and Returns to Scale in Ports: A Comparison of Data Envelopment Analysis and Econometric Estimation with Application to Caribbean Small Island Developing States [J]. Maritime Economics & Logistics, 2020, 22: 239 – 264.

[197] KARAGIANNIS G, SARRIS A. Measuring and Explaining Scale Efficiency with the Parametric Approach: the Case of Greek Tobacco Growers [J]. Agricultural Economics, 2005, 38 (3): 441 – 451.

[198] KHAI H V, YABE M. Technical Efficiency Analysis of Rice Production in Vietnam [J]. Research Gate, 2011, 17 (1): 135 – 146.

[199] KMENTA J. On Estimation of the CES Production Function [J]. International Economic Review, 1967, 8 (2): 180 – 189.

[200] KOOPMANS T C. An Analysis of Production as an Efficient Combination of Activities [M]// KOOPMANS T C. (Eds.), Activity Analysis of

Production and Allocation, Cowles Commission for Research in Economics. Monograph No. 13, Wiley, New York, 1951.

[201] KOUSKY C. The Role of Natural Disaster Insurance in Recovery and Risk Reduction [J]. Annual Review of Resource Economics, 2019, 11 (1): 399 – 418.

[202] KOVACS K, PANDEY R. Hungarian Dairy and Beef Production Sector Technical Efficiency Comparison Using DEA [J]. Applied Studies in Agribusiness and Commerce, 2017, 11 (3/4): 131 – 139.

[203] KUMBHAKAR S C, LIEN G. Impact of Subsidies on Farm Productivity and Efficiency [M]//Ball V, FANFANI R, GUTIERREZ L (Eds), The Economic Impact of Public Support to Agriculture [J]. Studies in Productivity and Efficiency, 2010 (7): 109 – 124.

[204] LASPEYRES E. Die Berechnung Einer Mittleren Waaren Preissteigerung [J]. Jahrbücher Für National? konomie Und Statistik, 2016, 16 (1): 296 – 318.

[205] LATRUFFE L, BRAVO B E, CARPENTIER A, DESJEUX Y, MOREIRA V H. Subsidies and Technical Efficiency in Agriculture: Evidence from European Dairy Farms [J]. American Journal of Agricultural Economics, 2016, 99 (3): 783 – 799.

[206] LEAN I J, MOATE P J. Cattle, Climate and Complexity: Food Security, Quality and Sustainability of the Australian Cattle Industries [J]. Aust Vet J., 2021, 99 (7): 293 – 308.

[207] LEIBENSTEIN H, SHLOMO M. Empirical Estimation and Partitioning of X – Inefficiency: A Data-envelopment Approach [J]. AEA Papers and Proceedings, 1992, 82: 428 – 433.

[208] LI X Z, YAN C, ZAN L S. Current Situation and Future Prospect of Beef Production in China – A Review [J]. Asian – Australasian Journal of

Animal Sciences, 2018, 31: 984 -991.

[209] LI X, NEELE P, SEBASTIAN G, JENNIFER D, SILVIA S, KARIN O, SHENGKUI C, LIU G. Efficiency and Carbon Footprint of the German Meat Supply Chain [J]. Environmental Science & Technology, 2019, 53 (9): 5133 -5142.

[210] LIBERTO A, PIGLIARU F, MURA R. How to Measure the Unobservable: A Panel Technique for the Analysis of TFP Convergence [J]. Oxford Economic Papers, 2008, 60 (2): 343 -368.

[211] LIN J Y. Public Research Resource Allocation in Chinese Agriculture: A Test of Induced Technological Innovation Hypothesis [J]. Economic Development and Cultural Change, University of Chicago Press, 1991, 40 (1): 55 -73.

[212] LIU Q, SHUMWAY C R. Geographic Aggregation and Induced Innovation in American Agricultural [J]. Applied Economics, 2006, 38 (6): 671 -682.

[213] MADER T, GAUGHAN J. Effects of Climate Variability on Domestic Livestock [J]. Handbook on Climate Change and Agriculture, Edward Elgar Publishing, Northampton, MA, 2010.

[214] MAHONEY J. What Is a Concept? Two Definitions and Their Research Implications. Mimeo [J]. Northwestern University, 2010.

[215] MARISTELA M, MARTINS H FS, SPOLADOR E N. Production Environment and Managerial Techniques in Explaining Productivity Growth in Brazilian Beef Cattle Production. Agribusiness, 2021, 8 (8): 1 -15.

[216] MARTINEZ C M, THORNER F, WALLACE M. The Effects of Direct Payments on Technical Efficiency of Irish Beef Farms: A Stochastic Frontier Analysis [J]. Journal of Agricultural Economics, 2018, 69 (3): 669 -687.

[217] MELLOR J W. British Post - War Policy Towards Farm Mechanization [J]. Journal of Farm Mechanization. Journal of Farm Economics, 1954, 36 (1): 98 - 107.

[218] MILLER D A. Impacts of Global Warming on Livestock, Dairy, and Fish Production [M]//Mann M E (Eds.) Confronting Global Warming: Farming and Food Supply, Green haven Press, Farmington Hills, 2011: 43 - 52.

[219] MLA. Market Supplier Snapshot - Beef - Argentina and Uruguay Meat & Livestock Australia [J]. North Sydney, Australia, 2018.

[220] MLA. Global Snapshot Beef Meat & Livestock Australia [J]. North Sydney, Australia, 2020.

[221] MLOTE S N, MDOE N S Y, ISINIKA A C, MTENGA L A. Estimating Technical Efficiency of Small Scale Beef Cattle Fattening in the Lake Zone in Tanzania [J]. Journal of Development and Agricultural Economics, 2013, 5 (5): 197 - 207.

[222] NUTHALL P L. Farm Business Management. Analysis of Farming Systems [R]. CAB International: Walling ford, UK. Cambridge, MA, USA, 2011.

[223] NWACHUKWU I N, ONYENWEAKU C E. Allocative Efficiency Among Fadama Fluted Pumkin Farmers in Imo State, Nigeria [J]. International Journal of Agriculture and Rural Development, 2009, 11 (1): 129 - 136.

[224] ODUNIYI S O, RUBHARA T T, ANTWI M A. Sustainability of Livestock Farming in South Africa. Outlook on Production Constraints, Climate - Related Events, and Upshot on Adaptive Capacity, Sustainability [J]. 2020, 12 (7): 2852.

[225] OECD. Decoupling: A Conceptual Overview [R]. The 1999/2000 Programme of Committee for Agriculture Working Paper, 2001.

[226] OLTJEN J W, BECKETT J L. Role of Ruminant Livestock in Sustainable Agricultural Systems [J]. Journal of animal sciences, 1996, 74: 1406 - 1409.

[227] PAASCHE H. Ueber Die Present Wick Lung Der Letzten Jahre Nach Den Hamburger Borsennotirungen [J]. Jahrbucher fur National Okonomie und Statistik, 1874, 23: 168 - 178.

[228] PAUL C, NRHRING R, BANKER D, SOMWARU A. Scale Economies and Efficiency in U. S. Agriculture: Are Traditional Farms History? [J]. Journal of Productivity Analysis, 2004, 22 (11): 185 - 205.

[229] PAUL L G. An Overview of Beef Production from Pasture and Feedlot Globally, as Demand for Beef and the Need for Sustainable Practices Increase [J]. Animal, 2021, 15 (1): 100 - 295.

[230] PENSON J B, ROMAIN R F J, HUGHES D W. Net Investment in Farm Tractors: An Econometric Analysis [J]. American Journal of Agricultural Economics, 1981, 63 (4): 629 - 635.

[231] RADA N, FUGLIE K O. New Perspectives on Farm Size and Productivity [J]. Food Policy, 2019, 84: 147 - 152.

[232] RAGIN C C. Fuzzy - Set Social Science [M]. University of Chicago Press, 2010.

[233] RAGIN C C. Set Relations in Social Research: Evaluating Their Consistency and Coverage [J]. Political Analysis, 2006, 14: 291 - 310.

[234] RAGIN C C. The Comparative Method: Moving Beyond Qualitative and Quantitative Strategies [M]. University of California Press, 2014.

[235] REEVES J L, DERNER J, SANDERSON M A, PETERSEN M K, VERMEIRE L, HENDRICKSON J R, KRONBERG S. Seasonal Temperature and Precipitation Effects on Cow - Calf Production in Northern Mixed - Grass Prairie [J]. Livest. Sci. , 2013, 155 (2 - 3): 355 - 363.

[236] RIJK A G. Agricultural Mechanization Strategy [J]. Plant Production Engineering, 1999.

[237] RIOS A, SGIVELY G. Farm Size and Non – Parametric Efficiency Measurements for Coffee Farms in Vietnam [M]. West Lafayette: Purdue University, 2016.

[238] SAMUELSON P A, NORDHAUS W D, 2015. Microeconomics [M]. People Post Press, 2008.

[239] SHRESTHA R B, HUANG W C, GAUTAM S, JOHNSON T G. Efficiency of Small Scale Vegetable Farms: Policy Implications for the Rural Poverty Reduction in Nepal [M]. Agricultural Economics, 2016, 62: 181 – 195.

[240] SIAL M H, IQBAL S, SHEIKH A D. "Farmer Size – Productivity" Relationship: Recent Evidence from Central Punjab [J]. Pakistan Economic and Social Review, 2012, 50 (2): 139 – 162.

[241] SKAANING S E. Assessing the Robustness of Crisp – Set and Fuzzy – set QCA Results [J]. Sociological Methods & Research, 2011, 40 (2): 391 – 408.

[242] SMITH S B, GOTOH T, GREENWOOD P L. Current Situation and Future Prospects for Global Beef Production: Overview of Special Issue [J]. Asian – Australasian journal of animal sciences, 2018, 31 (7): 927 – 932.

[243] STEWART R L, SILCOX R E, LACY C, HANCOCK D W, HARRIS G H, ELLIS R W. Improve Grazing Management, Increase Forage Use Efficiency [J]. Progressive Forage, 2012.

[244] SU W, LIU C, ZHANG L. Household – Level Linkages Between off – farm Employment and Agricultural Fixed Assets in Rural China [J]. China Agricultural Economic Review, 2015, 7 (2): 185 – 196.

[245] TADESSE B, KRISHNAMOORTHY S. Technical efficiency in Paddy farms of Tamil Nadu: An Analysis Based on Farm Size and Ecological

Zone [J]. Agricultural Economics, 1997, 16 (3): 185 - 192.

[246] TAKAHASHI K, OTSUKA K. The Increasing Importance of Non - farm Income and the Changing Use of Labor and Capital in Rice Farming: the Case of Central Luzon, 1979 - 2003 [J]. Agricultural Economics, 2009, 40 (3): 79 - 93.

[247] TOBIN J, 2009. Estimation of Relationships for Limited Dependent Variables [J]. Econometrica, 1958, 26 (1): 24 - 36.

[248] TSUCHIYA K. The Agriculture Economic Society of Japan [J]. Information Bulletin of The Union of National Economic Associations in Japan, 1982 (2): 12 - 15.

[249] USDA. Livestock and Poultry: World Markets and Trade [M]. In: United States Department of Agriculture Foreign Agricultural Service. 2021. 10. 12.

[250] VISSER, MARLE K, MYBURGH H C, FREITAS A D. Phenomics and Sustainable Production in the South African Dairy and Beef Cattle Industry [J]. Animal Frontiers, 2020 (10): 12 - 18.

[251] WERNIKE K, GETHMANN J, SCHIRRMEIER H, SCHRDER R, CONRATHS F J, BEER M. Six Years (2011 - 2016) of Mandatory Nationwide Bovine Viral Diarrhea Control in Germany: a Success story [J]. Pathogens, 2017, 6 (4): 50.

[252] WILSON P, HADLEY D, ASBY C. The Influence of Management Characteristics on the Technical Efficiency of Wheat Farmers in Eastern England [J]. Agricultural Economics, 2001, 24 (3): 329 - 338.

[253] WLIIIAMS M. Embracing the Causal Complexity of Inter Sectionality: Introducing a Configurational Perspective Using Fuzzy Set Qualitative Comparative [J]. British Management Academy, 2019.

[254] YOUNG L M, HOBBS J E. Vertical Linkages in Agricultural Food

Supply Chains: Changing Roles for Producers, Commodity Groups, and Government Policy [J]. Applied Economics Perspectives and Policy, 2002, 24 (2): 428 – 441.

[255] ZHONG L, LIU L M, LIU Y B. Natural Disaster Risk Assessment of Grain Production in Dong ting Lake Area, China [J]. Agriculture and Agricultural Science Procedia, 2010.

[256] ZHU, X Q, ROBERT M D. Technical Efficiency and Productivity Differentials of Dairy Farms in Three EU Countries: The Role of CAP Subsidies [J]. Agricultural Economics Review, 2012, 13 (1): 66 – 92.

[257] ZJALIC M, DIMITIADOU A, ROSATI A. Beef Production in the European Union and the CAP Reform: An Overview of Situation and Trends [J], Stočarstvo, 2006 (60): 181 – 202.